JN011979

公文書作成の手引

公文書研究会

郵研社

目　　次

第1　公文書の作成に当たって心掛けること

　文書を正しく書き、正しく読み手に伝えることは、仕事を進めていく上で、必要不可欠の基本である。仕事上の文書（以下「公文書」という。）は、決まり事（ルール）を踏まえて作成することで、正確なコミュニケーションを取ることができ、結果としてスムースな仕事の流れがつくられることとなる。

　このようなことから、法律文をはじめとして公文書は、「誤解を招く表現を避けること」に重きが置かれ、正確さが第一に作成されてきた。

　やがて、時代とともに正確さと同時に分かりやすさが求められるようになり、平易な言葉を使うなど、さまざまな改善が行われてきたが、公文書は証拠となるものであり、また、他者に指示等を行うものであることから、ルールにのっとって、作成しなければならないことに変わりはない。

　それでは、公文書作成に当たってどのような点に心掛けるべきであろうか。以下に心掛ける点をまとめたが、ここに掲げた要点はあくまで原則であり、文書の種類によっては、すべてに当てはまらないこともあり得る。文書に合わせて、適宜応用をきかせることも必要である。

1　読み手を考え、正確に、簡潔にまとめるポイント

　(1)　文書の読み手を意識する

　(2)　要領よく簡潔にまとめる（箇条書きによる簡潔化、図表及びフローチャートによるビジュアル化を図る）

　(3)　正確さを重視する（必ず根拠となるデータや参考資料を添付す

る配慮が必要)

⑷ 理解しやすい用語と構文にする(専門用語やカタカナ語の多用
は避ける)

⑸ 丁寧か、礼を失していないかにも配意する(正しい敬語の使用
等)

⑹ コスト意識を持って作成する

2 原則「5W1H」+「How much」でまとめる

文章作法の原則として、「5W1H(いつ・だれが・どこで・何を
・なぜ・どのように)」がいわれるが、仕事(ビジネス)文書には、
これに「+How much(いくら)-経費・予算・価格・料金」を加
える(「5W2H」)。

3 内容によっては、まず最初に結論(要点)を述べ、次に詳細を述べる。

論文等の形式では、「起・承・転・結」が基本となるが、実際に、
仕事上で作成する公文書は、簡潔に用件を伝えるものが多い。この
ような文書の場合は、結論を先に述べ、説明を加える形、「結・承・
転・提」で構成する。

すなわち、以下の流れとなる。

結 → 結論

承 → 結論の理由付けや経緯

転 → 他の例で結論の補強

提 → 自分の意見や提案

4 件名(見出し)は端的に、分かりやすく付ける

件名は、読み手に文書の概要を一目で理解させるために付けるも
のである。

新聞や雑誌等の場合は、読者を引きつけ、購買欲をそそるために

付けるものもあるが、公文書の件名は、文章の内容を端的に、分かりやすく付ける。字数は15字程度を目安とする。

分かりやすい件名は、検索も容易にする（効率化の促進）。

5 長文には、必ず要約文（サマリー）を付ける

文書によっては、長文になるものもある。長文は、作成者にとっても論旨がぼやけやすいだけでなく、読み手にも負担を与える。

キーワードを盛り込んだ要約文（サマリー）を付けることで、効率的に読み手の理解度を深めることができる。作成者は、論旨のずれや不必要な文章がないか推敲の材料にもなる。要約のポイントには、次のような点があげられる。

⑴ 件名のあとに要約や概要の項目を設ける

⑵ キーワードと重要事項を選出する

⑶ 選出した項目を簡潔な文章にまとめる

⑷ ⑶でまとめた文章を更に短くできないか検討する

⑸ ビジュアル化（図表、フローチャート）できる部分の分離・独立を検討する

6 箇条書きにもルールがある

文書の簡略化は、箇条書きと考えられがちだが、ルールを無視すれば、言葉だけの羅列になってしまう。箇条書きにも次のようなルールがある。

⑴ 複雑な事項は、「5W2H」で整理し、分割する

⑵ 分けた事項の順位を決定する（重要度、時系列、興味・関心の度合い順、作業手順の順、慣例順等）

⑶ 短文でまとめ（40字前後を目安とし、長くとも60字以内）、主語と述語を近づける

⑷ 文末は体言止めが望ましい（文章の場合「である」体を用いる）

⑸ 前後に矛盾がないか確認する（項目が多い場合は注意が必要）

⑹ 項目立て（番号や記号付け）をする

　以上を踏まえて作成した公文書は、必ず作成者とは別の者が、公文書として適切であるか、次の点に留意して確認を行う。

⑴ 案件の施行上必要な前提条件が満たされているか

⑵ 法令等に触れる部分はないか

⑶ 期限、効力、条件等に誤りはないか。設定は適当か

⑷ 書式、体裁に不備や間違いはないか

⑸ 発信者名や受信者名は正しいか

⑹ 決裁手続、合議先等に誤りや漏れはないか

⑺ 用語、用字及び文体は公文書として適切か

　特に、パソコンやワープロで作成した文書の場合、同音異義語の誤りが多く見られる。これを防ぐためには、法令等の作成時に以前から行われている「読合せ」が有効である。

　読合せとは、2人以上1組で、漢字については、すべて音読みを行い、耳と目で、確認をする作業である。同音違字の漢字については、訓読みをするなど、どの字が用いられているかはっきりとさせる。また、句読点等も読み上げ、よう音も、字空き(何字空き、何字下がり)、行換え(改行)についても声に出して示す。いくつかの例を次に掲げる。

規定（キさだ）　　⇔　規程（キほど）

千（せん）　　　　⇔　1000（せん、レイみっつ）

取る、採る、とる　⇔　取得のしゅ、採用のさい、とるはひらがな

。、・）　　　　　⇔　まる、ポツ、なかぐろ、カッコとじ

なお、「・」（なかぐろ）は、結ばれる名詞相互が密接不可分で、一

体的な意味をもっている場合及び外国語又は外来語の区切りに用いられる。

　また、項目を細別する見出し符号については次の順序による。

　　第1　1　(1)　ア　(ア)　A　(A)　a　(a)

　　第2　2　(2)　イ　(イ)　B　(B)　b　(b)

　　第3　3　(3)　ウ　(ウ)　C　(C)　c　(c)

　最近では(1)の次に①を入れるケースが増えている。

第2 用語・用字について

　公文書の用字及び用語は、常用漢字表（平成22年内閣告示第2号）、現代仮名遣い（昭和61年内閣告示第1号）、送り仮名の付け方（昭和48年内閣告示第2号）、外来語の表記（平成3年内閣告示第2号）、その他公文書の改善に関する訓令、通達などの定めるところにより、簡明に分かりやすく、易しく表現すること。

1　用語

⑴　特殊な言葉を用いたり、堅苦しい言葉を用いることをやめて、日常一般に使われている易しい言葉を用いる。

　　（×印は、常用漢字表にない漢字であることを示す。）

　　（例）稟請→申請　救援する→救う　懇請する→お願いする　充当する→充てる　即応した→かなった

⑵　使い方の古い言葉を使わず、日常使い慣れている言葉を用いる。

　　（例）牙保→周旋・あっせん　彩紋→模様・色模様

⑶　言いにくい言葉を使わず、口調のよい言葉を用いる。

　　（例）はばむ→妨げる

⑷　音読する言葉はなるべく避け、耳で聞いて意味のすぐ分かる言葉を用いる。

　　（例）橋梁→橋　堅持する→堅く守る　陳述→述べる

⑸　音読する言葉で、意味の二様にとれるものは、なるべく避ける。

　　（例）協調する（「強調する」と紛れるおそれがある。）→歩調を合わせる

　　　　　勧奨する（干渉する）→勧める　衷心（中心）→心から

10

　　　潜行する（先行する）→潜む

⑹　漢語を幾つもつないでできている長い言葉は、無理のない略し
　　方を決める。

　　　(例) 地方公共団体→地方団体、地方自治体（×地公体）

⑺　同じ内容のものを違った言葉で言い表すことのないように統一
　　する。

　　　(例) 提起・起訴・提訴　口頭弁論・対審・公判

⑻　重語をしない。

　　　(例) 確認印を押印する→確認印を押す（確認印欄に押印する）

　　　　　今の現状→今の状況（現在の状況）

2　用字

⑴　漢字は、常用漢字表による。

　ア　常用漢字表を使用するに当たっては、特に次の事柄に留意す
　　る。

　　㋐　代名詞は、原則として、漢字で書く。

　　　(例) 彼　何　僕　私　我々

　　　　　ただし、次のような語は仮名で書く。

　　　　　これ　それ　どれ　ここ　そこ　どこ　だれ　いずれ

　　㋑　副詞及び連体詞は、原則として、漢字で書く。

　　　(例) 必ず　少し　既に　直ちに　甚だ　再び　全く　実に　特に
　　　　　突然　無論　明くる　来る　我が（国）

　　　　　ただし、次のような語は、仮名で書く。

　　　　　かなり　ふと　やはり　よほど　いかに　どの　その　いか
　　　　　なる　ある（日）

　　㋒　接続詞は、原則として、仮名で書く。

(例) おって　かつ　したがって　ただし　ついては　ところが
　　　また　ゆえに
　　ただし、次の4語は、原則として、漢字で書く。
　　　及び　並びに　又は　若しくは

㈜ 接頭語及び接尾語は、原則として、仮名で書く。

(例) お……　……とも　……ため　……ら　……げ　……ぶる
　　ただし、次の接頭語は、その接頭語が付く語を漢字で書く
　場合は、原則として、漢字で書き、その接頭語が付く語を仮
　名で書く場合は、原則として、仮名で書く。

(例) 御案内　御調査
　　　ごあいさつ　ごべんたつ

㈲ 助動詞及び助詞は、仮名で書く。

(例) ない　ようだ　ぐらい　だけ　ほど

㈹ その他は、原則として、仮名で書く。

(例) こと　とき　ところ　もの　とも　ほか　ゆえ　わけ　とおり
　　　ある　ない　いる　なる　できる　……てあげる　……ていく
　　　……ていただく　……ておく　……てください　……てくる
　　　……てしまう　……てみる　……てよい　……かもしれない
　　　……にすぎない　……について

㈱ 常用漢字にない字を含む複合語は、なるべくその全部を仮
　名書きにする。

(例) 斡旋→あっせん　勿論→もちろん
　　ただし、次のような場合は、漢字を用いる。

　A　その全部を仮名書きにすると誤解のおそれがあるとき。

(例) 扮装→ふん装　怨恨→えん恨　楷書→かい書

　　B　複合したという意識がはっきりしているとき。

　　(例)　篝火→かがり火　紙屑→紙くず

(ク)　常用漢字で書ける複合語でも、次のような場合は、なるべくその全部又は一部を仮名書きにする。

　　A　意味がその語の本来の意味から余りにも離れているとき。

　　(例)　顔立→顔だち

　　ただし、術語などで漢字で書く慣用のあるものは、この限りでない。

　　(例)　明渡し　差押え　取調べ　打合せ

　　B　一語としての意識が強いとき。

　　(例)　仰向く→あおむく

　　C　漢字で書くと誤解されるおそれがあるとき。

　　(例)　出所→出どころ　住居→住まい

(ケ)　あて字・熟字訓は、仮名書きとする（常用漢字表の付表に掲げられているものを除く。）。

　(例)　相応しい→ふさわしい　目出度い→めでたい　矢張り→やはり

(コ)　外国の地名、人名及び外来語は、片仮名書きにする。

　　(例)　イタリア　スウェーデン　フランス　など

　　　　　エジソン　ビクトリア　など

　　　　　ガス　ソーダ　ビール　ボート　など

　　ただし、外来語でも「かるた」「さらさ」「たばこ」などのように外来語の意識が薄くなっているものは、平仮名で書いても差し支えない。

(サ)　動植物の名称は、仮名書きにするが、常用漢字表で認めている漢字は使っても差し支えない。

13

(例) ねずみ　らくだ　いぐさ　ききょう　など

　　犬　猫　牛　馬　猿　桑　桜　など

(シ) 次のようなものは、仮名書きにする。

(例) 有難う→ありがとう　一寸→ちょっと　何時→いつ

イ　常用漢字表で書き表せないものは、次の標準によって書換え
　・言い換えをする(言い換えをするときは、「1　用語」に掲げ
　た基準による。)。

(ア) 仮名書きにする。

　A　遡る→さかのぼる　拘らず→かかわらず

　B　漢語でも、漢字を外しても意味の通る使い慣れたものは、
　　そのまま仮名書きにする。

　(例) でんぷん　あっせん　など

　C　他によい言い換えがなく、又は言い換えをしては不都合
　　なものは、常用漢字表に外れた漢字だけを仮名書きにする。

　(例) 口腔→口こう　慇懃無礼→いんぎん無礼な対応

(イ) 常用漢字表中の音が同じで意味の似た漢字で書き換える。

　(例) 車輌→車両　煽動→扇動　碇泊→停泊　編輯→編集　哺育→
　　　保育　抛棄→放棄　聯合→連合　煉乳→練乳

(ウ) 同じ意味の漢語で言い換える。

　A　意味の似ている用い慣れた言葉を使う。

　(例) 彙報→雑報　印顆→印形　改悛→改心

　B　新しい言葉を工夫して使う。

　(例) 罹災救助金→災害救助金　剪除→切除　擾乱→騒乱
　　　溢水→出水　譴責→戒告　瀆職→汚職

(エ) 漢語を易しい言葉で言い換える。

(例) 庇護する→かばう　牴触する→触れる　漏洩する→漏らす
　　酩酊する→酔う

(2) 仮名は、平仮名を用いる。片仮名は、特殊な場合に用いる。

3　敬語

　敬語は、敬譲の意を表し、誠意と礼儀を尽くして、相手方に好感を与えるために用いられる言葉である。特に往復文書の場合には、対人関係になるので、相手に応じ礼を失しない程度の敬語を用いる。しかし、過度に丁寧になるのは、文の意味が分かりにくくなるなど、かえってよくない。したがって、「ございます」や「存じます」は、なるべく用いない。

(1)　「御」の用い方

　　ア　相手又は相手に関係のある事項に付ける。これには「御芳志」のように本来の敬語に更に付ける場合と「御地」のような普通の使い方とがある。

　　イ　自分の行為が相手に影響する場合及び自分に関係ある事柄が、同時に相手にも関係を持つ場合に付ける。

　　ウ　「御」の代わりに「貴」を用いてもよいが、「御」の方が口語的である。

　　注　「御」は、「オン」又は「ゴ」と発音するときにだけ用い、「オ」と発音するときには「お」を用いる。

(2)　「いたします」の用い方

　　受信者に直接関係のあることにだけ用い、そのほかは「します」を用いる。「いたします」と「します」の混在にも注意する。

　　(例)　御案内いたします　発行します

(3)　「拝」「清」「高」「貴」の用い方

　これらは、受信者に直接関係のあることに付けて敬語とする場合に用いる。

　（例）　拝受　拝見

　　　　　御清栄　御清祥

　　　　　御高配　御高見

　　　　　貴地　貴局

4　地名及び人名の書き表し方

　(1)　地名

　　ア　地名を仮名書きにするときは、現代仮名遣いを基準とする（振り仮名の場合も含む。）。

　　　　なお、地方的ななまりは改める。

　　イ　特に、ジ・ヂ・ズ・ヅについては、区別の根拠の付けにくいものは、ジ・ズに統一する。

　　ウ　差し支えのない限り、常用漢字表の字体を用いる。

　　　　常用漢字表以外の漢字についても、常用漢字表の字体に準じた字体を用いてもよい。

　(2)　外国の地名の書き表し方

　　ア　外国の地名は、原則として、片仮名を用いて書く。

　　イ　外国の地名は、なるべくその国のとなえ方によって書くが、慣用の熟しているものについては、それに従って書く。

　(3)　人名

　　ア　人名も差し支えのない限り、常用漢字表の字体を用いる。

　　イ　事務用書類には、差し支えのない限り、人名を仮名書きにしてもよい。人名を仮名書きにするときは、現代仮名遣いを基準とする。

5　ローマ字のつづり方

⑴ 一般的に国語を書き表す場合に用いるローマ字は、第1表に掲げたつづり方によるものとする。

⑵ 国際的関係その他従来の慣例をにわかに改め難い事情にある場合に限り、第2表に掲げたつづり方によっても差し支えない。

⑶ 前2号のいずれの場合においても、おおむね、添え書きを適用する。

第　1　表

a	i	u	e	o			
ka	ki	ku	ke	ko	kya	kyu	kyo
sa	si	su	se	so	sya	syu	syo
ta	ti	tu	te	to	tya	tyu	tyo
na	ni	nu	ne	no	nya	nyu	nyo
ha	hi	hu	he	ho	hya	hyu	hyo
ma	mi	mu	me	mo	mya	myu	myo
ya	i	yu	e	yo			
ra	ri	ru	re	ro	rya	ryu	ryo
wa	i	u	e	o			
ga	gi	gu	ge	go	gya	gyu	gyo
za	zi	zu	ze	zo	zya	zyu	zyo
da	zi	zu	de	do	zya	zyu	zyo
ba	bi	bu	be	bo	bya	byu	byo
pa	pi	pu	pe	po	pya	pyu	pyo

第 2 表

sha		shi	shu	sho
			tsu	
cha		chi	chu	cho
			fu	
ja		ji	ju	jo
di	du	dya	dyu	dyo
kwa				
gwa				
				wo

添 え 書 き

前表に定めたもののほか、おおむね、次の各号による。

⑴ はねる音「ン」は、すべて「n」と書く。

⑵ はねる音を表す「n」と次にくる母音字又は「y」とを切り離す
必要がある場合には、「n」の次に「'」を入れる。

⑶ つまる音は、最初の子音字を重ねて表す。

⑷ 長音は、母音字の上に「∧」を付けて表す。
なお、大文字の場合は、母音字を並べてもよい。

⑸ 特殊音の書き表し方は、自由とする。

⑹ 文の書きはじめ及び固有名詞は、語頭を大文字で書く。
なお、固有名詞以外の名詞の語頭を大文字で書いてもよい。

18

6 誤りやすい語句の用い方

⑴ 「及び」「並びに」

 ア 「及び」

  併合的に並列される名詞、動詞などの接続詞として用いる。

  ㈠ 並べるものが二つだけのときは、「、」の代わりに「及び」を用いる。

  （例）A及びB

  ㈡ 並べるものが三つ以上あるときは、その語句のうち、初めの方は「、」でつなぎ、最後の語句を「及び」で結ぶ。

  （例）A、B、C及びD

   なお、A、B、C及びD等とは用いず、この場合は、A、B、C、D等とする。

 イ 「並びに」

  並列される語句に段階のある複雑な文書では、大きな意味の併合的な連結には「並びに」を用い、小さな意味の併合的連結には「及び」を用いる。

   なお、「及び」のない一文に、「並びに」は用いない。

  （例）A及びB並びにC及びD

⑵ 「又は」「若しくは」

 ア 「又は」

  選択的に並べられる語句の接続詞として用いる。

  ㈠ 選択的に並べられる語句が簡単なときは、「又は」を用いる。

  （例）A又はB

  ㈡ 選択的に並べられる語句が三つ以上あるときは、初めの方は「、」でつなぎ、最後の語句を「又は」で結ぶ。

　　　〔例〕　A、B、C又はD

　　イ　「若しくは」

　　　　選択される語句に段階のあるときには、大きい選択的連結に

　　　は「又は」を用い、小さい選択的連結には「若しくは」を用い

　　　る。

　　　　なお、「又は」のない一文に、「若しくは」は用いない。

　　　〔例〕　A若しくはB又はC若しくはD

⑶　「かつ」

　　　「あるいは」というように不定の用語ではなく、明確な意味で

　　主として前後の二つの語句の連結が互いに密接不可分であり、両

　　語を一体として意味が完全に表される場合に、その連結に重点を

　　おいて用いられる場合が多い。

⑷　「ただし書」

　　　主文書に対する除外、又は例外的意味での付加条件、制限的場

　　合若しくは解釈上の注意事項を示すときに用いる。

　　ア　ただし書は、主文章のあとに行を改めないで、「ただし、」と

　　　続けて書く。

　　イ　主たる記載事項が文章でなく、単一の事柄に対する説明を添

　　　える場合（領収書など）には、慣例として「ただし書」は、行

　　　を改めても差し支えない。

⑸　「なお書き」

　　　主文章の趣旨を補足的に説明し、又は主文章と関連をもつ内容

　　の事項を続けて規定する文章の接続詞として用いる。

　　　なお書きは、主文章の次に行を改めて書く。

⑹　「以上」「超える」「以下」「未満」「以前」「前」「以後」「後」

ア　「以上」は、数量的限定で「以上」の前にくるものを含み、
　それより大きいことを示す。

　（例）1万円以上は、1万円を含み、それより多い金額

イ　「超える」は、数量的限定で「超える」の前にくるものを含
　まず、それより大きいことを示す。

ウ　「以下」は、数量的限定で「以下」の前にくるものを含み、
　それより小さいことを示す。

エ　「未満」は、数量的限定で「未満」の前にくるものを含まず、
　それより小さいことを示す。

オ　「以前」は、一定時から起算して、その前における時間的間
　隔又は連続を表すときに用いるが、「以前」の前にくるものを含
　み、それより前であることを表す。

　（例）12月1日以前は、12月1日を含み、それから前の日

カ　「前」は、時間的限定で「前」の前にくるものを含まず、そ
　れより前であることを示す。

キ　「以後」は、一定時から起算して、その後における時間的間
　隔又は連続を表すときに用い、「以後」の前にくるものを含み、
　それより後であることを表す。

ク　「後」は、特定の時点の後の部分を示すときに用い、「後」の
　前にくるものを含まず、それより後であることを表す。

(7)　「以内」「以降」「以外」

ア　「以内」は、期間、長さ、広さその他の数量の一定限度を表
　すために用い、「以内」の前にくるものを含む。

イ　「以降」は、「以後」に同じ。

ウ　「以外」は、ある包括的な対象のうち、「以外」の前にくるも

のを除いて、残りのものを表す。

(8) 「者」「物」「もの」

ア 「者」は、法人及び自然人を対象とする単数及び複数の表現
として用いる。

イ 「物」は、法令上権利の客体となる有体物について用いる。

ウ 「もの」は、人格者又は物体でない「抽象的なもの」及び
「者と物を含むもの」に用いる。

(9) 「場合」「時」「とき」

ア 「場合」は、仮定的条件を示し、又は既に規定されている事
例を引用する包括的条件を示す語として用いる。

イ 「時」は、ある時点（時期、時刻）をはっきり表現するとき
に用いる。

（例）時の記念日

（例）被相続人が相続開始の時において有した財産……

ウ 「とき」は、条件、原因、理由その他広く「場合」という語
と同じような意味のときに用いる。

一つの文章の中で「とき」と「場合」を同時に用いて条件を
表す場合には、大きな前提条件を「場合」で表し、小さな前提
条件を「とき」で表す。

（例）点検をした場合において、物品の種類が報告した時と異なる
ときは、……

(10) 「所」「ところ」

ア 「所」は、具体的にある場所をはっきりと示すときに用いる。

イ 「ところ」は、抽象的なところ、理由、原因を示すときに用
いる。

⑾　「事」「こと」

　ア　「事」は、具体的な事柄を表すときに用いる。

　イ　「こと」は、主として抽象的な内容を表すときに用いる。

⑿　「から」「より」

　ア　「から」は、時又は場所その他起点を示すときに用いる。

　イ　「より」は、比較を示すときだけに用いる。

　　(例)　AはBより大きい。

⒀　「直ちに」「速やかに」「遅滞なく」

　ア　「直ちに」は、「すぐに」ということで、一切の遅滞が許され
　　ない。

　イ　「速やかに」は、「直ちに」よりは急迫の程度が低い場合に用
　　いる。訓示的意味をもつものとして用いられる例が多いようで
　　ある。

　ウ　「遅滞なく」は、正常な、又は合理的な理由による遅滞は許
　　されるものと解釈される。

⒁　接続助詞の「から」「ので」

　　「から」は活用語の終止形に、「ので」は活用形の連体形につい
　て、共に動作、作用の起きる理由、原因を示すのに用いるが、原
　則的に、「ので」は、前文と後文の因果関係が客観的に明らかな
　場合に用いるとされている。

　　(例)　風邪をひいたので寝ている。

　　　　　静かなのでよく勉強ができる。

　　　　　ぼたん雪が降るからもう春だろう。

　　　　　あまりおかしいから笑ったのです。

⒂　格助詞の「～へ」「～に」

23

　「〜へ」は方向を示す格助詞であるため、対象物が明確な場合は「〜に」を用いる。
　(例) 支社に報告

第3 送り仮名の付け方

1 この「送り仮名の付け方」は、法令、文書などを書き表す場合
の送り仮名の付け方を示すものである。

2 特殊用語、専門用語は、この「送り仮名の付け方」によらなくて
もよい。

3 この「送り仮名の付け方」は、漢字を記号的に用いたり、表に記
入したりする場合や、固有名詞を書き表す場合を対象としていない。

単　独　の　語

1 活用のある語

　通則1

　　本則　活用のある語（通例2を適用する語を除く。）は、活用語尾
　　　を送る。

　　　（例）表す　著す　憤る　承る　行う　書く　断る　賜る　実る　催す
　　　　　　現れる　生きる　陥れる　考える　助ける
　　　　　　荒い　潔い　賢い　濃い
　　　　　　主だ

　　例外　(1)　語幹が「し」で終わる形容詞は、「し」から送る。

　　　　（例）著しい　惜しい　悔しい　恋しい　珍しい

　　　　　(2)　活用語尾の前に「か」、「やか」、「らか」を含む形容動
　　　　　　詞は、その音節から送る。

　　　　（例）暖かだ　細かだ　静かだ
　　　　　　　穏やかだ　健やかだ　和やかだ
　　　　　　　明らかだ　平らかだ　滑らかだ　柔らかだ

25

(3) 次の語は、次に示すように送る。

明らむ 味わう 哀れむ 慈しむ 教わる 脅かす（おどか
す）脅かす（おびやかす）食らう 異なる 逆らう 捕
まる 群がる 和らぐ 揺する

明るい 危ない 危うい 大きい 少ない 小さい 冷たい
平たい

新ただ 同じだ 盛んだ 平らだ 懇ろだ 惨めだ 哀れだ
幸いだ 幸せだ 巧みだ

(注意) 語幹と活用語尾との区別がつかない動詞は、例えば、
「着る」、「寝る」、「来る」などのように送る。

通則2

本則 活用語尾以外の部分に他の語を含む語は、含まれている語
の送り仮名の付け方によって送る（含まれている語を〔 〕
の中に示す。）。

(例)

(1) 動詞の活用形又はそれに準ずるものを含むもの。

動かす〔動く〕 照らす〔照る〕

語らう〔語る〕 計らう〔計る〕 向かう〔向く〕

浮かぶ〔浮く〕

生まれる〔生む〕 押さえる〔押す〕 捕らえる〔捕る〕

勇ましい〔勇む〕 輝かしい〔輝く〕 喜ばしい〔喜ぶ〕

晴れやかだ〔晴れる〕

及ぼす〔及ぶ〕 積もる〔積む〕 聞こえる〔聞く〕

頼もしい〔頼む〕

起こる〔起きる〕 落とす〔落ちる〕

暮らす〔暮れる〕 冷やす〔冷える〕

当たる〔当てる〕 終わる〔終える〕 変わる〔変える〕

集まる〔集める〕 定まる〔定める〕 連なる〔連ねる〕

交わる〔交える〕

混ざる・混じる〔混ぜる〕

恐ろしい〔恐れる〕

(2) 形容詞・形容動詞の語幹を含むもの。

重んずる〔重い〕 若やぐ〔若い〕

怪しむ〔怪しい〕 悲しむ〔悲しい〕 苦しがる〔苦しい〕

確かめる〔確かだ〕

重たい〔重い〕 憎らしい〔憎い〕 古めかしい〔古い〕

細かい〔細かだ〕 柔らかい〔柔らかだ〕

清らかだ〔清い〕 高らかだ〔高い〕 寂しげだ〔寂しい〕

(3) 名詞を含むもの。

汗ばむ〔汗〕 先んずる〔先〕 春めく〔春〕

男らしい〔男〕 後ろめたい〔後ろ〕

(注意) 次の語は、それぞれ〔 〕の中に示す語を含むものと
は考えず、通則1によるものとする。

明るい〔明ける〕 荒い〔荒れる〕 悔しい〔悔いる〕

恋しい〔恋う〕

2 活用のない語

通則3

本則 名詞(通例4を適用する語を除く。)は、送り仮名を付けな
い。

(例) 月 鳥 花 山

男 女

彼 何

例外 (1) 次の語は、最後の音節を送る。

辺り 哀れ 勢い 幾ら 後ろ 傍ら 幸い 幸せ 互い

便り 半ば 情け 斜め 独り 誉れ 自ら 災い

(2) 数をかぞえる「つ」を含む名詞は、その「つ」を送る。

(例) 一つ 二つ 三つ 四つ 幾つ

通則4

本則 活用のある語から転じた名詞及び活用のある語に「さ」、「み」、「げ」などの接尾語が付いて名詞になったものは、もとの語の送り仮名の付け方によって送る。

(例)

(1) 活用のある語から転じたもの。

動き 仰せ 恐れ 薫り 曇り 調べ 届け 願い 晴れ

当たり 代わり 向かい

狩り 答え 問い 祭り 群れ

憩い 愁い 憂い 香り 極み 初め

近く 遠く

(2) 「さ」、「み」、「げ」などの接尾語が付いたもの。

暑さ 大きさ 正しさ 確かさ

明るみ 重み 憎しみ

惜しげ

例外 次の語は、送り仮名を付けない。

謡 虞 趣 氷 印 頂 帯 畳

卸 煙 恋 志 次 隣 富 恥 話 光 舞

折 係 掛 (かかり) 組 肥 並 (なみ) 巻 割

(注意) ここに掲げた「組」は、「花の組」、「赤の組」などのように使った
場合の「くみ」であり、例えば、「活字の組みが緩む。」などとして
使う場合の「くみ」を意味するものではない。「光」、「折」、「係」な
ども、同様に動詞の意識が残っているような使い方の場合は、この
例外に該当しない。したがって、本則を適用して送り仮名を付ける。

通則5

本則　副詞・連体詞・接続詞は、最後の音節を送る。

　(例)　必ず　更に　少し　既に　再び　全く　最も

　　　　来る　去る

　　　　及び

例外　(1)　次の語は、次に示すように送る。

　　　明くる　大いに　直ちに　並びに　若しくは

　　(2)　次のように、他の語を含む語は、含まれている語の送り
仮名の付け方によって送る（含まれている語を〔　〕の中
に示す。）。

　　(例)　併せて〔併せる〕　至って〔至る〕　恐らく〔恐れる〕

　　　　絶えず〔絶える〕　例えば〔例える〕　努めて〔努める〕

　　　　辛うじて〔辛い〕　少なくとも〔少ない〕

　　　　互いに〔互い〕

　　　　必ずしも〔必ず〕

　　(注意)　接続詞は、原則として、次の4語は漢字で書き、それ以
外は仮名で書く。

　　　　及び　並びに　又は　若しくは

複 合 の 語

通則6

本則　複合の語（通則7を適用する語を除く。）の送り仮名は、その複合の語を書き表す漢字の、それぞれの音訓を用いた単独の語の送り仮名の付け方による。

（例）

(1) 活用のある語

書き抜く　流れ込む　申し込む　打ち合わせる　向かい合わせる

長引く　若返る　裏切る　旅立つ

聞き苦しい　薄暗い　草深い　心細い　待ち遠しい　軽々しい

若々しい　女々しい

気軽だ　望み薄だ

(2) 活用のない語

石橋　竹馬　山津波　後ろ姿　斜め左　花便り　独り言　卸商　水煙　目印

封切り　物知り　落書き　雨上がり　墓参り　日当たり　夜明かし　先駆け　巣立ち　手渡し

入り江　飛び火　教え子　合わせ鏡　生き物　落ち葉　寒空　深情け　愚か者

行き帰り　伸び縮み　乗り降り　抜け駆け　作り笑い　暮らし向き　歩み寄り　移り変わり

長生き　早起き　苦し紛れ　大写し

粘り強さ　有り難み　待ち遠しさ

30

乳飲み子 無理強い 立ち居振る舞い

次々 常々

近々 深々

休み休み 行く行く

ただし、活用のない語のうち次に示した語は、示したとおりに送り仮名を省いた形で書く。

明渡し 預り金 言渡し 入替え 植付け 魚釣用具 受入れ 受皿 受持ち 受渡し 渦巻 打合せ 打合せ会 打切り 内払 移替え 埋立て 売上げ 売惜しみ 売出し 売場 売払い 売渡し 売行き 縁組 追越し 置場 贈物 帯留 折詰 買上げ 買入れ 買受け 買換え 買占め 買取り 買戻し 買物 書換え 格付 掛金 貸切り 貸金 貸越し 貸倒れ 貸出し 貸付け 借入れ 借受け 借換え 刈取り 缶切 期限付 切上げ 切替え 切下げ 切捨て 切土 切取り 切離し 靴下留 組合せ 組入れ 組替え 組立て くみ取便所 繰上げ 繰入れ 繰替え 繰越し 繰下げ 繰延べ 繰戻し 差押え 差止め 差引き 差戻し 砂糖漬 下請 締切り 条件付 仕分 据置き 据付け 捨場 座込み 栓抜 備置き 備付け 染物 田植 立会い 立入り 立替え 立札 月掛 付添い 月払 積卸し 積替え 積込み 積出し 積立て 積付け 釣合い 釣鐘 釣銭 釣針 手続 届出 取上げ 取扱い 取卸し 取替え 取決め 取崩し 取消し 取壊し 取下げ 取締り 取調べ 取立て 取次ぎ 取付け 取戻し 投売り 抜取り 飲物 乗換え 乗組み 話合い 払込み 払下げ 払出し 払戻

し　払渡し　払渡済み　引上げ　引揚げ　引受け　引起し
引換え　引込み　引下げ　引締め　引継ぎ　引取り　引渡し
日雇　歩留り　船着場　不払　賦払　振出し　前払　巻付
け　巻取り　見合せ　見積り　見習　未払　申合せ　申合せ
事項　申入れ　申込み　申立て　申出　持家　持込み　持分
元請　戻入れ　催物　盛土　焼付け　雇入れ　雇主　譲受
け　譲渡し　呼出し　読替え　割当て　割増し　割戻し

(注意)　「こけら落とし」、「さび止め」、「洗いざらし」、「打ちひ
　　　　も」のように、前又は後ろの部分を仮名で書く場合は、他
　　　　の部分については、単独の語の送り仮名の付け方による。

通則7

複合の語のうち、次のような名詞は、慣用に従って、送り仮名
を付けない。

合図　合服　合間　預入金　編上靴　植木　《(進退)》伺　浮袋　浮
世絵　受入額　受入先　受入年月日　請負　受付　受付係　受取
受取人　受払金　打切補償　埋立区域　埋立事業　埋立地　裏書
売上　《(高)》売掛金　売出発行　売手　売主　売値　売渡価格　売
渡先　絵巻物　襟巻　沖合　置物　奥書　奥付　押売　押出機　覚
書　《(博多)》織　折返線　織元　織物　卸売　買上品　買受人
買掛金　外貨建債権　概算払　買手　買主　買値　書付　書留　過
誤払　貸方　貸越金　貸室　貸席　貸倒引当金　貸出金　貸出票
貸付　《(金)》貸主　貸船　貸本　貸間　貸家　箇条書　貸渡業　肩
書　借入　《(金)》借受人　借方　借越金　刈取機　借主　仮渡金
缶詰　気付　切手　切符　切替組合員　切替日　くじ引　組合　組
入金　組立工　倉敷料　繰上償還　繰入金　繰入限度額　繰入率

繰替金　繰越（（金））　繰延資産　消印　月賦払　現金払　小売　小売（（商））　小切手　木立　小包　子守　献立　先取特権　作付面積　挿絵　差押（（命令））　座敷　指図　差出人　差引勘定　差引簿　刺身　試合　仕上機械　仕上工　仕入価格　仕掛花火　仕掛品　敷網　敷居　敷石　敷金　敷地　敷布　敷物　軸受　下請工事　仕出屋　仕立券　仕立物　仕立屋　質入証券　支払　支払元受高　字引　仕向地　事務取扱　事務引継　締切日　所得割　新株買付契約書　据置（（期間））　（（支出））済（（額））　関取　備付品　（（型絵））染　ただし書　立会演説　立会人　立入検査　立場　竜巻　立替金　立替払　建具　建坪　建値　建前　建物　棚卸資産　（（条件））付　（（採用））月掛貯金　付添人　漬物　積卸施設　積出地　積立（（金））　積荷　詰所　釣堀　手当　出入口　出来高払　手付金　手引　手引書　手回品　手持品　灯台守　頭取　（（欠席））届　留置電報　取扱（（所））　取扱（（注意））　取入口　取替品　取組　取消処分　（（麻薬））取締法　取締役　取立金　取立訴訟　取次（（店））取付工事　取引　取引（（所））　取戻請求権　問屋　仲買　仲立業　投売品　並木　縄張　荷扱場　荷受人　荷造機　荷造費　（（春慶））塗　（（休暇））願　乗合船　乗合旅客　乗換（（駅））　乗組（（員））場合　羽織　履物　葉巻　払込（（金））　払下品　払出金　払戻金　払戻証書　払渡金　払渡郵便局　番組　番付　控室　引当金　引受（（時刻））引受（（人））　引換（（券））　（（代金））引換　引継事業　引継調書　引取経費　引取税　引渡（（人））　日付　引込線　瓶詰　歩合　封切館　福引（（券））　船積貨物　踏切　振替　振込金　振出（（人））　不渡手形　分割払　（（鎌倉））彫　掘抜井戸　前受金　前貸金　巻上機　巻紙　巻尺　巻物　待合（（室））　見返物資　見込額

　見込数量　見込納付　水張検査　水引　見積((書))　見取図　見
習工　未払勘定　未払年金　見舞品　名義書換　申込((書))　申立
人　持込禁止　元売業者　物置　物語　物干場　((備前))焼　役
割　屋敷　雇入契約　雇止手当　夕立　譲受人　湯沸器　呼出符号
　読替規定　陸揚地　陸揚量　両替　割合　割当額　割高　割引
割増金　割戻金　割安

(注意)

⑴　「((博多))織」、「売上((高))」などのようにして掲げたものは、
　(( ))の中を他の漢字で置き換えた場合にも、この通則を適用する。

⑵　通則7を適用する語は、例として挙げたものだけで尽くしてはい
　ない。したがって、慣用が固定していると認められる限り、類推し
　て同類の語にも及ぼすものである。通則7を適用してよいかどうか
　判断し難い場合には、通則6を適用する。

第4　各種文書の書き方

　これまで公文書の書き方について、知っていなければならないことを述べてきたが、これらをよりよく理解してもらうために、その書き方例を紹介する。

1　証明書

　証明書については、各種規程等において、その書式が明示されていることから、一般的な書式例を示すこととする。

```
            証　明　書　　第　　号×

                    現 住 所…………×
                    氏　　名…………×
                    生年月日…………×


×上記の者は、当部の社員であることを証明します。
××令和　年　月　日

                        ○○会社○○部長　印 ×
```

2 受領書

受領書についても、証明書同様各種規程等において、その書式が明示されていることから、一般的な書式例を示すこととする。

受　　領　　証

令和　年　月　日×

×〇〇〇〇×殿

氏　　　名 印 ×

×下記の金額を受け取りました。

記

×金　　　　　円

ただし、〇〇〇〇

3　表彰状、賞状及び感謝状

　表彰状、賞状及び感謝状の形式は次のとおりである。

(1)　標題　縦書きの場合は、用紙の右方ほぼ中央に書き、横書きの
　　　　場合は、用紙の上方ほぼ中央に書く。

(2)　氏名　標題の次に用紙のほぼ中央から書き、敬称「様」などを
　　　　付ける。この場合、敬称の後を1字分空ける。

(3)　書き出しは、1字下げて書き出さない。句読点は用いない。文
　　の区切りがあっても、行を改めないで1字分空けて続けて書く。

(4)　用紙の大きさは、適宜

(5)　文章は、一般的に用いられている易しい言葉を用いる。文体は、
　　原則として「ます体」を用いる。用字及び用語は、常用漢字表、
　　現代仮名遣い等による。

(6)　本文の初めに「右」、「右の者」などは書かない。また、「ここ
　　に」、「これを」及び「よって」は、できるだけ省くようにする。

　ア　賞状

　　　一般的には展覧会、競技会、講習会等において優秀な成績を
　　収めたものを賞するときに用いられる。

（例）個人表彰の場合

賞　　　　状

　　　　　　　　　　所　属

　　　　　　　　　　職名　○　○　○　○×

あなたは常に強い責任感をもって○○業務に精励し優秀な業績を収められました　その功績は誠に顕著でありますので賞します

　令和　年　月　日

　　　　　　　　職名　○　○　○　○-印×

（例）団体表彰の場合

賞　　　　状

　　　　　　　　　　○　○　郵　便　局×

あなたがたは常に一致協力して○○業務に精励し優秀な業績を収められました　その功績は誠に顕著でありますので賞します

　令和　年　月　日

　　　　　　　　職名　○　○　○　○-印×

イ　表彰状

一般の模範となるような個人又は団体の行為をたたえて、これを顕彰する場合に用いられる。

（例）個人表彰の場合

```
　　表　　　彰　　　状

　　　　　　　　　　　所　属

　　　　　　　　　　　職名　○　○　○　○×

あなたは極めて強い責任感と卓越した手腕とをもって
く職務に精励し業務成績向上の推進力として輝かしい成
果をあげ事業の発展に寄与されました　その功績は誠に
顕著でありますので全職員の規範として郵政記念日に際
し表彰します

　令和　　年　　月　　日

　　　　　　　　　職名　○　○　○　○印×
```

（例）団体表彰の場合

```
　　表　　　彰　　　状

　　　　　　　　　　○　○　郵　便　局×

あなたがたは旺盛な事業愛と強い責任感とをもって一致
協力し～く業務成績の向上を図り業務全般にわたって抜
群の成績を収め事業の発展に寄与されました
　その功績は誠に顕著でありますので郵政記念日に際し表
彰します

　令和　　年　　月　　日

　　　　　　　　　職名　○　○　○　○印×
```

39

ウ 感謝状

一般的には感謝の意を表す場合に用いられる。

```
感    謝    状

                         ○  ○  ○  ○  殿×

多年○○事業に深い理解を寄せられ幾多の困難を克服して
○○業務の円滑な運営に多大の貢献をされました
その御尽力に対し深く感謝の意を表します

令和    年    月    日

                    職名 ○  ○  ○  ○ ⬜印×
```

4 挨拶文

挨拶文とは、式典などに際し、主催者や来賓等が式典の意義、祝いの言葉等を読み上げる場合に用いる文をいう。

挨拶文は、その内容により式辞、祝辞、告辞、答辞、弔辞などに分けられる。

なお、挨拶文作成に当たっては、次のことに注意する。

(1) 聴いている人々によく理解されなければならないから、難しい言葉、漢語調などは、なるべく避ける。

(2) 文章は、簡単、明瞭で、心のこもったものであるように心掛ける。

(3) それぞれの式典などの性格をよくわきまえ、参列者や、挨拶を受ける人の立場、また、自分の置かれた位地等を考え、その場に最もふさわしい内容を盛るようにし、個性豊かな文章を作るようにする。

ア 式辞

　式典の初めに主催者が、その式典の意義や式の中心とする内容などを述べる場合の言葉

　　略例

　　初めの挨拶の言葉、式の内容（事業の内容、使命と責任、事業の重要性、現況と進展状況、協力者等に対するねぎらい、新たな決意等）、結び

イ　祝辞

　式典に来賓として招待されたものなどが、その式典を祝う場合の言葉

　　略例

　　初めの挨拶の言葉、開始当時の状態と今日の隆盛、発展内容とその労に対するねぎらい、その仕事の社会的意義、今後の発展を願う、結び

5　お知らせ文

　お知らせ文とは、事業活動、催し物等について広く住民一般に知らせるために、ビラ、局内掲示等に用いる文章をいう。

　なお、お知らせ文作成に当たっては、次のことに注意する。

⑴　見出し

　　読む人の注意を引き、関心と興味を持たせるような見出しを付ける。そのため、字の大きさ、字体等を工夫する。

⑵　本文

　　文章は、できるだけ簡単にし、一読して理解できるように表現する。

　　なるべく主題を先にし、説明は後にする。

⑶　必要事項

　　構成は、具体的に5W1H（who（誰が）、when（いつ）、where（どこで）、what（何を）、why（なぜ）、how（どうする））を分かりやすく整理する。

⑷　問い合わせ先等

　　必ず問い合わせ先、連絡先等を明記する。

⑸　挿絵等

　　必要に応じ、読む人の注意を引くための写真、挿絵等を入れるほか、読む人の理解を助けるための図表等を入れる。

（例1）

手芸作品展・手芸作品
展示即売会の開催

　このたび、○○町婦人会及び○○町老人会の主催により、○○郵便局会議室において、下記のとおり手芸作品展・手芸作品展示即売会を開催いたします。皆様お誘い合わせの上、是非御来局くださいますよう御案内申し上げます。

　なお、展示即売会の売上金は社会福祉のため県に寄附させていただくことになっております。

1　主催団体　　○○町婦人会及び○○町老人会

2　日　　時　　令和○○年○月○日（日）午前○時から○時まで

3　場　　所　　○○郵便局2階会議室

4　展示内容　　手芸作品展及び手芸作品展示即売会

　お問い合わせ先＝○○郵便局

　　　　　　　　　〒○○○-○○○○　○○市○○町○○丁目○番○号

　　　　　　　　　電話　○○○-○○○○

　〔交通メモ〕○○○バス停下車徒歩3分

（郵 便 局 近 辺 の 略 地 図）

（例2）

○○○講習会

　○○郵便局第一会議室において、次のとおり○○○○講習会を開催しますので、皆様方奮って御参加ください。

1　日　　　時　　令和○○年○月○日（日）午前○時から○時まで

2　場　　　所　　○○郵便局第一会議室

3　講　　　師　　○○　○○氏（○○文化教室講師）

4　内　　　容　　○○○○

5　対　　　象　　○○市内在住又は在勤の○○歳以上の方

6　定　　　員　　○○人

7　会　　　費　　無料（ただし、材料費○○○○円は各自御負担いただ
　　　　　　　　　きます。）

8　お申込方法　　○月○日までに直接御来局の上又は電話で下記まで
　　　　　　　　　お申込み願います。

　　　　　　　　　なお、定員になり次第締め切らせていただきます。

　　お申込先＝○○郵便局

　　　　　　　〒○○○-○○○○　○○市○○町○○丁目○番○号

　　　　　　　電話　○○○-○○○○

---

6 書簡文

　書簡文とは、お礼、挨拶、依頼、案内等を内容とした手紙文のことであり、書簡文の基本的な構成は、前文、本文、末文、後付け、副文からなっている。

　なお、公文書の書簡文は、次のような私文書と共通の基本書式の場合のほか、往復文書の書式（日付、あて先、発信者名が前文の前に位置する。）による場合もある。往復文書の書式は、比較的公式的な会議の招集場などにおいて用いる。

◎基本書式

○○×○○○○、○○○○○○○○○○○○○○○○○○。 ①　　②　　　③ ○○○○○○○○○○○○○○○○○○○○○○○○○。	前文
×○○、……………………………………………………。…… ⑤ ……………………………………………………………。 ×………………………………………………… ………………………………。 ×………………………………………………… ………………………………………。	本文
×………………………………………………… ……………………………。	末文
○○× 　　　　　　　　　　　　　　　　　　　　　　　　⑥ ×××令和○○年○月○日 　⑦ 　　　　　　　　　　　　　　　○○○○○○○ 　　　　　　　　　　　　　　　⑧ 　　　　　　　　　　　　　　　○○×○○× ×○○○○○ ⑨ 　　○○×○○×様 　　　○○○○○ 　　　⑩	後付け
×………………………………………………… ………………………………………。	副文

注　①：頭語……………　手紙に最初に書く語句で、手紙の性質、相手との関係によって使い方がある程度決まっており、結語と対応して使われる。(別表1参照)

②：時候の挨拶………　頭語の次に書く、季節の折りに触れた挨拶で、季節に対応した語句がほぼ決まっている。(別表2参照)

③：安否の挨拶………　時候の挨拶に続けて書くもので、まず相手の安否を尋ね、無事を喜び、続いて差出人の安否を述べる。差出人の安否は省略してよい。(別表3参照)

④：感謝の挨拶………　安否の挨拶の次に感謝やおわびの挨拶を書く。(別表4参照)

⑤：起語……………　前文から本文に移るときのつなぎの語句を書く。(別表5参照)

⑥：結語……………　頭語との対応で決まるもの。(別表1参照)

⑦：日付……………　年月日を書く。

⑧：発信者名…………　職名及び氏名を書く。

⑨：あて名・敬称……　職名及び氏名を書く。敬称は「様」を使用する。

⑩：追記……………　後付けを書いた後で、書き加える事柄が新たに生じたり、重要な事柄を書き落としていることに気づいたときに書き添えるもの。本来は副文はないことが好ましい。「追伸」「再啓」と冒頭に書く。

別表1　頭語と結語

区　　分	頭語	結語	区　　分	頭語	結語
普 通 の 場 合	拝啓	敬具 敬白	前文省略の場合	前略	草々
丁 寧 な 場 合	謹啓	謹白・謹言・謹上	返 信 の 場 合	拝復 拝答	敬具 草々

別表2　時候の挨拶

1月	初春、新春、厳寒、厳冬、寒冷、寒気ことのほか厳しく、厳寒のみぎり	7月	盛夏、酷暑、炎暑、猛暑、お暑いことでございますが、猛暑しのぎがたき折
2月	立春、春寒、余寒なお去りがたき折、春とは名のみの寒い日が続いていますが	8月	残暑、残夏、晩夏、初秋、残暑厳しい折、猛暑もようやく衰えてきましたが
3月	早春、浅春、春風、だいぶ春めいてまいりました	9月	初秋、仲秋、早秋、野分、日中はまだ暑さ厳しい折
4月	春暖、春陽、陽春、惜春、仲春、桜花、春まさにたけなわとなり	10月	清秋、秋晴、秋涼、秋冷、朝寒、秋もようやく深まり、天高く馬肥ゆる秋
5月	新緑、晩春、立夏、薫風、風薫る五月、若葉の美しい季節となり	11月	晩秋、初冬、深冷、冷雨、向寒のみぎり、菊薫る今日このごろ
6月	梅雨、小夏、向暑、時候不順の折、風清らかな初夏	12月	初冬、師走、寒冷、歳末、年末御多忙の折、寒気厳しい折

別表3　安否の挨拶

個人	御壮健、御清健、御清栄、御健勝、御清勝、御清昌、御健在、お元気
団体	御繁栄、御隆昌、御盛栄、御発展、御繁昌、御隆祥、御清祥、御盛昌

別表4 感謝の挨拶

平素は、格別の 御理解と御協力を賜り、厚くお礼申し上げます。
　①　　　②　　　③　　　　　　　　　　④

〈言い換えの対応例〉

①	毎度、いつも、先般、過日、日ごろ
②	特別の、一方ならぬ、並々ならぬ、何かと
③	御支援、御愛顧、御配慮、御芳情、御高配、御指導、御厚宜、お世話
④	・誠にありがとうございます。 ・恐縮に存じます。

別表5 起語

さて、ところで、このたびは、つきましては、実は、早速ですが

別表6 結びの一般的な言い回し

区　分	用　　例
一般的な挨拶	・取り急ぎ御挨拶申し上げます。 ・略儀ながら書中をもって御挨拶申し上げます。
案内	・まずは御案内まで。 ・まずは下記のとおり御案内申し上げます。
連絡・通知・報告	・取り急ぎ御連絡まで。 ・まずは御通知申し上げます。 ・まずは御報告まで。
依頼	・取り急ぎ御依頼申し上げます。 ・以上の件、よろしくお願い申し上げます。
承諾	・まずは承諾の旨お知らせいたします。 ・まずは御返事まで。
祝う	・まずはお祝い申し上げます。 ・とりあえず書中をもってお慶び申し上げます。

（例1−1）基本書式による書簡文例−新局舎完成の案内

　　　　　　　　　　　　　　　　　　　　　令和○○年○月○日

　○○町内会長

　　○○　○○　様

　　　　　　　　　　　　　　　　　　　○○○郵便局長

　　　　　　　　　　　　　　　　　　　　　○○　○○

拝啓　向寒の候ますます御清栄のこととお慶び申し上げます。

　平素は、格別の御高配を賜り厚くお礼申し上げます。

　さて、かねてから建設中の当局新局舎がこのほど完成し、来る○月○日から新局舎において業務を開始する運びとなりました。

　これもひとえに皆様方の御支援のたまものと深く感謝いたしております。

　つきましては、下記により新局舎を披露させていただきたいと存じますので、御多忙中恐縮ではございますが、是非とも御臨席賜りますよう御案内申し上げます。　　　　　　　　　　　　　　　　　　　　敬具

　　　　　　　　　　　　　　記

1　日　　時　　令和○○年○月○日

　　　　　　　　午後○時から○時まで

2　場　　所　　○○郵便局（別添略地図を御参照ください。）

　　　　　　　　〒○○○-○○○○　○○市○○町○○丁目○番○号

　　　　　　　　電話　○○○-○○○○

　お手数ながら同封のはがきで○月○日までに御出欠のほどをお知らせくださいますようお願いいたします。

　　　　　　　　　　　　　　　　　　　　　　　　　　以上

（例一－2） わび状

謹啓

　平素は格別のお引立てを賜り厚く御礼申し上げます。

　さて、この度、御社からさる九月十日に当局に差し出されました通常郵便物十通のうち二通がいまだに配達されていないとの御指摘をいただき、早速調査いたしましたところ、当方が誤って配達していたことが分かりました。

　郵便物は、すでに○○○○様（受取人）に事情説明の上、お届けいたしたというでございますが、御社に多大なる御迷惑とお手数をお掛けいたしましたこと、誠に申し訳なく深くおわび申し上げます。

　今後は二度とこのようなことが起こらないよう局内において、正確な配達に関する指導と周知を徹底したいというでございます。このたびの当方の不手際につきまして、重ねておわびを申し上げますとともに、今後とも変わらぬ御愛顧を賜りますようお願い申し上げます。

謹白

　　　　　　　　　　　　　　　　　　　令和○○年○月○日

　　　　　　　　　　　　　　　　　　　○○郵便局長

　　　　　　　　　　　　　　　　　　　　○○　○○

○○株式会社

　常務取締役

　　○○　○○　様

相手の指摘

責任を明らかにする

陳謝の気持ちを表す

ミスをしない決意を表し、相手の許しを乞う明し、相手

結び

（例2－1）往復文書の書式による書簡文例－会議の出席依頼

令和○○年○月○日

○○県警察署長

　○○　○○　殿

○○郵便局長

　○○　○○㊞

防犯連絡会議の開催について（依頼）

謹啓

　時下ますます御清栄のこととお慶び申し上げます。

　平素は、郵便局業務に格別の御理解と御協力を賜り厚くお礼申し上げます。

　さて、最近、保険金詐取が多発していることから、その防止を図るため下記により標記会議を開催いたしたく存じます。

　つきましては、御多忙中恐縮ではございますが、御署の御協力をいただきたく、御担当の方の出席を賜りますようお願い申し上げます。

謹白

記

（略）

以上

（例2－2）原稿の依頼

○○○第○○号

令和○○年○月○日

○○市長

　○○　○○　殿

○○郵便局長

○○　○○　㊞

「○○郵便局だより」の原稿について（依頼）

謹啓　早春の候ますます御清栄のこととお慶び申し上げます。

　平素は、郵政事業に格別の御理解と御協力を賜り厚くお礼申し上げます。

　さて、当局は、おかげさまをもちまして、本年○月に開局50周年を迎えることとなりました。これを機といたしまして、地域との結び付きをより強化したいとの趣旨から「地域の発展と共に歩む○○郵便局」をテーマに「○○郵便局だより」というミニコミ誌を本年○月から発行することとし、現在準備を進めております。

　つきましては、その創刊号の巻頭に市長の御挨拶を賜りたくお願い申し上げます。

　玉稿は、200字詰原稿用紙○枚程度のものを、令和○○年○月○日までに御用意いただければ幸甚に存じます。　　　　　　　　　　謹白

連絡先	
〒○○○－○○○	
○○○○○○○○○（住所）	
○○郵便局総務部○○（苗字）	
電話○○－○○○○	

（例2－3）懇談会の出席案内

令和○○年○月○日

○○　○○　殿

○○郵便局長

○○　○○　㊞

「お客様の声をお聞きする会」の御案内

謹啓　春暖の候ますます御清栄のこととお慶び申し上げます。

　日ごろ、郵便局を御愛顧いただきまして誠にありがとうございます。

　さて、私ども郵便局では、地域の皆様方に親しまれる郵便局を目指して努力いたしているところですが、更にサービスの向上を図るため、皆様方の御意見・御要望をお聞かせいただきたく、下記により標記の会を開催いたしたいと存じております。

　つきましては、御多用中恐縮ではございますが、お繰り合わせの上、御出席くださいますようよろしくお願い申し上げます。　　　謹白

記

1　日　　時　　令和○○年○月○日（金）

　　　　　　　　午後○時から○時まで

2　場　　所　　○○郵便局○階会議室

3　議　　題　　○○○○○○○○○について

4　お問い合　　○○郵便局

　わせ先　　　電話　○○○-○○○○

　お手数ながら同封のはがきで○月○日までに御出欠のほどをお知らせくださいますようお願いいたします。　　　　　　　　以上

注：書簡の内容によって、文書記号番号を省略する。

（例３）　返信はがきの表書き・裏書き

郵　便　は　が　き

□□□－□□□□

東京都千代田区大手町
　　○丁目○番○号

○○株式会社総務課　御中

出欠通知

新社屋落成
記念祝賀会

この度は誠におめでとうございます。

喜んで

御出席　させていただきます。

御欠席

　　　〒○○○－○○○○

御住所　東京都○○区○○一丁目一番一号

御氏名　○○郵便局長
　　　　　○○　○○

54

第5　音訓引き常用漢字・送り仮名用例集・付表

索　引

使用上の注意

1　この表は、五十音順に配列されています。

2　知りたい語を見出し欄によって求めると、その右側の表記・用例欄に正しい表記が載っています。

3　表記・用例欄には、同音異語など誤って使われやすいもの、難しいものについて用例を掲げました。

4　この表に用いた記号は、それぞれ次の意味を表しています。

　　△　……常用漢字表にあるが、仮名書きにするもの

　　×　……常用漢字表（付表を含む。）に認められていない、当て字など使えないもの

　　※　……特に送り仮名の一部を省き又は全部を付けないで表記するもの

　　（（　））……（（　））の中を他の漢字に置き換えることができる。

　　〔　〕……同義で言い換えた例

　　→〔　〕……事業用語の改善で言い換えた語

　　下線……特別なものか又は用法のごく狭いものに使われる音訓

5　見出し欄のカタカナは音を、ひらがなは訓又は訓に準ずるものを示しています。

6　漢字書きで示した語についても、場合によっては、仮名書きにしてもよいものとします。

あ

見出し	表記・用例	参　考	見出し	表記・用例	参　考
ア	亜ア		あいズ	※合図	
アイ	愛アイ	愛媛県えひめ	アイする	愛する	
	哀アイ あわれ・あわれむ		アイセキ	哀惜　哀惜の念に堪えない	
あい	相あい ソウ・ショウ 相協力する、相手			愛惜　故人の愛惜した品です	
	藍　藍色		アイソ	哀訴	
あいいれない	相いれない	相容れ×ない	愛想　愛想のよい人	
あいかぎ	合い鍵		あいだ	間あいだ・ま カン・ケン	
あいかわらず	相変わらず		あいタイする	相対する	
アイガン	哀願		あいだがら	間柄	
アイキョウ	愛きょう	愛嬌×・愛敬×	アイチャク	愛着	
アイコ	愛顧		あいついで	相次いで　相次いで発生する	
あいことなる	相異なる		あいづち	相づち　相づちを打つ	相槌×
アイサツ	挨拶		あいて	相手	対手×
アイショウ	愛称		アイトウ	哀悼	
	愛唱　愛唱されている歌	愛誦×	あいにく	あいにく	生憎×△
			あいのて	合いの手	間の手×
あいショウ	相性　相性のよい人		あいのり	相乗り	
アイジョウ	愛情		あいふく	※合服	

あ

あいま	※合間	
アイマイ	曖昧〔不確実〕	
あいまって	あいまって	相俟って
アイヨク	愛欲	愛慾
アイらしい	愛らしい	
アイロ	あいろ〔支障、障害、困難〕	隘路
あう	合う　計算が合う	
	会う　友人と会う	逢う
	遭う　災難に遭う	遇う
あえぐ	あえぐ　渇水にあえぐ	喘ぐ
あえて	あえて　あえて…する、あえて注意する	敢えて
あえない	あえない　あえない最期	敢え無い
あお	青　あお・あおい　セイ・ショウ	
あおい	青い	
あおぐ	仰ぐ　判断を仰ぐ、空を仰ぐ	
	あおぐ　うちわであおぐ	扇ぐ・煽ぐ
あおさ	青さ	
あおざめる	青ざめる	
あおじろい	青白い	

あおみ	青み　青みがかった	青味
あおむけに	あおむけに	仰向けに
あおる	あおる　群集をあおる	煽る
	酒をあおる	呷る
あか	赤　あか・あかい・あからむ・あからめる　セキ・シャク	
	あか　あかを落とす	垢
あかい	赤い	紅い
あがく	あがく〔じたばたする、もがく〕	足掻く
あかす	明かす　種を明かす	
	飽かす　暇に飽かして	
あかつき	暁　あかつき　ギョウ	
あかぬけ	あか抜け　あか抜けした服装	垢抜け
あかみ	赤み　赤みを帯びる	赤味
	赤身　赤身の魚	
あがめる	あがめる　神をあがめる	崇める
あからさまに	あからさまに　あからさまに言う	明らさまに
あからむ	明らむ　空が明らむ	
	赤らむ　顔が赤らむ	
あからめる	赤らめる　顔を赤らめる	

あ

あかり	明かり　明かりをつ ける	灯	あきばれ	秋晴れ	
あがり	上がり		あきビン	空き瓶	
あがりぐち	上がり口		あきや	空き家	
あがる	上がる　地位が上が る		あきらか	明らか	
	挙がる　証拠が挙が る		あきらめる	あきらめる	諦める
	揚がる　歓声が揚が る		あきる	飽きる	
			アク	悪アク・オ わるい	
				握アク にぎる	
あかるい	明るい		あく	空く　席が空く	
あき	秋あき シュウ			開く　幕が開く	
	飽き　…に飽きがき た			明く　首の明いた服	
	明き　この服は胸の 明きが大き い			飽く　飽くことを知 らない	
	空き　時間に空きが ない			あく　あくを抜く	灰汁
	開き　窓の開きが少 ない		アクエキ	悪疫	
			アクシツ	悪質	
			アクシュウ	悪臭	
あきカン	空き缶		アクどい	あくどい　あくどい やり方	悪どい
あきす	空き巣　空き巣ねら い		あくまで	飽くまで　飽くまで 初志を 貫く	飽く迄
あきたらない	飽き足らない				
あきチ	空き地		あぐら	あぐら　あぐらをか く	胡坐
あきない	商い		アクラツ	悪らつ〔悪質、あく どい、ひ どい〕	悪辣
あきなう	商う				
あきばこ	空き箱		あくる	明くる　明くる朝	翌くる

あけ	あけ　あけに染まる	×朱	あこがれる	憧れる	
あげあし	揚げ足　揚げ足を取る		あさ	朝〔あさ・チョウ〕	
あげおろし	上げ下ろし　荷物の上げ下ろし			麻〔あさ・マ〕	
あけがた	明け方		あざ	字〔あざ・ジ〕	
あげク	挙げ句　…した挙げ句に		あさい	浅い	
あけくれ	明け暮れ		あさおき	朝起き	
あげしお	上げ潮		あざける	嘲る	
あげて	挙げて　国を挙げて祝う		あさって	あさって	×××明後日
あげもの	揚物		あさはか	浅はか　浅はかな考え	浅墓×
あける	明ける　夜が明ける		あさましい	あさましい	△浅ましい
	空ける　家を空ける		あざむく	欺く	
	開ける　窓を開ける		あざやか	鮮やか	
あげる	上げる　祝いの品を上げる		あさる	あさる　古本をあさる	漁る×
	揚げる　船荷を揚げる		あざわらう	あざ笑う	嘲笑う×
	挙げる　犯人を挙げる、全力を挙げる		あし	足〔あし・ソク・たりる・たる・たす〕	
	…(て)あげる　本を貸してあげる	△上げる		脚〔あし・キャク・キャ〕　机の脚	
あけわたし	※明渡し		あじ	味〔あじ・ミ・あじわう〕	
あけわたす	明け渡す		あしがかり	足掛かり	
あご	顎		あしかけ	足掛け　足掛け3年	
			あしからず	あしからず	悪からず×
			あじけない	あじけない	

読み	用例	参考
あした	あした	明日
あじつけ	味付け	
あしどめ	足止め	
あしどり	足取り　犯人の足取り	
あしなみ	足並み	
あしぶみ	足踏み	
あしもと	足もと	足許・足下・足元
あじわい	味わい	
あじわう	味わう	
あす	明日	
あずかり	預かり	
あずかりキン	※預り金	
あずかる	預かる　荷物を預かる	
	あずかる　相談にあずかる	与かる
あずき	小豆	
あずけいれキン	預入金	
あずけキン	預け金	
あずける	預ける	
あせ	汗（あせ・カン）	
あせばむ	汗ばむ	

読み	用例	参考
あせり	焦り	
あせる	焦る	
あせる	色があせる	褪せる
あそばす	遊ばす　子供を遊ばす	
あそぶ	遊ぶ	
あだ	あだ　恩をあだで返す、あだ討ち	仇
あたい	価（あたい・カ）　価が高くて買えない	
	値（あたい・ね・チ）　そのものの持つ値、未知数 x の値を求める	
あたいする	値する　賞賛に値する	
あたえる	与える	
あたかも	あたかも	恰も
あたたかい	温かい　温かい料理	
	暖かい　暖かい日	
あたたまる	温まる　心温まる話	
	暖まる　室内が暖まる	
あたためる	温める　スープを温める	
	暖める　部屋を暖める	
あたま	頭（あたま・かしら・トウ・ズ・ト）	

あ

あたまうち	頭打ち	俸給が頭打ちになる		アッカン	圧巻	
あたまキン	頭金			あつくるしい	暑苦しい	
あたまわり	頭割り			あっけない	あっけない	×呆気△無い
あたらしい	新しい			アッする	圧する	
あたり	当たり	当たりくじ、…に当たり		アッセン	あっせん〔取り持ち、周旋、世話〕	×△斡旋
	辺り	辺り一面		アットウ	圧倒	
あたりさわり	当たり障り			アッパク	圧迫	
あたりどし	当たり年			あつまり	集まり	
あたりまえ	当たり前			あつまる	集まる	
あたる	当たる	予報が当たる、…に当たって		あつみ	厚み	
	あたる	ふぐの毒にあたる	×中る	あつめる	集める	
あちら	あちら		××彼方	あつらえる	あつらえる〔注文する〕	×誂える
アツ	圧ア			アツリョク	圧力	
あつい	厚い	厚い本		あつれき	あつれき〔いざこざ、不和、摩擦〕	××軋轢
	暑い	今年の夏は暑い		あて	当て	当てにならない
	熱い	熱い湯			宛て	学校宛て、宛先、宛名
あつかう	扱う			あてジ	当て字	
あつかましい	厚かましい		×厚顔△しい	あてな	宛名	
				あてはずれ	当て外れ	

あてはめる	当てはめる		あとまわし	後回し	
あてる	当てる　日光に当てる		あともどり	後戻り	
	充てる　保安要員に充てる		あな	穴 あな ケツ	孔
	宛てる		あなうめ	穴埋め	
あと	後 あと・うしろ・おくれる・のち ゴ・コウ		あながち	あながち　あながち無理とは言えない	強ち
	後で読む				
	跡 あと セキ　苦心の跡が見える		あなた（人称）	あなた　あなたと私	貴方・貴女
	痕 あと コン　手術の痕(跡)				
あとあじ	後味　後味が悪い		あなどり	侮り	
あとおし	後押し		あなどる	侮る	
あとかた	跡形　跡形もない		あに	兄 あに ケイ・キョウ	
あとかたづけ	後片付け　会議の後片付け		あね	姉 あね シ	
	跡片付け　火事場の跡片付け		アネッタイ	亜熱帯	
あとがま	後がま〔後任〕	後釜	あの	あの　あの人	彼の
あとシマツ	後始末		あばく	暴く	発く
	跡始末		あばれる	暴れる	
あとつぎ	後継ぎ　社長の後継ぎ		あびる	浴びる	
	跡継ぎ　農業の跡継ぎ		あぶない	危ない	
あととり	跡取り		あぶら	油 あぶら ユ　油揚げ	
あとばらい	※後払			脂 あぶら シ　脂汗	
			あぶらエ	油絵	
			あぶる	あぶる　火であぶる	炙る
			あふれる	あふれる	溢れる

あま

見出し	用例	別表記		見出し	用例	別表記
あま	尼 あま/ニ			あまり	余り　余りが出る、…した余り	
	海女・海士			あまりに	余りに　余りに悪すぎる	
あま	雨 あま・あめ/ウ			あまる	余る	
	天 あま・あめ/テン			あまんずる	甘んずる	
あまい	甘い			あみ	網 あみ/モウ	
あまえる	甘える			あみあげ	編み上げ	
あまがさ	雨傘			あみあげぐつ	※編上靴	
あまくだり	天下り	×天降り		あみあげる	編み上げる	
あまごい	雨ごい	×雨乞い		あみもの	編み物	
あまざらし	雨ざらし	×雨曝し		あむ	編む	
あます	余す	×剰す		あめ	天 あめ・あま/テン	
あまだれ	雨垂れ				雨 あめ/ウ・あま	
あまつさえ	あまつさえ〔その上、おまけに、そればかりでなく〕	×剰え			あめ　水あめ	×飴
あまど	雨戸			あめあがり	雨上がり	
あまねく	あまねく　あまねく行き渡る〔広く〕	×遍く・×普く		あめふり	雨降り	
				あや	あや　言葉のあや	×文・×綾・×文様
あまみ	甘み			あやうい	危うい	
あまもり	雨漏り			あやうく	危うく　危うく難を免れた	
あまやかす	甘やかす			あやしい	怪しい	
あまやどり	雨宿り			あやしむ	怪しむ	
				あやつる	操る	

あやぶむ	危ぶむ		あらそう	争う	
あやまち	過ち　過ちを犯す		あらだてる	荒立てる	
あやまつ	過つ　過って…する		あらたに	新たに	
あやまり	誤り	×謬り	あらたまる	改まる	
あやまる	誤る　適用を誤る	×謬る	あらためて	改めて　改めて通知します	
	謝る　非を謝る		あらためる	改める	
あゆみ	歩み		あらて	新手	
あゆみより	歩み寄り		あらゆる	あらゆる	×凡ゆる・×所有
あゆむ	歩む				
あらあらしい	荒々しい		あらわす	表す　言葉に表す	
あらい	荒い　金遣いが荒い			現す　姿を現す	
	粗い　きめが粗い			著す　書物を著す	
あらいざらい	洗いざらい	洗い×浚い	あらわれ	表れ　喜びの表れ	
あらいざらし	洗いざらし	洗い×晒し		現れ　善意の現れ	
あらいもの	洗い物		あらわれる	表れる　効果が表れる	
あらう	洗う			現れる　太陽が現れる	
あらかじめ	あらかじめ	×予め	ありあわせ	有り合わせ	
あらけずり	荒削り		ありかた	在り方　今後の在り方について	
あらし	嵐	×暴×風×雨			
あらす	荒らす		ありがたい	有り難い　有り難がる	
あらず	あらず　…にあらず	×非ず	ありがたみ	有り難み	
あらそい	争い				

ありがち	ありがち　ありがち なこと だ		あわす	会わす　人と会わす	
ありがと う	ありがとう	[△]有り難[△] う	あわせて （副詞）	併せて　併せてお願 いする	
ありがね	有り金		あわせて （接続詞）	あわせて　あわせて、 …	
ありさま	※有様　世の有様		あわせる	合わせる　力を合わ せる	
ありふれ る	ありふれる			会わせる　顔を合わ せる	
ある	有る　財源が有る			併せる　二つの会社 を併せる	
	在る　日本はアジア の東に在る		あわただ しい	慌ただしい	
	ある　その点に問題 がある		あわだつ	泡立つ	
	…(て)あ　書いてあ る　　　　る		あわてる	慌てる	
ある （連体詞）	ある　ある日のこと だった	[×]或	あわれ	哀れ	
			あわれみ	哀れみ	[×]憐れみ
あるいは	あるいは	[×]或は	あわれむ	哀れむ	[×]憐れむ
あるく	歩く		アン	安^{アン}_{やすい}	
あれくる う	荒れ狂う			案^{アン}	
あれチ	荒れ地			暗^{アン}_{くらい}	
あれはて る	荒れ果てる		<u>アン</u>	行^{アン・コウ・ギョウ}_{いく・ゆく・おこなう}	
あれる	荒れる		アンイ	安易	
あわ	泡^{あわ}_{ホウ}　ビールの泡		アンイツ	安逸	[×]安佚
	あわ　あわ粒ほどに 小さい	[×]粟	アンカ	安価	
			アンガイ	案外	
あわい	淡い		アンキ	暗記	[×]諳記
あわす	合わす　話を合わす		アンケン	案件	

アンショウ	暗唱　詩を暗唱する	諳誦・ 暗誦	アンナイ	案内
	暗礁　暗礁に乗り上げる		アンのジョウ	案の定
			アンノン	安穏
アンずる	案ずる		アンピ	安否
アンセイ	安静		アンブン	案分、按分
アンタイ	安泰		アンミン	安眠
アンテイ	安定		アンモク	暗黙
アンド	あんど〔安心〕	安堵		

い

イ	以イ	イ	尉イ
	衣イ ころも		萎イ なえる
	位イ くらい		偉イ えらい
	囲イ かこむ・かこう		為イ
	医イ		違イ ちがう・ちがえる
	易イ・エキ やさしい		彙イ
	委イ		維イ
	胃イ		慰イ なぐさめる・なぐさむ
	移イ うつる・うつす		緯イ
	異イ こと	イ	唯イ・ユイ
	意イ	い	井い セイ・ショウ
	遺イ・ユイ	イアツ	威圧
	依イ・エ	いあわせる	居合わせる
	威イ	イアン	慰安
	畏イ おそれ	いい	いい　それでもいい　良い

いいあう	言い合う		いえ	家 いえ・や カ・ケ	
いいがかり	言い掛かり		いえども	いえども〔…でも…であっても〕	雖も
いいかた	言い方				
いいがたい	言い難い		いえる	癒える	
いいきかせる	言い聞かせる		いかが	いかが	如何 ××
			いかがわしい	いかがわしい	
いいちがい	言い違い		イカク	威嚇	
いいつたえ	言い伝え		いかす	生かす	活かす ×
いいなおし	言い直し		いかなる	いかなる	
			いかに	いかに	如何に ××
いいのがれ	言い逃れ		いかめしい	いかめしい	厳しい ×
いいのこす	言い残す		いかり	怒り	
			いかる	怒る	
いいはる	言い張る		イカン	遺憾　遺憾なことだ	
いいふくめる	言い含める			偉観　偉観を誇る	
			いかん	いかん　いかんともし難い	如何 ××
いいブン	言い分				
いいまわし	言い回し		イキ	域 イキ	
				遺棄　死体遺棄	
いいわけ	言い訳		いき	息 いき ソク	
いいわたし	※言渡し			粋 いき スイ	
いいわたす	言い渡す			生き　この魚は生きがいい	
いう	言う「…」と言った	云う ×		行き　行きは電車で行こう	
	いう　…というような	言う △	イギ	意義　意義ある催し	

読み	用例	備考
イギ	異義　異議の申立て	
	威儀　威儀を正す	
いきあたり	行き当たり	
いきいきと	生き生きと	
いきうつし	生き写し	
いきうめ	生き埋め	
いきおい	勢い　勢いが悪い、勢い…する	
いきがい	生きがい	生き甲斐
いきかえり	行き帰り	
いきかえる	生き返る	
いきがかり	行き掛かり	
いきぎれ	息切れ	
いきぐるしい	息苦しい	
イキごみ	意気込み	
いきさき	行き先	
いきさつ	いきさつ	経緯
いきすぎ	行き過ぎ	
いきちがい	行き違い	
いきづまる	息詰まる　息詰まる接戦	

読み	用例	備考
いきづまる	行き詰まる　事業が行き詰まる	
いきどおり	憤り	
いきどおる	憤る	
いきどまり	行き止まり	
いきぬき	息抜き	
いきのこり	生き残り	
いきのびる	生き延びる	
いきる	生きる	
いきわかれ	生き別れ	
イク	育　イク／そだつ・そだてる	
いく	幾　いく／キ	
	行く　学校へ行く	行く
	…（て）いく　実施していく	
いくえ	幾重	
いくさ	戦　いくさ・たたかう／セン	
いくさき	行く先	
イクジ	育児	
イクセイ	育成	
いくタの	幾多の	
いくつ	幾つ	
いくド	幾度	

い

読み	用例	別表記	読み	用例	別表記
イクドウオン	異口同音		いさぎよい	潔い	
いくばく	幾ばく　余命幾ばくもない	幾許・幾何	いささか	いささか〔少し、わずか〕	些か・聊か
いくら	幾ら　全部で幾らか、幾ら考えても		いさましい	勇ましい	
いくらか	幾らか　幾らか好転した	幾等か	いさみあし	勇み足	
いけ	池〔チ〕		いさむ	勇む	
イケイ	いけい〔尊敬、敬服、心服〕	畏敬	いさめる	いさめる	諫める
いけどる	生け捕る		イサン	遺産	
いけない	いけない　…してはいけない	不可ない	いし	石〔セキ・コク・シャク〕	
いけばな	生け花		イシ	意思　意思表示	
いける	生ける　花を生ける	活ける		意志　意志薄弱	
イケン	意見			遺志　親の遺志を継ぐ	
イゲン	威厳		イジ	維持　現状維持	
イゴ	囲碁			意地　意地を張る	
	以後		イシキ	意識	
いこい	憩い		いしずえ	礎〔いしずえ〕	
イコウ	意向　意向を確かめる	意嚮	いじめる	いじめる	虐める・苛める
	以降　…年以降		イシャ	慰謝　慰謝料	慰藉
イサイ	委細　委細構わず		イショウ	衣装　舞台衣装	衣裳
	異彩　異彩を放つ			意匠　意匠登録	
いさかい	いさかい〔争い、口論〕	諍い	イジョウ	異状　社内に異状なし	
				異常　異常な神経	

い

イジョウ	委譲　権限の委譲		いたいたしい	痛々しい	
イショク	委嘱		イタク	委託	
いじる	いじる　機械をいじる	×弄る	いだく	抱く	×懐く
イス	椅子　机と椅子		いたじき	板敷き	
いずこ	いずこ	×何処	いたす	致す　…に思いを致す、致し方ない	
いずみ	泉　いずみ／セン			…いたす　御説明いたします	△致す
いずれ	いずれ　いずれそのうちお伺いします	×何れ・×孰れ	いだす	いだす　見いだす	△出す
いすわる	居座る	居据る・×居坐る	いたずら	いたずら　子供のいたずら	×悪戯
イセイ	威勢　威勢がいい		いたずらに	いたずらに　いたずらに時を費やす	×徒に
イセキ	遺跡	×遺蹟			
イゼン	依然　旧態依然		いただき	頂　いただき・いただく／チョウ　山の頂	
	以前　ずっと以前				
いそがしい	忙しい		いただく	頂く　お返事を頂きたい	×戴く
いそぎあし	急ぎ足		…(て)いただく	…(て)　報告していただく	△頂く・×戴く
いそぐ	急ぐ				
いそしむ	いそしむ　勉学にいそしむ		いたって	至って　至って元気です	
イゾン	依存　…に依存する		いたで	痛手　痛手を負う	×傷手
	異存　特に異存はない		いたばさみ	板挟み	
いた	板　いた／ハン・バン		いたばり	板張り	
いたい	痛い		いたましい	痛ましい	
			いたむ	痛む　足腰が痛む	

い

読み	用例	（参考）
いたむ	傷む　家が傷む	
	悼む　死を悼む	
いためる	痛める　腰を痛める	
	傷める　建物を傷める	
	いためる　野菜を油でいためる	×炒める
いたる	至る	×到る
いたるところ	至る所	×到る所
いたわる	いたわる	×労る
イチ	一 イチ・イツ ひと・ひとつ	
	壱 イチ　金壱万円	
いち	市 いち ジ　競り市	
イチオウ	一応　一応やってみる	
イチガイに	一概に	
イチグウ	一隅〔片隅〕	
イチジ	一時　一時の出来心	
イチジキン	一時金	
イチジばらい	※一時払	
いちじるしい	著しい	
イチズに	いちずに　いちずに思い詰める	△×一途に

読み	用例	（参考）
イチダンと	一段と	
イチダンラク	一段落	
イチバン	一番　一番で合格した、一番下	
イチバンのり	一番乗り	
イチブシジュウ	一部始終	
イチブブン	一部分	
イチマツ	一抹　一抹の不安	
イチメンに	一面に	
イチヤづけ	一夜漬け	
イチヨウに	一様に	
イチヨク	一翼　…の一翼を担う	
イチリツに	一律に	
イチルの	いちるの〔かすかな、一部〕	△×一縷の
イツ	一 イツ・イチ ひとつ・ひと	
	逸 イツ	
いつ	いつごろから	△×何時
イッカクセンキン	一かく千金〔ぬれ手であわ〕	△一攫千金
イッキに	一気に	

イッキョに	一挙に		イッペン	一辺　三角形の一辺		
いつくしむ	慈しむ			一片　一片の紙		
イッコウに	一向に			一遍　一遍ではできない		
イッサイ	一切		イッポンだち	一本立ち		
イッシャセンリ	一しゃ千里〔一気に、一息に〕	一瀉千里	いつわり	偽り		
イッショウケンメイ	一生懸命		いつわる	偽る		詐る・佯る
イッショに	一緒に		イテン	移転		
イッする	逸する		イデン	遺伝		
			いと	糸		
イッセイに	一斉に　一斉検査		イト	意図		
イッソウ	一掃　不安を一掃する		イドウ	異同　異同を明らかにする		
	一層　一層努力せよ			異動　人事異動		
イッソクとび	一足飛び			移動　位置を移動する		
イッタイ	一体　表裏一体、一体どうしたのか		いとぐち	糸口　解決の糸口		緒
			いとこ	いとこ		従兄弟・従姉妹
イッタン	一旦		いとしい	いとしい　いとしい我が子		愛しい
いつつ	五つ	5つ	いとなみ	営み		
イッパイ	一杯　一杯の酒、今週一杯に…		いとなむ	営む		
イッパンに	一般に		いどむ	挑む　戦いを挑む		
イッピン	逸品		いとめ	糸目　金に糸目をつけない		

い

いな	否 いな・ヒ	
いな	稲 いな・トウ・いね	
いなおる	居直る	
いなか	田舎	
いなサク	稲作	
いなびかり	稲光	
いなめない	否めない	
いなや	否や … (や) 否や	
いならぶ	居並ぶ	
いにしえ	いにしえ　いにしえをしのぶ	×古
いぬ	犬 いぬ・ケン	
いね	稲 いね・トウ・いな	
いねかり	稲刈り	
いねむり	居眠り	
いのこり	居残り	
いのち	命 いのち・メイ・ミョウ	
いのちがけ	命懸け	
いのちとり	命取り	
いのちびろい	命拾い	
いのり	祈り	
いのる	祈る	
イハイ	違背→〔違反〕	

イハイ	位はい	×位牌
いばら	茨	茨城県 いばらき
いばる	威張る	
イハン	違反	
いぶき	息吹	
イフク	衣服	
イヘン	異変	
イホウ	違法	
いま	今 いま・コン・キン	
いまさら	今更　今更のように	
いましめ	戒め	
いましめる	戒める	
いまだに	いまだに　いまだに…しない〔まだ〕	×未だに
いまに	今に　今に至るまで	
いまわしい	忌まわしい	
イミ	意味	
イミあい	意味合い	
いも	芋 いも	
いもうと	妹 いもうと・マイ	
いもの	鋳物	
イモン	慰問	
いや	嫌 いや・きらう・ケン・ゲン　嫌がる	×厭・×否

いやおう なしに	いや応なしに	否応無 しに	いる	いる　ここに関係者 がいる	居る	い
いやキ (いやケ)	嫌気　嫌気が差す			…(て)いる　働いて いる	居る	
いやしい	卑しい	×賤しい		要る　保証人が要る		
いやしく も	いやしくも	×苟も		射る　的を射る		
いやす	癒やす　渇きを癒や す			鋳る　銅貨を鋳る		
				煎る　豆を煎る	×炒る	
いよいよ	いよいよ	×愈	いれかえ	※入替え		
イヨウ	威容		いれかえ る	入れ替える		
イヨク	意欲	意×慾	いれかわ り	入れ替わり		
イライ	依頼					
いらだつ	いら立つ　気がいら 立つ	×苛立つ	いれヂエ	入れ知恵		
			いれちが い	入れ違い		
いりえ	入り江					
いりぐち	入り口		いれもの	入れ物	×容れ物	
いりくむ	入り組む		いれる	入れる　箱に入れる		
いりびた る	入り浸る		いれる	入れる　意見をいれ る	×容れる	
いりまじ る	入り交じる		いろ	色〔いろ シキ・ショク〕		
			いろあい	色合い		
いりみだ れる	入れ乱れる		いろいろ	いろいろ〔種々、 様々〕	△色々	
イリョウ	衣料		イロウ	慰労		
	医療			遺漏〔漏れ〕		
イリョク	威力		いろずり	色刷り		
いる	入る　気に入る、手 に入れる		いろづく	色づく	×色付く	
	居る　居場所		いろつや	色つや	×色艶	

いろどる	彩る		インケン	陰険	陰険な人物	
いわ	岩 いわ・ガン		インコウ	咽喉		
いわい	祝い		インサツ	印刷		
いわいざけ	祝い酒		インサン	陰惨		
いわう	祝う		インシュウ	因習		
いわば	言わば	×謂ば	インショウ	印象		
いわゆる	いわゆる	×所×謂	インソツ	引率		
いわれ	いわれ	×謂われ	インタイ	引退	横綱が引退する	
いわんや	いわんや〔いうまでもなく〕	×況や		隠退	郷里に隠退する	
イン	引 イン ひく・ひける		イントク	隠匿		
	印 イン しるし		インネン	因縁		
	因 イン よる		インブン	韻文		
	員 イン		インペイ	隠蔽	→〔隠す〕	
	院 イン		インメツ	隠滅	証拠隠滅	×湮滅
	飲 イン のむ		インリョウ	飲料		
	音 イン・オン おと・ね		インリョク	引力		
	姻 イン					
	陰 イン かげ・かげる					
	隠 イン かくす・かくれる					
	韻 イン					
インエイ	陰影	陰×翳				
	印影					
インガ	因果					
インギン	いんぎん〔丁寧〕	×慇×懃				

う

ウ	右 ウ・ユウ／みぎ		うかがい	伺い	
	有 ウ・ユウ／ある			※((進退))伺	
	雨 ウ／あま・あめ		うかがう	伺う	
	宇 ウ		うかす	浮かす	
	羽 ウ／は・はね		うかつ	うかつ〔うっかり〕	迂闊
うい	初 うい・はつ・はじめ・そめる・はじめて ショ		うかぶ	浮かぶ	
	憂い		うかる	受かる	
ういういしい	初々しい		うかれる	浮かれる	
うえ	上 うえ・かみ・あがる・あげる・のぼる・うわ・のぼせる・のぼす ショウ・ジョウ		うきあがる	浮き上がる	
	飢え	餓え	うきあし	※浮足　浮足立つ	
うえき	※植木		うきがし	浮き貸し	
うえこみ	植え込み		うきぐさ	※浮草	
うえつけ	※植付け		うきぐも	※浮雲	
うえつける	植え付ける		うきしずみ	浮き沈み	
うえる	植える		うきな	※浮名	
	飢える		うきぶくろ	※浮袋	
ウエン	うえん〔遠回り、回りくどい〕	迂遠	うきぼり	浮き彫り	
うお	魚 うお・さかな ギョ		うきよ	※浮世	
うおつりヨウグ	※魚釣用具		うきよエ	※浮世絵	
ウカイ	うかい〔回り道、遠回り、回ること〕	迂回	うく	浮く	
			うけあう	請け合う	
			うけいれ	※受入れ	

うけいれ ガク	※受入額	うけとる	受け取る
うけいれ さき	※受入先	うけはら い	※受払い
うけいれ ネンガ ッピ	※受入年月日	うけはら いキン	※受払金
		うけみ	受け身
うけいれ る	受け入れる	うけもち	※受持ち ※受持((局))
うけうり	受け売り	うけもつ	受け持つ
うけおい	※請負	うける	受ける　注文を受け る、命令 を受ける
うけおう	請け負う		
うけこた え	受け答え	請ける　仕事を請け る
うけざら	※受皿	うけわた し	※受渡し
うけショ	請け書	うけわた す	受け渡す
うけたま わる	承る	うごかす	動かす
うけつぐ	受け継ぐ	うごき	動き
うけつけ	※受付	うごく	動く
うけつけ がかり	※受付係	うし	牛　うし ギュウ
うけつけ る	受け付ける	うじ	氏　うじ シ
うけとめ る	受け止める	うしなう	失う
		うしろ	後ろ
うけとり	受け取り　受け取り に行く	うしろぐ らい	後ろ暗い
	※受取　受取をもら う	うしろだ て	後ろ盾〔後援者〕
うけとり ニン	※受取人	うしろむ き	後ろ向き

うず	渦^{うず}_カ 渦を巻く		うたう	うたう　条文にうたう	[×]謳う
うすあかり	薄明かり		うたがい	疑い	
うすい	薄い		うたがう	疑う	
うすぎ	薄着		うたがわしい	疑わしい	
うずく	うずく　傷がうずく	[×]疼く	うたたね	うたた寝	[×]転た寝
うずくまる	うずくまる	[×]蹲る	うだる	うだる　うだるような暑さ	[×]茹だる
うすぐもり	薄曇り		うち	内^{うち}_{ナイ・ダイ} 部屋の内	
うすぐらい	薄暗い			うち　三つのうち一つ	[△]内・[×]中
うすで	薄手			そのうちに…します	[△]内
うずまき	※渦巻			うちへ帰る	[×]家
うずまる	うずまる	[×]埋まる	うちあける	打ち明ける	
うすめる	薄める		うちあわせ	※打合せ	
うずめる	うずめる	[×]埋める	うちあわせカイ	※打合せ会	
うずもれる	うずもれる	[×]埋もれる	うちあわせる	打ち合わせる	
うすらぐ	薄らぐ		うちきり	※打切り	
うすれる	薄れる		うちきりホショウ	※打切補償	
うせる	うせる　消えうせる	[×]失せる	うちきる	打ち切る	
うそ	うそ	[×]嘘	うちキン	内金	
うそぶく	うそぶく	[×]嘯く	うちけす	打ち消す	
うた	歌^{うた・うたう}_カ		うちこむ	打ち込む	
	唄^{うた}				
うたい	謡^{うたい}_{ヨウ}				
うたう	歌う				

79

うちとる	討ち取る			ウッセキ	鬱積〔積もる、内にこもる〕
うちばらい	※内払			うったえ	訴え
うちマク	内幕			うったえる	訴える
うちやぶる	打ち破る　戸を打ち破る			うっとうしい	うっとうしい	鬱陶しい
	撃ち破る　敵を撃ち破る			ウップン	鬱憤	
ウチュウ	宇宙			うつむく	うつむく	俯く
ウチョウテン	有頂天			うつりかわり	移り変わり	
うちわ	うちわ　うちわであおぐ	団扇		うつる	移る　政権が移る	
	内輪　内輪話				写る　このカメラはよく写る	
うちわけ	内訳				映る　鏡に姿が映る	
ウツ	鬱 ウツ			うつろ	うつろ	空ろ・虚ろ
うつ	打つ　くぎを打つ					
	討つ　敵を討つ			うつわ	器 うつわ キ	
	撃つ　鉄砲を撃つ			うで	腕 うで ワン	
うつくしい	美しい			うできき	腕利き	
うつし	写し			うでずく	腕ずく	
うつしかえ	※移替え			うでまえ	腕前	
うつしかえる	移し替える			うでる	うでる　卵をうでる	茹でる
うつす	写す　写真を写す			うとい	疎い　世情に疎い	
	移す　住居を移す			うとんずる	疎んずる	
	映す　幻灯を映す			うながす	促す	
				うなずく	うなずく	頷く

80

う

うなる	うなる	唸る	うめあわせ	埋め合わせ	
うぬぼれる	うぬぼれる	自惚れる	うめたて	※埋立て	
うね	畝^{うね}		うめたてクイキ	※埋立区域	
うのみ	うのみ　うのみにする	鵜呑み	うめたてチ	※埋立地	
うばう	奪う		うめたてる	埋め立てる	
うぶ	産^{うぶ・うむ}_{サン}		うめぼし	梅干し	
うぶぎ	産着	産衣	うめる	埋める	
うぶゆ	産湯		ウモウ	羽毛	
うま	馬^{うま・ま}_バ				
うまい	うまい　うまい食事	旨い・甘い・美味い	うもれる	埋もれる	
			うやうやしい	恭しい	
			うやまう	敬う	
	うまい　うまいことをした	巧い・上手い	うやむや	うやむや	有耶無耶
うまる	埋まる				
うまれかわる	生まれ変わる		ウヨキョクセツ	うよ曲折〔曲折、複雑な経過〕	紆余曲折
うまれる	生まれる　京都に生まれる		うら	浦^{うら}	
				裏^{うら}_リ	
	産まれる　子供が産まれる		うらうち	裏打ち	
うみ	海^{うみ}_{カイ}		うらがえし	裏返し	
ウム	有無		うらがき	※裏書	
うむ	生む　新記録を生む		うらぎり	裏切り	
	産む　卵を産む		うらづけ	裏付け	
うめ	梅^{うめ}_{バイ}				

うらない	占い		うりだし ハッコ ウ	※売出発行	
うらなう	占う				
うらみ	恨み　恨みを抱く	×怨み	うりだす	売り出す	
	うらみ　公平を欠く うらみ	×憾み	うりて	※売手	
			うりぬし	※売主	
うらむ	恨む	×怨む	うりね	※売値	
うらめしい	恨めしい		うりば	※売場	
うらやましい	羨ましい		うりはらい	※売払い	
うらやむ	羨む		うりはらう	売り払う	
うりあげ	※売上げ		うりもの	売り物	
	※売上((高))		うりわたし	※売渡し	
うりおしみ	※売惜しみ		うりわたしカカク	※売渡価格	
うりおしむ	売り惜しむ		うりわたしさき	※売渡先	
うりかけ	売り掛け		うりわたしダイキン	※売渡代金	
うりかけキン	※売掛金				
うりきれ	売り切れ		うりわたす	売り渡す	
うりきれる	売り切れる		うる	売る	
うりぐい	売り食い			得る　得るところ、 …（し）得る	
うりこ	売り子				
うりこむ	売り込む				
うりさばく	売りさばく	売り×捌く	うるうどし	うるう年	閏年
うりだし	※売出し		うるおい	潤い	

82

うるおう	潤う		うわぬり	上塗り		
うるおす	潤す		うわまえ	上前　上前をはねる		
うるし	漆 ^{うるし}／シツ		うわまわる	上回る		
うるむ	潤む		うわむき	上向き		
うるわしい	麗しい		うわヤク	上役		
うれい	愁い　春の愁い		うわる	植わる		
	憂い　後顧の憂い		ウン	運 ^{ウン}／はこぶ		
うれえる	憂える			雲 ^{ウン}／くも		
うれしい	うれしい	×嬉しい	ウンカイ	雲海		
うれのこり	売れ残り		ウンソウ	運送		
うれゆき	※売行き		ウンチン	運賃		
うれる	売れる		ウンデイのサ	雲泥の差〔天地の差〕		
	熟れる		ウンテン	運転		
うろたえる	うろたえる	×狼×狽える	ウンドウ	運動		
うわ	上 ^{うわ・うえ・かみ・あがる・あげる・のぼる・のぼせる・のぼす}／ジョウ・<u>ショウ</u>		うんぬん	うんぬん		××云々
うわがき	上書き		ウンパン	運搬		
うわごと	うわごと	×譫△言	ウンメイ	運命		
うわさ	うわさ	×噂	ウンユ	運輸		
うわじき	上敷き		ウンヨウ	運用		
うわずみ	上澄み					
うわつく	浮つく					
うわづみ	上積み					
うわて	上手　一枚上手					

え

エ	絵 エ・カイ		エイキュウ	永久	
	会 エ・カイ あう		エイキョウ	影響	
	恵 エ・ケイ めぐむ		エイギョウ	営業	
エ	回 エ・カイ まわる・まわす		エイコウ	栄光	
	依 エ・イ		エイコセイスイ	栄枯盛衰	
え	江 えコウ		エイサイ	英才 英才教育	
	餌 え・えさ ジ		エイずる	映ずる	
	柄 え・がら ヘイ			詠ずる	
	重 え・おもい・かさねる・かさなる ジュウ・チョウ		エイセイ	衛生 公衆衛生	
エイ	永 エイ ながい			衛星 人工衛星	
	泳 エイ およぐ		エイゼン	営繕	
	英 エイ		エイゾク	永続	
	栄 エイ さかえる・はえ・はえる		エイタン	詠嘆	詠歎̈
	営 エイ いとなむ		エイダン	英断	
	衛 エイ		エイチ	英知	叡̈智̈
	映 エイ うつる・うつす・はえる		エイビン	鋭敏	
	詠 エイ よむ		エイユウ	英雄	
	影 エイ かげ		エイヨ	栄誉	
	鋭 エイ するどい		エイヨウ	栄養	
エイエン	永遠		エイリ	営利 営利の追求	
エイガ	栄華			鋭利 鋭利な刃物	
	映画				
エイカン	栄冠				

え

えがお	笑顔		
えがく	描く	画く	
えがたい	得難い		
えがら	絵柄		
エキ	役 エキ・ヤク		
	易 エキ・イ やさしい		
	益 エキ・ヤク		
	液 エキ		
	駅 エキ		
	疫 エキ・ヤク		
エキする	益する〔ためになる〕		
エキタイ	液体		
エキビョウ	疫病〔伝染病〕		
エキム	役務		
えぐる	えぐる	抉る	
エコひいき	えこひいき	依怙晶 屓	
えさ	餌 えさ・え　小鳥の餌		
エシャク	会釈		
えだ	枝 えだ		
エタイ	得体　得体が知れない		
エツ	悦 エツ　悦に入る		
	越 エツ　こえる・こす		
	謁 エツ　…に謁を賜る		
エツ	閲 エツ　閲覧室		
エッキョウ	越境		
エッケン	越権　越権行為		
エッケン	謁見　謁見式〔接見、御会見〕		
エツネン	越年		
エツラク	悦楽		
エツラン	閲覧		
えと	えと　今年のえとはタツだ	干支	
エトク	会得		
エのグ	絵の具		
えはがき	絵はがき	絵葉書	
えまき	絵巻き		
えまきもの	※絵巻物		
えみ	笑み		
えもの	獲物		
えらい	偉い		
えらびだす	選び出す		
えらぶ	選ぶ		
えり	襟 えり キン　着物の襟	衿	
えりぬき	えり抜き　えり抜きの精鋭	選り抜き	
えりまき	※襟巻		
える	得る　知識を得る		

え

える	獲る　獲物を獲る		エンキョク	えん曲〔遠回しに、それとなく〕	×婉曲
エン	円 エン まるい				
	延 エン のびる・のべる・のばす		エンきり	縁切り	
	塩 エン しお		エンキン	遠近	
	遠 エン・オン とおい		エンぐみ	※縁組	
	演 エン		エンゲイ	演芸	
	園 エン その			園芸	
	沿 エン そう		エンゲキ	演劇	
	炎 エン ほのお		エンゲン	えん源〔源（みなもと）、根源〕	×淵源
	宴 エン		エンコ	縁故	
	媛 エン	愛媛県 えひめ	エンゴ	援護	×掩護
	煙 エン けむり・けむる・けむい		エンコン	えん恨〔恨み、遺恨〕	×怨恨
	援 エン		エンジュク	円熟	
	鉛 エン なまり		エンショ	炎暑	
	縁 エン ふち		エンジョ	援助	
	猿 エン さる		エンショウ	炎症　のどが炎症を起こした	
エンエンと	えんえんと〔長々と〕			延焼　隣の家が延焼した	
エンカク	沿革　事業の沿革		エンジョウ	炎上	
	遠隔　遠隔の地		エンずる	演ずる	
エンカツ	円滑		エンゼツ	演説	
エンがわ	縁側		エンタイ	延滞	
エンキ	延期		エンチョウ	延長	
エンギ	演技　見事な演技		エンテン	炎天	
	縁起　縁起が悪い				

86

エンどおい	縁遠い		エンブン	塩分	
エントツ	煙突		エンむすび	縁結び	
エンピツ	鉛筆		エンリョ	遠慮	

お

オ	悪 オ・アク わるい		おいこむ	老い込む	
	汚 オ けがす・けがれる・けがらわしい・よごす・よごれる・きたない		おいしい	おいしい	×美×味しい
お	小 お・こ・ちいさい ショウ		おいしげる	生い茂る	
	尾 お ビ		おいだす	追い出す	
	緒 お ショ・チョ		おいつく	追い付く	
	雄 お・おす ユウ		おいて	おいて …において	×於て
お (接頭語)	お お礼、お手紙	×御		…をおいて ほかにない	×措いて
おい	おい	×甥			
	老い		おいぬく	追い抜く	
おいうち	追い打ち		おいはらう	追い払う	
おいおい	おいおい	△追い△追い	おいめ	負い目	
おいかえす	追い返す		おいる	老いる	
おいかける	追い掛ける		オウ	王 オウ	
おいこし	※追越し			央 オウ	
おいこす	追い越す			往 オウ	
おいこみ	追い込み			皇 オウ・コウ	
おいこむ	追い込む			横 オウ よこ	
				応 オウ こたえる・こたえ	

お

オウ	黄（オウ・コ／き・こ）		
	押（オウ／おす・おさえる）		
	欧（オウ）		
	殴（オウ／なぐる）		
	翁（オウ）		
	奥（オウ／おく）		
	桜（オウ／さくら）		
	凹（オウ）		
おう	負う　荷を負う、傷を負う		
	追う　犯人を追う		
オウイツ	横いつ〔あふれる、みなぎる〕	横溢	
オウイン	押印		
オウエン	応援		
オウカ	おう歌〔賛美、たたえる、称賛〕	謳歌	
おうぎ	扇（おうぎ／セン）		
オウギ	奥義　奥義を伝える		
オウコウ	横行		
	王侯　王侯貴族		
オウゴン	黄金		
オウシュウ	押収　書類を押収する		
	応酬　やじの応酬		
オウシン	往診		
オウずる	応ずる		

オウセイ	おう盛〔盛ん〕	旺盛
オウタイ	応対	
オウダン	横断	
オウチャク	横着　横着な動作	
オウトウ	応答	
オウトツ	凹凸〔でこぼこ〕	
オウナツ	押なつ〔押印、押す〕	押捺
オウフク	往復	
オウヘイ	横柄　横柄な態度	
オウボ	応募	
オウボウ	横暴	
オウヨウ	応用	
オウリョウ	横領	
おえる	終える	
おおあたり	大当たり	
おおあれ	大荒れ	
おおい	多い	
	覆い	
おおいに	大いに	
おおいり	大入り	
おおう	覆う	被う
おおうりだし	大売り出し	
おおがかり	大掛かり	

おおかた	大方　大方そうだろう、大方の予想を裏切る		おおむね	おおむね〔概して〕	ˣ概ね
			おおやけ	公　おおやけ　コウ	
			おおよそ	おおよそ	△ˣ大凡
おおがらな	大柄な		おか	丘　おか　キュウ	
おおきい	大きい			岡　おか	
おおきな	大きな		おかげ	おかげ　おかげさまで	お˟蔭・お˟陰
おおゲサ	おおげさ　おおげさに言う	△ˣ˟大袈裟			
			おかしい	おかしい	ˣ可笑しい
おおざっぱ	おおざっぱ	△△△大雑把			
			おかす	犯す　過ちを犯す	
おおしい	雄々しい			侵す　権利を侵す	
おおジかけ	大仕掛け			冒す　危険を冒す	
おおすじ	大筋　大筋だけ決める		おがみたおす	拝み倒す	
おおせ	仰せ		おがむ	拝む	
おおゼイ	大勢　大勢でやってきた		オカン	悪寒〔寒け〕	
おおソウジ	大掃除		おき	沖　おき　チュウ	
おおだすかり	大助かり		おきあい	※沖合	
おおだてもの	※大立者		おきあがる	起き上がる	
おおづめ	大詰め		おきかえる	置き換える	
おおはば	大幅　大幅な値上げ	ˣ大巾	おきざり	置き去り	
おおバンぶるまい	大盤振る舞い		おきて	おきて	ˣ掟
			おきてがみ	置き手紙	
おおみそか	大みそか	大ˣ晦△日	おぎない	補い	
			おぎなう	補う	

おきぬけ	起き抜け		おくりとどける	送り届ける	
おきば	※置場		おくりぬし	送り主	
おきびき	置き引き			贈り主	
おきもの	※置物		おくりむかえ	送り迎え	
おきる	起きる		おくりもの	※贈物	
オク	屋 オク（ヤ）		おくる	送る　荷物を送る	
	億 オク			贈る　お祝いの品を贈る	
	憶 オク		おくれる	後れる　気後れする、人に後れを取る	
	臆 オク			遅れる　完成が遅れる	
おく	奥 おく・オウ				
	置く　物を置く、役員を置く				
	おく　…しておく	△置く			
おくがき	※奥書		おける	おける　…における	×於ける
オクソク	臆測(法令では憶測)		おこす	起こす　訴訟を起こす	
おくづけ	※奥付			興す　産業を興す	
おくのて	奥の手　奥の手を出す			おこす　火をおこす	×熾す
おくまる	奥まる　奥まった所に		おごそか	厳か	
おくゆかしい	奥ゆかしい		おこたる	怠る	
おくゆき	奥行き		おこない	行い	
おくらす	遅らす		おこなう	行う	
おくりこむ	送り込む		おこり	起こり　事を起こり	
おくりジョウ	送り状		おこる	起こる　事件が起こる	
				興る　国が興る	

おこる	怒る		おさめる	収める　目録に収める	
	おこる　火がおこる	×熾る		治める　領地を治める	
おごる	おごる　おごる者久しからず	×驕る		修める　学を修める	
	食事をおごる	×奢る	おじ	叔父、伯父	×小父
おさえ	押さえ		おしあい	押し合い	
おさえる	押さえる　証拠を押さえる		おしあう	押し合う	
	抑える　物価の上昇を抑える		おしあげる	押し上げる	
おさない	幼い		おしい	惜しい	
おさなご	幼子		おしいれ	押し入れ	
おさなごころ	幼心		おしうり	※押売	
おさななじみ	幼なじみ	×幼×馴染	おしえ	教え	
おざなり	おざなり　おざなりな計画	×△△御座成り	おしえご	教え子	
			おしえる	教える	
おさまる	納まる　国庫に納まる		おしかける	押し掛ける	
	収まる　争いが収まる、博物館に収まる		おジギ	お辞儀　お辞儀をする	
	治まる　国がよく治まる、痛みが治まる		おしきる	押し切る	
	修まる　身持ちが修まらない		おしげ	惜しげ　惜しげもなく	
			おじケ	おじ気　おじ気づく	×怖じ気
			おしこむ	押し込む	
			おしすすめる	推し進める	
おさめる	納める　注文の品を納める		おしたおす	押し倒す	

おしだし	押し出し		おそざき	遅咲き	
おしだしキ	※押出機		おそなえ	お供え	
おしつけ	押し付け　押し付けがましい		おそまき	遅まき　遅まきながら	
			おそらく	恐らく　恐らく…だろう	
おしつまる	押し詰まる		おそれ	おそれ　…のおそれがある	虞
おしのける	押しのける	押し退ける		恐れ　恐れを抱く	
おしはかる	推し量る			畏れ　畏れ多い	
おしまい	おしまい　これでおしまいです	御仕舞い	おそれいる	恐れ入る	
			おそれる	恐れる	
おしむ	惜しむ　金を惜しむ		おそろしい	恐ろしい	
おしモンドウ	押し問答		おそわる	教わる	
おしゃれ	おしゃれ	御洒落	オソン	汚損	
オショク	汚職		おだてる	おだてる	煽てる
おしよせる	押し寄せる		おだやか	穏やか	
おしろい	おしろい　おしろいを塗る	白粉	おち	落ち　手練に落ちがある	
おす	雄　ユウ・お		おちあう	落ち合う	
	推す　会長に推す		おちいる	陥る	
	押す　印を押す	捺す	おちおち	おちおち　おちおち眠れない	
オスイ	汚水		おちつき	落ち着き	
オセン	汚染		おちば	落ち葉	
おそい	遅い	晩い	おちぶれる	落ちぶれる	
おそう	襲う				

お

おちめ	落ち目		おどす	脅す	
おちる	落ちる		おとずれ	訪れ	
オツ	乙 ᵒ		おとずれる	訪れる	
おっしゃる	おっしゃる	×× 仰有る	おととい	おととい	××× 一昨日
おって (副詞)	追って　詳細は追って 通知する		おととし	おととし	××× 一昨年
おって (接続詞)	おって　おって、日 時は…	△ 追って・ △ × 追而	おとな	大人	
			おとなゲない	大人気ない	
おってがき	おって書き		おとなしい	おとなしい	× 温和しい
おっと	夫 おっと フ・フウ		おとめ	乙女	×× 少女
オテン	汚点		おとも	お供　お供しましょ う	
おと	音 おと・ね オン・イン		おとり	おとり　おとり捜査	× 囮
おとうと	弟 おとうと テイ・ダイ・デ		おどり	踊り	
おどかす	脅かす	× 嚇かす	おどりこ	踊り子	
おとぎばなし	おとぎ話	×× 御伽噺	おどりば	踊り場　階段の踊り 場	
おとこ	男 おとこ ダン・ナン		おとる	劣る	
おとサタ	音沙汰　音沙汰がな い〔音信、 便り〕		おどる	踊る　リズムに乗っ て踊る	
				躍る　胸が躍る	
おとしいれる	陥れる		おとろえる	衰える	
おとしだま	お年玉		おどろかす	驚かす	
おとしもの	落とし物		おどろき	驚き	
おとす	落とす		おどろく	驚く	

お

読み	漢字	備考	読み	漢字	備考
おなじ	同じ		おぼれる	溺れる	
おに	鬼おに		おぼろづき	おぼろ月	朧月
おね	尾根　尾根伝いに歩く		おまいり	お参り	
おのおの	各おのおのカク　各々		おまもり	お守り	
おのずから	おのずから	自ら	おまわりさん	お巡りさん	
おのずと	おのずと		おめでとう	おめでとう	御目出度
おののく	おののく　恐れおののく	戦く	おめみえ	お目見え	御目見得
おのれ	己おのれキ・コ		おも	面おも・おもて・つらメン	
おば	叔母、伯母	小母		主おも・ぬしシュ・ス	
おび	帯おび・おびるタイ		おもい	思い	
おびえる	おびえる	怯える		重い	
おびきだす	おびき出す		おもいあがり	思い上がり	
おびただしい	おびただしい	夥しい	おもいあたる	思い当たる	
おびどめ	※帯留		おもいあまる	思い余る	
おびフウ	帯封		おもいうかべる	思い浮かべる	
おびやかす	脅かす		おもいおこす	思い起こす	
おびる	帯びる		おもいがけない	思い掛けない	
おぼえ	覚え		おもいきり	思い切り　思い切りが肝心だ	
おぼえがき	※覚書				
おぼえる	覚える				
おぼつかない	おぼつかない	覚束ない			

お

おもいこむ	思い込む		おもて	面 おもて・おも・つら／メン	
おもいたつ	思い立つ　思い立ったが吉日			面も振らずまっしぐらに	
			おもてざた	表ざた	表沙汰
おもいちがい	思い違い		おもてどおり	表通り	
おもいつき	思い付き		おもてむき	表向き	
おもいで	思い出	想い出	おもな	主な	
おもいとどまる	思いとどまる	思い止どまる	おもなが	面長　面長の美人	
おもいなおす	思い直す		おもに	主に	
				重荷	
おもいのこす	思い残す		おもねる	おもねる　上役におもねる	阿る
おもいやり	思いやり	思い遣り	おもみ	重み	
おもう	思う	想う	おもむき	趣 おもむき／シュ	
おもおもしい	重々しい		おもむく	赴く　任地に赴く	
おもかげ	面影	俤	おもむろに	おもむろに	徐ろに
おもくるしい	重苦しい		おももち	面持　沈痛な面持ち	
おも	さ重さ		おもや	母屋、母家	
おもしろい	面白い		おもわく	思わく　思わくが外れる	思惑
おもたい	重たい		おもんずる	重んずる	
おもちゃ	玩具〔がんぐ〕		おや	親 おや・したしい・したしむ／シン	
おもて	表 おもて・あらわす・あらわれる／ヒョウ		おやがわり	親代わり	
	裏と表、表向き				

お

おやごころ	親心		おりから	折から　折からの雨により…	折柄
およぐ	泳ぐ		おりこみ	折り込み　折り込みの広告	
およそ	およそ	凡そ	おりこむ	織り込む　物語の中に織り込む	
および（接続詞）	及び　A及びB				
およぶ	及ぶ		おりたたむ	折り畳む	
およぼす	及ぼす		おりづめ	※折詰	
おり	折 おり・おる・おれる セツ　…した折、その折　織り　絹織り　※((博多))織（工芸品）		おりまげる	折り曲げる	
			おりめ	折り目	
			おりもと	※織元	
おりあい	折り合い		おりもの	※織物	
おりあしく	折あしく　折あしく留守でした	折悪しく	おりる	下りる　幕が下りる	
				降りる　バスを降りる	
おりいって	折り入って　折り入ってのお願いです		おる	おる　…しております	居る
				折る　棒を折る、ひざを折る	
おりおり	折々　四季折々の草花			織る　布を織る	
おりかえし	折り返し		おれ（人称代名詞）	俺　貴様と俺	
おりかえしセン	※折返線		おれあう	折れ合う	
おりかえしテン	※折返点		おれい	お礼　お礼を言う	御礼
おりかさなる	折り重なる		おれまがる	折れ曲がる	
おりがみ	折り紙		おれる	折れる	

おろか	愚か　愚かなこと		オンコウ	温厚
	おろか　…はおろか　…さえ	疎か	オンシ	恩師
			オンシャ	恩赦
おろし	卸 おろし・おろす		オンジュン	温順
おろしうり	※卸売			
			オンショウ	温床
おろしね	※卸値			
おろす	下ろす　枝を下ろす		オンジョウ	温情　温情主義
	降ろす　次の駅で降ろす			恩情　恩情あるはからい
	卸す　小売に卸す		オンシン	音信
おろそか	おろそか　練習をおろそかにする	疎か	オンゾン	温存
			オンダン	温暖
おわり	終わり	了	おんチュウ	御中
おわる	終わる		オンド	音頭　音頭を取る
オン	音 オン・イン　おと・ね		オントウ	穏当
	恩 オン		おんな	女 おんな・め　ジョ・ニョ・ニョウ
	温 オン　あたたか・あたたかい・あたたまる・あたためる		オンビン	穏便
	穏 オン　おだやか		オンワ	温和
オン	遠 オン・エン　とおい			
おん	御 おん　ギョ・ゴ			
オンがえし	恩返し			
オンギ	恩義	恩誼		
オンケイ	恩恵			
オンケン	穏健			
オンコ	恩顧			

か

か

見出し	読み（左段）		見出し（右段）	読み	用例
下	カ・ゲ／した・しも・もと・さげる・さがる・くだる・くだす・くだる・おろす・おりる	カ	華	カ・ケ／はな	
化	カ・ケ／ばける・ばかす		菓	カ	
火	カ／ひ・ほ		暇	カ／ひま	
加	カ／くわえる・くわわる		嫁	カ／よめ・とつぐ	
可	カ		禍	カ	
仮	カ・ケ／かり		箇	カ	何箇月、箇所
何	カ／なに・なん		寡	カ	
花	カ／はな	か	渦	カ／うず	
果	カ／はたす・はてる・はて		靴	カ／くつ	
河	カ／かわ		稼	カ／かせぐ	
苛	カ		蚊	か	
科	カ		香	か・かおり・かおる／コウ・キョウ	
夏	カ・ゲ／なつ		日	か・ひ／ジツ・ニチ	三日、四日
家	カ・ケ／いえ・や	ガ	か		3か月、2か所　×ケ
荷	カ／に		牙	ガ／きば	
貨	カ		瓦	ガ／かわら	
過	カ／あやまち・あやまつ・すぎる・すごす		我	ガ／わ・われ	
歌	カ／うた・うたう		賀	ガ	
価	カ／あたい		芽	ガ／め	
課	カ		画	ガ・カク	
佳	カ		雅	ガ	
架	カ／かける・かかる	かあさん	餓	ガ	
			母さん		

カイ	回 カイ・エ　まわる・まわす		かい	貝 かい	
	会 カイ・エ　あう			かい …したかいがない	甲斐
	快 カイ　こころよい				
	改 カイ　あらたまる・あらためる		ガイ	外 ガイ・ゲ　そと・ほか・はずす・はずれる	
	界 カイ			害 ガイ	
	海 カイ　うみ			劾 ガイ	
	械 カイ			慨 ガイ	
	開 カイ　ひらく・ひらける・あく・あける			該 ガイ	
	階 カイ			蓋 ガイ	
	楷 カイ			概 ガイ	
	絵 カイ・エ			骸 ガイ	
	解 カイ・ゲ　とく・とかす・とける			街 ガイ・カイ　まち	
	介 カイ			涯 ガイ	
	灰 カイ　はい		かいあげ	※買上げ	
	戒 カイ　いましめる		かいあげ ヒン	※買上品	
	怪 カイ　あやしい・あやしむ		かいあげる	買い上げる	
	皆 カイ　みな		かいあさる	買いあさる	買い漁る
	悔 カイ　くいる・くやむ・くやしい		かいいぬ	飼い犬	
	塊 カイ　かたまり		かいいれ	※買入れ	
	潰 カイ　つぶす・つぶれる		かいいれる	買い入れる	
	懐 カイ　ふところ・なつかしい・なつかしむ・なつく・なつける		かいうけ	※買受け	
	壊 カイ　こわす・こわれる		かいうけ ニン	※買受人	
	諧 カイ		かいうける	買い受ける	
	拐 カイ				
カイ	街 カイ・ガイ　まち　街道				

か

カイガ	絵画			かいこ	蚕 かいこ サン	
ガイカ	がい歌　がい歌をあ げて帰校 した〔勝 ちどき〕	凱歌		カイコ	回顧　回顧録	
					懐古　懐古趣味	
					解雇	
かいがい しい	かいがい しい　かいがい しく働 く	甲斐甲 斐しい		カイコン	悔恨	
				かいこむ	買い込む	
かいかえ	※買換え			カイサイ	開催	
かいかえ る	買い換える			カイザイ	介在	
かいかけ キン	※買掛金			カイサン	解散	
ガイカだ てサイ ケン	※外貨建債権			カイザン	改ざん　文書を改ざ んする	改竄
				ガイサン	概算	
カイカツ	快活	快濶		ガイサン ばらい	※概算払	
カイガン	海岸			カイシ	開始	
ガイカン	外観			カイジ	開示　理由を開示す る	戒示
	概観　政局の概観					
カイキ	会期			ガイして	概して　概して良好 である	
	快気　快気祝い			かいしめ	※買占め	
カイギ	会議			かいしめ る	買い占める	
ガイキョ ウ	概況			ガイシュ ツ	外出	
かいきり	買い切り			カイシュ ン	改しゅん〔改心〕	改悛
カイキン	解禁　あゆ釣りの解 禁			カイショ	楷書　楷書、行書、 草書	
	皆勤			カイジョ ウ	会場	
	開襟　開襟シャツ					
カイケイ	会計					

カイジョウ	塊状		カイテイ	改定　規則を改定する	
カイシン	会心　会心の出来栄え		カイテン	開店	
	改心		カイトウ	回答　回答を寄せる	
	戒心			解答　出題の解答	
カイする	介する　人を介して		ガイトウ	街灯	
	会する　一堂に会する			街頭	
	解する　ユーモアを解する		かいとり	※買取り	
ガイする	害する　感情を害する		カイニュウ	介入	
ガイゼンセイ	蓋然性		かいぬし	飼い主	
				※買主	
カイソウ	回送	廻送	かいね	※買値	
カイぞえ	介添え		ガイネン	概念	
カイタイ	拐帯〔持ち逃げ〕		カイハイ	改廃	
カイタク	開拓		カイハクショク	灰白色	
かいだし	買い出し		カイヒ	回避	廻避
かいだめ	買いだめ	買い溜め		開披〔開封〕	
カイダン	階段		カイフ	回付　議案を回付する	廻付
カイチュウ	回虫	蛔虫	カイフク	回復	恢復
			カイヘン	改変	
カイチン	開陳　意見を開陳する〔述べる〕		カイホウ	介抱　病人を介抱する	
かいつけ	買い付け			解放　妄想から解放される	
かいて	※買手			開放　門戸を開放する	
カイテイ	改訂　改訂版				

か

読み	用例	別表記	読み	用例	別表記
カイホウ	回報→〔回答〕		かえす	かえす　ひなをかえす	孵す[×]
カイム	皆無　欠席者皆無		かえだま	替え玉	
カイメイ	解明　事故原因の解明		かえチ	替え地	
カイメツ	壊滅〔全滅〕	潰滅[×]	かえって	かえって	却って[×]
かいもどし	※買戻し		かえりさき	返り咲き	
かいもどす	買い戻す		かえりみち	帰り道	
かいもの	※買物		かえりみる	省みる　自らを省みる	
カイヤク	解約			顧みる　過去を顧みる	
カイユ	快癒〔全快、全治、回復〕		かえる	返る　貸金が返る	
カイヨウ	潰瘍　胃潰瘍			帰る　故郷へ帰る	
ガイヨウ	概要			代える　書面をもってあいさつに代える	
カイラン	回覧	廻覧[×]			
カイリ	かい離	乖離[×]		変える　観点を変える	
ガイリャク	概略　概略を説明する〔概要、大要〕			換える　名義を書き換える	
カイワイ	かいわい　銀座かいわい〔周辺、付近、一帯〕	界隈^{△×}		替える　振り替える	
かう	買う		カエン	火炎	火焔[×]
	交う　飛び交う		かお	顔　かお／ガン	
	飼う		かおあわせ	顔合わせ	
かえす	返す　借金を返す		カオク	家屋	
	帰す　家へ帰す		かおだち	顔だち	

読み	用例	参考	読み	用例	参考
かおなじ み	顔なじみ	顔馴染	かかる	架かる　橋が架かる	
				掛かる　迷惑が掛かる	
かおぶれ	顔ぶれ	顔触れ		懸かる　優勝が懸かる	
かおまけ	顔負け		かかる	掛かる　お目にかかる	掛かる
かおみせ	顔見せ			費用がかかる	
かおむけ	顔向け　顔向けができない			通りかかる	
かおり	香り　茶の香り			病気にかかる	罹る
	薫り　お香の薫り			気にかかる	
かおる	薫　風薫る			かかる行為は…〔このような〕	斯る
かかえる	抱える				
カガク	化学　化学変化				
	科学　自然科学				
かかげる	掲げる		かかわら ず	かかわらず　…にもかかわらず	拘らず
かかす	欠かす				
かがみ	鏡 かがみ／キョウ		かかわる	関わる　生命に関わる	拘る・ 係る
かがむ	かがむ〔しゃがむ〕	屈む			
かがやか しい	輝かしい	耀かし い	かき	垣 かき　石垣	
かがやく	輝く		かき… (接頭語)	かき…　かき消す	掻き消 す
かかり	係 かかり・かかる　進行係		かぎ	鍵　問題の鍵、鍵を掛ける	鈎
	掛 かかり・かける・かかる　浄書掛		かきあや まり	書き誤り	
かかりあ う	掛かり合う		かきあら わす	書き表す	
かがりび	かがり火	篝火	かきいれ	書き入れ	
かかる	係る　…に係ること〔関する〕	關る			

か

かきいれどき	書き入れ時		かぎり	限り　限りがある、本日限り	
かきおき	書き置き		かぎる	限る	
かきおろし	書き下ろし		カク	各 カク/おのおの	
かきかえ	※書換え			角 カク/つの・かど	
かきかえる	書き換える			画 カク・ガ	
かきかた	書き方			革 カク/かわ	
かきくだし	書き下し			客 カク・キャク	
かきこみ	書き込み			格 カク・コウ	
かぎざき	かぎ裂き	鉤裂き		確 カク/たしか・たしかめる	
かきそこなう	書き損なう			拡 カク	
かきぞめ	書き初め			覚 カク/おぼえる・さます・さめる	
かきソンじ	書き損じ			核 カク	
かきつけ	※書付			郭 カク	
かきとめ	※書留　書留郵便物			隔 カク/へだてる・へだたる	
かきとめる	書き留める			較 カク	
かきとり	書き取り			閣 カク	
かきとる	書き取る			獲 カク/える	
かきね	垣根			嚇 カク	
かきもの	書き物			穫 カク	
カキュウテキ	可及的　可及的速やかに…		かく	殻 カク/から	
カギョウ	稼業〔商売、仕事〕			書く	
				欠く	
			かく　絵をかく		描く・画く

かく	かゆい所をか く	掻く	カクシン	革新	
			かくす	隠す	
かぐ	嗅ぐ　においを嗅ぐ		カクする	画する　一線を画す る	劃する
ガク	学 ガク まなぶ				
	楽 ガク・らく たのしい・たのしむ		カクセイ	覚醒　覚醒剤	
	額 ガク ひたい			隔世　隔世の感	
	岳 ガク たけ		カクセイ キ	拡声器	
カクあげ	格上げ		カクゼツ	隔絶	
カクイ	各位　来賓各位の…		カクゼン	画然　画然と分かれ る	劃然
	隔意　隔意のない意 見の交換		ガクゼン	がく然　…と聞いて がく然と した	愕然
カクイツ	画一　画一的な扱い				
カクウ	架空		カクダン	格段　格段の差があ る	
カクギ	閣議		カクチョ ウ	拡張	
カクサ	格差				
カクさげ	格下げ			格調　格調の高い文 章	
カクサク	画策				
ガクシキ	学識　学識経験者		カクづけ	※格付	
カクシツ	確執		カクテイ	確定	
カクジツ	確実		カクド	角度　あらゆる角度 から	
ガクシュ ウ	学習			確度　確度の高さ	
カクジュ ウ	拡充		カクトウ	確答	
カクショ ウ	確証		カクトク	獲得	
			カクニン	確認	
カクシン	確信		カクネン	客年	
	核心		カクノウ	格納	

105

読み	用例	別記	読み	用例	別記
カクハン	かくはん〔かき混ぜ、かき回し〕	攪拌	かけかえ	掛け替え 床の間の軸の掛け替え	
カクフク	拡幅 道路を拡幅する		かけがえ	掛け替え 掛け替えのない品	
ガクぶち	額縁				
カクベツ	格別		かけキン	※掛金 保険の掛金	
カクホ	確保		かけごえ	掛け声	
かくまう	かくまう	匿う	かけこむ	駆け込む	
ガクメン	額面		かけザン	掛け算	
カクヤク	確約		かけズ	掛け図	
カクやす	格安		かけずて	掛け捨て	
カクラン	かく乱〔かき乱す〕	攪乱	かけだし	駆け出し	
カクリツ	確立		かけつける	駆け付ける	
	確率		かけね	掛け値	
かくれる	隠れる		かけはし	懸け橋	
かけ	賭け 賭けをする		かけひき	駆け引き	
	読みかけの本		かげひなた	陰ひなた	陰日向
かげ	影 かげ/エイ 影も形もない		かげぼし	陰干し	
	陰 かげ・かげる/イン 山の陰	蔭	かけまわる	駆け回る	
	かげ おかげさまで…	陰・蔭	かけめぐる	駆け巡る	
がけ	崖 切り立った崖				
かけあい	掛け合い		かけもち	掛け持ち	
かけあし	駆け足		かけよる	駆け寄る	
かけうり	掛け売り		かける	欠ける 注意に欠ける	

かける	架ける	電線を架ける	
	掛ける	腰を掛ける、保険を掛ける	
	駆ける	駅まで駆ける	
	懸ける	命を懸ける	
	かける	金銭をかける	賭ける
カゲン	加減	加減乗除	
	かげん	いいかげんに…	加減
カゴ	過誤		
かご	籠	買物籠	
かこい	囲い		
カコウ	下降		
かこう	囲う		
カコク	苛酷・過酷	苛酷《過酷》な仕打ち	
かこつける	かこつける	用にかこつけて外出する	託ける
カゴばらい	※過誤払		
かこみ	囲み		
かこむ	囲む		
カコン	禍根		

カゴン	過言	…と言っても過言ではない	
かさ	傘	傘を差す	
	かさ	かさをかぶる / 水かさが増す	笠 嵩
カサイ	火災		
カサク	佳作		
かざす	かざす	手をかざす	翳す
かさなる	重なる		
かさねがさね	重ね重ね		
かさねる	重ねる		
かさばる	かさばる	荷物がかさばる	嵩張る
かさむ	かさむ	費用がかさむ	嵩む
かざむき	風向き		
かざよけ	風よけ		風除け
かざり	飾り		
かざりつけ	飾り付け		
かざる	飾る		
カシ	下肢		
	菓子		
	瑕疵	瑕疵担保〔きず、欠損〕	
かし	貸し		

か

かじ	かじ　船のかじを取る	梶・舵
かしうり	貸し売り	
かしかた	※貸方	
かしかり	貸し借り	
かしきり	※貸切り	
かしキン	※貸金	
かしげる	かしげる　首をかしげる	傾げる
かしこい	賢い	
かしこし	※貸越し	
かしこしキン	※貸越金	
かしこまる	かしこまる　かしこまりました	畏る
かしシツ	※貸室	
かしセキ	※貸席	
かしだおれ	※貸倒れ	
かしだおれひきあてキン	※貸倒引当金	
かしだし	※貸出し	
かしだしキン	※貸出金	
かしだしヒョウ	※貸出票	
かしだす	貸し出す	
かしチ	※貸地	
カシツ	過失	
かしつけ	※貸付け	
	※貸付《金》	
かしつける	貸し付ける	
かして	※貸手	
かしぬし	※貸主	
かしま	※貸間	
かしましい	かしましい〔うるさい、やかましい〕	姦しい
かしや	※貸家	
カシャク	仮借　仮借なく取り締まる	
	かしゃく　良心のかしゃく	呵責
カジュウ	加重　加重平均	
	過重　責任過重	
	荷重　荷重に耐える	
	果汁	
カショ	箇所	個所
カショウ	仮称	
カジョウ	過剰	
カジョウがき	※箇条書	
カショウヒョウカ	過小評価	
かしら	頭　かしら・あたま　トウ・ズ・上	

かす	貸す		カセン	河川	
	かす　酒かす、油かす	糟・粕	ガゼン	がぜん〔突然、にわかに〕	俄然
かず	数 かず・かぞえる スウ・ス		かぞえどし	数え年	
ガス	ガス	瓦斯	かぞえる	数える	
かすかに	かすかに	微かに・幽かに	カソセイ	可塑性	
かすむ	かすむ	霞む	カタ	過多　胃酸過多	夥多
かすめる	かすめる　親の目をかすめる	掠める	かた	方 かた・ホウ あっせん方、先生方	
かすり	かすり　かすりの着物	絣・飛白		形 かた・かたち ケイ・ギョウ 形見、手形	
カする	化する　焦土と化する			型 かた ケイ 型紙、血液型	
	課する　税金を課する			肩 かた ケン	
	科する　罰金を科する			片 かた ヘン 片思い	
			がた	潟 がた	
			かたい	難い　想像に難くない	
かする	かする　かすり傷	擦り傷		固い　団結が固い	
かすれる	かすれる　声がかすれる	掠れる		堅い　堅い材木、手堅い	
かぜ	風 かぜ・かざ フウ・フ			硬い　硬い表現	
	風邪　風邪を引く	感冒	カタイ	過怠→〔怠り、過ち〕	
かぜあたり	風当たり		カダイ	課題	
かせぐ	稼ぐ			過大　過大な評価	
かぜとおし	風通し		がたい	難い　許し難い	
			かたがき	※肩書	
かぜひき	風邪引き		かたがた	かたがた　お礼かたがた…	旁々

か

か

かたがた	方々　御来席の方々		かたむき	傾き	
かたがわり	肩代わり		かたむく	傾く	
かたき	敵かたき・テキ　敵討ち	仇	かたむける	傾ける	
かたぎ	かたぎ　職人かたぎ	気質	かためる	固める	
かたくな	かたくな　かたくなな態度	頑	かたやぶり	型破り	
かたくるしい	堅苦しい		かたよる	偏る	
かたじけない	かたじけない	添い・辱い	かたらう	語らう	
			かたりあう	語り合う	
かたず	固唾　固唾をのむ		かたりて	語り手	
かたすかし	肩透かし		かたる	語る	
かたち	形かたち・かたケイ・ギョウ		かたる	かたる　他人の名をかたる	騙る
かたちづくる	形作る		かたわら	傍ら　道の傍ら	
かたづく	片付く	片附く	カチ	価値	
かたてまに	片手間に		かち	勝ち	
かたときも	片時も　片時も忘れない		がち（接尾語）	がち　ありがちなことだ	勝ち
かたどる	かたどる	象る	かちあう	かち合う　会合がかち合う	搗合う
かたな	刀かたなトウ		かちキ	勝ち気	
かたねり	固練り		かちこす	勝ち越す	
かたホウ	片方		かちどき	勝ちどき	勝鬨
かたまり	塊かたまりカイ		かちとる	かちとる　要求をかちとる	勝ち取る
	固まり		かちなのり	勝ち名乗り	
かたまる	固まる				

かちぬき	勝ち抜き	
かちぼし	勝ち星	
かちまけ	勝ち負け	
かちみ	勝ちみ　勝ちみがない	勝ち[△]味
カチュウ	渦中	
カツ	活 ^{カツ}	
	括 ^{カツ} くくる	
	割 ^{カツ} わる・わり・われる・さく	
	葛 ^{カツ・<u>カッ</u>} くず	
	渇 ^{カツ} かわく	
	滑 ^{カツ} すべる・なめらか	
	轄 ^{カツ}	
	喝 ^{カツ}	
	褐 ^{カツ}	
<u>カッ</u>	合 ^{カツ・ガッ・ゴウ} あう・あわす・あわせる	
	合戦、合羽	
かつ	勝つ	
かつ（接続詞）	かつ	[△]且つ
ガツ	月 ^{ガツ・ゲツ} つき	
カツアイ	割愛	
カッキ	活気	
ガッキ	楽器	
カッキテキ	画期的	[×]劃期的
かつぐ	担ぐ	

カッコ	括弧　括弧を付ける	
	確固　確固たる信念	確[×]乎
カッコウ	かっこう　かっこうがいい	[×]恰好・[△]格好
ガッコウ	学校	
カッサイ	かっさい　かっさいを受ける	^{××}喝采
ガッサン	合算	
カッショク	褐色	
カッタツ	かっ達	[×]闊達
ガッチ	合致	
かつて	かつて　かつての元気はない	[△]曽て・[×]嘗て
かってに	勝手に　勝手にするな	
かってぐち	勝手口	
カットウ	葛藤	
カツドウ	活動	
カッパツ	活発	[×]活溌
カップク	かっぷく〔押し出し〕	^{××△}恰幅
カツボウ	渇望	
カツヤク	活躍	
かて	糧 ^{かて リョウ・<u>ロウ</u>}	
カテイ	仮定	
	家庭	

か

カテイ	過程　生産過程			かならずしも	必ずしも　必ずしも誤りとはいえない	
	課程　教育課程					
ガテン	合点　合点がいかない			かなり	かなり　かなり進展した	可成り
カトキ	過渡期					
かど	角 かど・つの / カク			かね	金 かね・かな / キン・コン	
	門 かど / モン				鐘 かね / ショウ	
カドウ	稼働〔実働〕			かねがね	かねがね	
かどで	門出　門出を祝う	首途		かねぐり	金繰り	
かな	仮名　仮名遣い、平仮名			かねそなえる	兼ね備える	
<u>かな</u>	金 キン・コン / かね			かねづまり	金詰まり	
かなう	かなう　願いがかなう	叶う		かねて	かねて　かねて懸案の事項を解決する	予て
	目的にかなう	適う		かねまわり	金回り	
	とてもかなわない	敵わない		かねもうけ	金もうけ	金儲け
かながき	仮名書き			かねもち	金持ち	
かなグ	金具			かねる	兼ねる	
かなしい	悲しい				かねる　申し上げかねる	兼ねる
かなしむ	悲しむ					
かなた	かなた　海のかなた	彼方		<u>かの</u>	彼 かの・かれ	
かなづち	金づち	金槌		かのジョ	彼女	
かなでる	奏でる			かばう	かばう	庇う
かなめ	要　扇の要			かばらい	※過払	
かならず	必ず　必ず伺います			カハン	過半	
					過般→〔先般〕	

かばん	かばん　手提げかばん	×鞄	かみ	上 かみ・うえ・うわ・あげる・あがる・のぼる・のぼせる・のぼす　ジョウ・ショウ		上総かずさ
カヒ	可否					
かび	かび　かびが生える	×黴	神 かみ・こう・かん　シン・ジン			神奈川県かながわ
かぶ	株かぶ　切り株、株式		紙 かみ　シ			
			髪 かみ　ハツ			
かぶせる	かぶせる	×被せる				
かぶる	かぶる　帽子をかぶる、水をかぶる	×冠る・×被る	かみあう	かみ合う		×噛み合う・×咬み合う
カブン	寡聞　寡聞にして知らない〔見聞が狭くて、知識が浅くて〕		かみきれ	紙切れ		
			かみくず	紙くず		紙屑
			かみくだく	かみ砕く　かみ砕いて説明する		×噛み砕く
かべ	壁かべヘキ		かみしめる	かみしめる　唇をかみしめる		×噛み締める
カヘイ	貨幣		かみそり	かみそり		剃刀
かべかけ	壁掛け		カミツ	過密		
かべぬり	壁塗り		かみつく	かみつく		×咬み△付く・×噛み△付く
かま	窯かまヨウ　炭焼き窯					
	釜かま					
	鎌かま　草刈り鎌		かみづつみ	紙包み		
かまう	構う		かみつぶす	かみつぶす　苦虫をかみつぶす		×噛み△潰す
かまえる	構える					
かまわない	構わない					
	…(ても)かまわない　外出してもかまわない		かみなり	雷 かみなりライ		
			かみばさみ	紙挟み		
ガマン	我慢		かみゆい	髪結い		
カミ	加味		カミン	仮眠		

113

かむ	かむ	咬む・噛む
かもしれない	かもしれ ない　…かもしれない	かも知れない
かもす	醸す	
かや	蚊帳	
かやぶき	かやぶき	茅葺
かゆい	かゆい	痒い
かよう	通う	
から	空 から・あく・あける・そら／クウ	
	唐 から／トウ	
	殻 から／カク　抜け殻、吸い殻	
がら	柄 がら・え／ヘイ	
からい	辛い	
からうり	空売り	
からかう	からかう	揶揄う
からす	枯らす	
	からす　声をからす	嗄らす
ガラス	ガラス	硝子
からだ	体 からだ／タイ・テイ	身体・躰
からてがた	空手形	
からぶり	空振り	
からまる	絡まる	

からまわり	空回り	空廻り
からむ	絡む	
かられる	かられる　不安の念にかられる	駆られる
かり	仮 かり／カ・ケ	
	狩り	
	刈り	
	借り	
かりいれ	刈り入れ	
	※借入れ	
	※借入 《金》	
かりいれる	借り入れる	
かりうけ	※借受け	
かりうけニン	※借受人	
かりうける	借り受ける	
かりかえ	※借換え	
かりかえる	借り換える	
かりかた	※借方	
かりこし	借り越し	
かりこしキン	※借越金	
かりこむ	刈り込む	
かりずまい	仮住まい	

かりそめ	かりそめ	仮初			
かりたてる	駆り立てる		かれる	枯れる	
			かれる	水がかれる、声がかれる	涸れる・嗄れる
かりとり	※刈取り				
かりとりキ	※刈取機		カレンな	かれんな　純情かれんな	可憐な
かりとる	刈り取る		かろうじて	辛うじて	
かりに	仮に　仮に…しても		かろやか	軽やか	
かりぬい	仮縫い		かろんずる	軽んずる	
かりぬし	※借主		かわ	川 {カセン} 小川	
かりもの	借り物			河 {カガ} 運河	
ガリュウ	我流			皮 {カヒ} 毛皮、木の皮	
かりる	借りる			革 {カカク} 革靴	
かりわたしキン	※仮渡金			側 {カソク} 側面	
かる	刈る		かわいい	かわいい	可愛い
	狩る		かわいそう	かわいそう	可哀想
	駆る		かわかす	乾かす	
かるい	軽い		かわきり	皮切り	
かるがるしく	軽々しく		かわく	乾く　空気が乾く	
かるた	かるた	骨牌・加留多	渇く　のどが渇く		
			かわす	交わす　文書を交わす	
かるはずみ	軽はずみ		かわせ	為替	
かれ	彼 {かれ・かの}{ヒ}		かわぞい	川沿い	
かれき	枯れ木		かわづたい	川伝い	
カレツ	かれつ〔激烈、猛烈〕	苛烈			

か

かわも	かわも	△川面（×面）	カン	勧 すすめる
かわら	河原、川原			慣 なれる・ならす
	瓦　屋根瓦			漢 カン
かわり	代わり　身代わり			管 カン／くだ
	変わり　心変わり			関 カン／せき
	替わり　入れ替わり			歓 カン
	かわり　…するかわりに	△代わり		館 カン
				観 カン
かわりだね	変わり種			干 カン／ほす・ひる
かわりばえ	代わり映え　代わり映えしない			甘 カン／あまい・あまえる・あまやかす
				汗 カン／あせ
かわりもの	変わり者			肝 カン／きも
かわる	代わる　代わって言う			巻 カン／まく・まき
	変わる　声が変わる			冠 カン／かんむり
	換わる　金に換わる			看 カン
	替わる　入れ替わる			勘 カン
かわるがわる	かわるがわる	△代わる △代わる		陥 カン／おちいる・おとしいれる
カン	刊 カン			貫 カン／つらぬく
	完 カン			乾 カン／かわく・かわかす
	官 カン			患 カン／わずらう
	寒 カン／さむい			換 カン／かえる・かわる
	間 カン・ケン／あいだ・ま			喚 カン
	幹 カン／みき			棺 カン　,
	感 カン			閑 カン
				敢 カン

カン			カンイ	簡易
	堪 ^{カン} たえる		カンカ	看過
	款 ^{カン}		カンガイ	感慨
	監 ^{カン}			干害
	寛 ^{カン}			かんがい　かんがい 用水
	憾 ^{カン}			
	緩 ^{カン} ゆるい・ゆるやか・ゆるむ・ ゆるめる		かんがえ	考え
	環 ^{カン}		かんがえ ちがい	考え違い
	簡 ^{カン}			
	還 ^{カン}		かんがえ なおす	考え直す
	鑑 ^{カン}		かんがえ もの	考え物　それは考え 　　　　物だよ
	艦 ^{カン}			
	甲 ^{カン・コウ}		かんがえ る	考える
	缶 ^{カン}			
かん	神 <u>かん</u>・かみ・<u>こう</u> シン・ジン		カンカク	感覚
ガン	元 ^{ガン・ゲン} もと			間隔
	岸 ^{ガン} きし		カンカツ	管轄
	岩 ^{ガン} いわ		かんがみ る	鑑みる
	玩 ^{ガン}　玩具			
	眼 ^{ガン・ゲン} まなこ		カンガン	汗顔　汗顔の至りで 　　　　す
	顔 ^{ガン} かお		カンキ	喚起
	願 ^{ガン} ねがう			換気
	丸 ^{ガン} まる・まるい・まるめる			歓喜
	含 ^{ガン} ふくむ・ふくめる			冠記→〔上記〕
	頑 ^{ガン}		カンキョ ウ	環境
カンアン	勘案→〔考慮〕		ガンキョ ウ	頑強

右欄外：灌漑（×印）　か

117

カンきり	※缶切		カンシ	環視　衆人環視の中で
カンキン	監禁			
ガンキン	元金		カンジ	漢字
ガング	玩具〔おもちゃ〕		カンシキ	鑑識
カンぐる	勘ぐる		カンシャ	感謝
カンゲキ	間げき〔すきま、すき〕	間隙	カンジュ	甘受　非難を甘受する
カンケツ	完結		カンショ	寒暑
	簡潔		カンショウ	干渉
	間欠　間欠的に起こる	間歇		勧奨〔勧める〕
カンゲン	還元			管掌　政府管掌の保険
	換言　換言すればこうなる			緩衝　緩衝地帯
				鑑賞
ガンケン	頑健〔元気、丈夫〕		ガンジョウ	頑丈〔堅固〕
カンゴ	看護		カンショク	感触
ガンコ	頑固			
カンコウ	刊行		カンシン	感心　感心な人だ
	敢行			関心　関心を持つ
	慣行			歓心　他人の歓心を買う
	勘考→〔考慮〕			寒心　寒心に堪えない
カンコク	勧告			
カンサイ	完済　債務の完済		カンジン	肝心　肝心かなめの…	肝腎
カンサツ	観察			
カンサン	換算		カンスイ	完遂
	閑散		カンする	関する　提案に関する発言
カンシ	監視			

か

カンずる	感ずる			カンチョウ	官庁	
カンセイ	完成			カンツウ	貫通	
	閑静			カンづく	感づく	
	管制			カンづめ	※缶詰	
	歓声			カンテツ	貫徹	
カンゼイ	関税			カンテン	干天　干天の慈雨	×旱天
ガンセキ	岩石				観点　…の観点からすれば	
カンゼン	敢然					
カンソ	簡素			カンドウ	感動	
カンソウ	乾燥			カンネン	観念	
	感想			カンノウ	完納	
カンソク	観測			カンパ	看破	
カンタイ	歓待			かんばしい	芳しい	
カンダイ	寛大			ガンばる	頑張る	
カンだかい	甲高い	×疳高い		カンバン	看板	
カンタン	簡単			カンビ	完備	
	感嘆			カンプ	還付	
カンダン	歓談			カンペキ	完ぺき〔完全無欠〕	完璧×
ガンタン	元たん〔元日、1月1日〕	元旦×		カンベツ	鑑別	
カンダンなく	間断なく			カンベン	勘弁	
カンチ	関知　私は関知しない			カンボウ	感冒　流行性感冒	
				ガンボウ	願望	
カンちがい	勘違い			ガンポン	元本　元本保証	
				カンマン	緩慢	
				かんむり	冠 かんむり／カン	

き

カンメイ	感銘			カンラク	陥落	
カンモク	眼目　この計画の眼目は…			カンラン	観覧	
ガンモク				カンリがえ	※管理換	
カンモン	関門			カンリャク	簡略	
	喚問			カンルイ	感涙　感涙にむせぶ	
カンユウ	勧誘			カンレイ	慣例	
ガンユウ	含有				寒冷	
カンヨ	関与	×干与		カンレン	関連	×関聯
カンヨウ	涵養〔養成、育成〕			カンロク	貫ろく	×貫禄
	寛容			カンワ	緩和	
	肝要					
ガンライ	元来					

き

キ	己　キ・コ　おのれ			キ	亀　キ　かめ
	希　キ				喜　キ　よろこぶ
	汽　キ				期　キ・ゴ
	季　キ				貴　キ　たっとい・とうとい・たっとぶ・とうとぶ
	紀　キ				旗　キ　はた
	気　キ・ケ				器　キ　うつわ
	記　キ　しるす				機　キ　はた
	起　キ　おきる・おこる・おこす				企　キ　くわだてる
	基　キ　もとい・もと				危　キ　あぶない・あやうい・あやぶむ
	帰　キ　かえる・かえす				机　キ　つくえ
	寄　キ　よる・よせる				忌　キ　いむ・いまわしい
	規　キ				奇　キ

キ				
岐 キ	岐阜県	ギ	擬 キ	
祈 キ いのる			犠 キ	
軌 キ		キあい	※気合	
鬼 キ おに		きあわせる	来合わせる	
既 キ すでに		キアン	起案	
飢 キ うえる		ギアン	議案	
揮 キ		キイ	奇異　奇異に感じる	
棋 キ			貴意　貴意を伺います	
棄 キ		キイン	起因　公務に起因する傷病	
幾 キ いく		ギイン	議院	
輝 キ かがやく		キウン	機運	
騎 キ		キエイ	気鋭　新進気鋭	
木 キ・こ ボク・モク		きえる	消える	
生 き・なま・いきる・うまれる・いかす・いける・うむ・おう・はえる・はやす セイ・ショウ		キエン	気炎　気炎をあげる	気焔
黄 キ オウ・コウ		キオウ	既往→〔過去〕	
技 ギ わざ		キオク	記憶	
義 ギ		キおくれ	気後れ	
疑 ギ うたがう		キカ	奇禍　奇禍に遭う	
議 ギ			幾何　幾何級数	
宜 ギ			帰化　帰化植物	
欺 ギ あざむく			貴下	
偽 ギ いつわる・にせ		キカイ	機会	
戯 ギ たわむれる			機械　工作機械	
儀 ギ			器械　器械体操	

き

キガイ	危害		ききあや まる	聞き誤る
きがえ	着替え		ききあわ せる	聞き合わせる
キがかり	気掛かり			
	気懸かり		ききいる	聞き入る
キカク	企画		ききいれ る	聞き入れる
	規格			
きかす	聞かす		ききおさ め	聞き納め
	利かす　気を利かす		ききおと し	聞き落とし
キがつく	気が付く			
キがね	気兼ね		ききおぼ え	聞き覚え
キがまえ	気構え		ききかえ す	聞き返す
キがるに	気軽に			
キがわり	気変わり		ききがき	聞き書き
キカン	期間		ききかた	聞き方
	帰還		ききぐる しい	聞き苦しい
	奇観		ききこみ	聞き込み
	基幹		ききすご す	聞き過ごす
	機関　立法機関、機 　　　関車		ききずて	聞き捨て
	気管　気管支炎		ききだす	聞き出す
	器官　呼吸器官		ききちが い	聞き違い
	汽缶〔ボイラー〕			
	きかん〔模範、かが 　　　み〕	亀鑑△	ききつた える	聞き伝える
キギ	機宜→〔適当〕		ききて	聞き手
ギギ	疑義		ききとる	聞き取る

ききなが す	聞き流す		キケン	危険	
ききにく い	聞きにくい	聞き難[×] い	キゲン	機嫌　機嫌が良い	
ききみみ	聞き耳　聞き耳を立 てる		キゲンつ き	※期限付	
ききめ	効き目		キコウ	気候	
ききもの	聞き物			機構	
ききもら す	聞き漏らす			起工	
				寄稿	
ききヤク	聞き役			紀行	
キキュウ	希求〔こいねがう〕		キゴウ	記号	
キギョウ	企業		きこえる	聞こえる	
ききわけ る	聞き分ける		きざ	きざ　きざな男	△気障
キク	菊 ^{キク}		キサイ	記載	
きく	利く　目が利く		キザイ	機材　建設用機材	
	聞く　物音を聞く			器材　教育用の器材	
	効く　宣伝が効く		きざし	兆し	萌し
	聴く　音楽を聴く、 意見を聴く		きざす	兆す	萌す
			きざみ	刻み	
キグ	危惧〔不安、心配、恐 れ〕		きざむ	刻む	
			きし	岸 ^{きしガン}	
キグウ	奇遇		キジ	生地　生地のまま	
きぐらい	気位　気位が高い		キシツ	気質	
キくばり	気配り		きしむ	きしむ　きしむ音	軋む
キぐみ	気組み		キシュウ	奇襲　奇襲攻撃	
キケツ	帰結		キショウ	希少　希少価値	稀少
	既決　既決と未決			気性　気性が激しい	

き

キショウ	気象　気象衛星			きせる	きせる	煙管
	起床　起床時間			キぜわしい	気ぜわしい	気忙しい
	記章　学校の記章	徽章		キセン	機先　機先を制する	
キジョウ	机上　机上の空論			キソ	基礎	
	気丈　気丈な人			きそう	競う	
キショク	気色　気色が悪い			キゾウ（ソ）	寄贈	
	喜色　喜色満面			ギソウ	偽装	
きず	傷　きず・いたむ・いためる　ショウ				擬装	
キスウ	奇数			ギゾウ	偽造	
きずあげる	築き上げる			キソク	規則	
きずく	築く			キソン	毀損〔破損、損傷〕	
きずつく	傷つく	傷付く		きた	北　きた　ホク	
きずつける	傷つける			きたえかた	鍛え方	
きずな	きずな　親子のきずな	絆		きたえる	鍛える	
キする	期する　期するところあり、…を期して			きたす	来す　支障を来す	
	帰する　…の所有に帰する			きたない	汚い	
キセイ	既成　既成の事実			きたならしい	汚らしい	
	規制　交通規制			きたる	来る　来る…月…日に…	
キセキ	奇跡　奇跡の生還	奇蹟		キタンない	きたんない〔率直ない、腹蔵ない〕	忌憚ない
	軌跡　軌跡をたどる			キチ	吉　キチ・キツ	
キセツ	季節				機知　機知に富む	機智
きせる	着せる					

124

キチョウメン	きちょうめん	几帳面	キテイ	既定　既定経費	
キツ	吉 キチ・キツ		キテン	起点	
	詰 キツ つめる・つまる・つむ			機転　機転が利く	
	喫 キツ		キト	企図	
キづかう	気遣う　安否を気遣う		キドウ	軌道　軌道に乗る	
きっかけ	きっかけ　話のきっかけ		きどる	気取る　芸術家を気取る	
キづかれ	気疲れ		キにいる	気に入る	
キづく	気付く		きぬ	絹 きぬ ケン	
きつけ	着付け		キネン	祈念　心から祈念する	
キつけ	気付け　気付け薬		きのう	昨日	
キづけ	※気付　日本郵便㈱総務部広報室気付		きのり	気乗り　気乗りがしない	
キッスイ	喫水　船の喫水線	吃水	キハク	希薄	稀薄
	生っ粋〔純粋〕			気迫　気迫に押される	気魄
キッする	喫する　敗北を喫する		キバツな	奇抜な	
きって	※切手		きばらし	気晴らし	
きっと	きっと　きっと晴れる	屹度	キバン	基盤	
きっプ	※切符		キヒ	忌避	
キづまり	気詰まり		キビ	機微　人情の機微に触れる	
キツモン	詰問〔問い詰める、問いただす〕		きびしい	厳しい	
キテイ	規程　旅費規程		キフ	寄附	寄付
			キボ	規模	
	規定　…に規定されている		キボウ	希望	
			きまかせ	気任せ	

き

キまぐれ	気まぐれ	気紛れ	キャッカ	却下
キまずい	気まずい	気不味い	キャッカン	客観
キまま	気まま	気儘	キャッコウ	脚光　脚光を浴びる
きまり	決まり　決まりが悪い		キュウ	九 キュウ・ク ここの・ここのつ
きまる	決まる			久 キュウ・ク ひさしい
きみ	君 きみ クン			旧 キュウ
	君たち	君達		休 キュウ やすむ・やすまる・やすめる
キミ	気味　気味が悪い、風邪気味			求 キュウ もとめる
きめ	きめ　きめが細かい			究 キュウ きわめる
	決め　取決め			急 キュウ いそぐ
きめて	決め手			宮 キュウ・グウ・ク みや
きめる	決める	極める		級 キュウ
きも	肝 きも カン	胆		救 キュウ すくう
きもち	気持ち			球 キュウ たま
キャ	脚 あし・キャク			給 キュウ
キャク	客 キャク・カク			嗅 キュウ かぐ
	却 キャク			弓 キュウ ゆみ
	脚 キャク・キャ あし			及 キュウ およぶ・および・およぼす
ギャク	逆 ギャク さか・さからう			丘 キュウ おか
	虐 ギャク しいたげる			吸 キュウ すう
キャクマ	客間			朽 キュウ くちる
きやすい	気安い　気安く引き受ける			泣 キュウ なく
				糾 キュウ
きやすめ	気休め			窮 キュウ きわめる・きわまる

ギュウ	牛 ギュウ・うし			キュウフ	給付
キュウエン	救援			キュウメイ	糾明　犯人を糾明する |糺明
キュウキョク	究極	究局			究明　真相を究明する
キュウクツ	窮屈			キュウヨウ	休養
キュウケイ	休憩			キョ	去 キョ・コ・さる
キュウジツ	休日				居 キョ・いる
					挙 キョ・あげる・あがる
キュウシュウ	吸収				許 キョ・ゆるす
キュウジョ	救助				巨 キョ
					拒 キョ・こばむ
キュウスイセン	給水栓				虚 キョ・コ
					距 キョ
キュウする	休する　万事休する				拠 キョ・コ
	窮する　返答に窮する			ギョ	魚 ギョ・うお・さかな
	給する				漁 ギョ・リョウ
キュウセイ	急逝				御 ギョ・ゴ・おん
キュウセキ	旧跡　名所旧跡	旧蹟		きよい	清い
				キョウ	器用
キュウソク	休息			キョウ	共 キョウ・とも
キュウハク	急迫　事態が急迫する				供 キョウ・ク・そなえる・とも
	窮迫　窮迫した生活				京 キョウ・ケイ
キュウハン	急坂				協 キョウ
					教 キョウ・おしえる・おそわる

127

き

キョウ	強 キョウ・ゴウ つよい・つよまる・つよめる・しいる		キョウ	香 キョウ・コウ か・かおり・かおる	
	経 キョウ・ケイ へる		きょう	今日	
	境 キョウ・<u>ケイ</u> さかい		ギョウ	行 ギョウ・コウ・アン いく・ゆく・おこなう	
	橋 キョウ はし			業 ギョウ・ゴウ わざ	
	興 キョウ・コウ おこる・おこす			形 ギョウ・ケイ かたち・かた	
	鏡 キョウ かがみ			仰 ギョウ・コウ あおぐ・<u>おおせ</u>	
	競 キョウ・ケイ きそう・せる			凝 ギョウ こる・こらす	
	凶 キョウ	兇[×]		暁 ギョウ あかつき	
	叫 キョウ さけぶ		キョウアイ	狭あい〔狭い、窮屈〕	狭隘[×]
	狂 キョウ くるう・くるおしい		キョウアク	凶悪	兇悪[×]
	況 キョウ		キョウイ	脅威	
	享 キョウ			驚異	
	峡 キョウ			胸囲	
	恐 キョウ おそれる・おそろしい		キョウイク	教育	
	恭 キョウ うやうやしい		キョウオウ	供応	饗応[×]
	狭 キョウ せまい・せばめる・せばまる		キョウガ	恭賀	
	脅 キョウ おびやかす・おどす・おどかす		キョウカイ	境界	
	胸 キョウ むね・むな		キョウガク	驚がく〔驚き〕	驚愕[×]
	郷 キョウ・ゴウ		キョウカツ	恐喝	脅喝[△]
	驚 キョウ おどろく・おどろかす		ギョウギョウしい	仰々しい	
	響 キョウ ひびく				
	挟 キョウ はさむ・はさまる				
	矯 キョウ ためる				
<u>キョウ</u>	兄 キョウ・ケイ あに				

128

キョウキン	胸襟		キョウミ	興味	
キョウゲキ	挟撃		キョウユウ	享有　私権の享有	
ギョウコ	凝固			共有　共有財産	
キョウコウ	恐慌		キョウリョウ	橋りょう〔橋〕	橋×梁
	強硬		キョウリョク	協力	
キョウコク	峡谷		キョカ	許可	
キョウジャク	強弱		キョギ	虚偽　虚偽の申告	
キョウジュ	享受〔受ける、得る〕		キョク	曲 まがる・まげる（キョク）	
キョウシュク	恐縮　恐縮に存じます			局（キョク）	
				極 きわめる・きわまる・きわみ（キョク・ゴク）	
キョウする	供する		ギョク	玉 たま（ギョク）	
キョウずる	興ずる　遊戯に興ずる		キョクゲン	局限　…に局限する	
キョウセイ	矯正			極限　極限に達する	
ギョウセイ	行政		キョクセン	曲線	
ギョウセキ	行跡　不行跡な…		キョシュウ	去就　去就を明らかにする	
	業績		キョジュウ	居住	
キョウソウ	競争		ギョする	御する　馬を御する	馭×する
キョウタン	驚嘆	驚×歎	キョゼツ	拒絶	
			キョダイ	巨大	
			キョテン	拠点	
キョウツウ	共通		キョヒ	拒否	
			きよめる	清める	浄める

き

きよらか	清らか		きりさめ	霧雨　霧雨が降る	
キョリ	距離		きりすて	※切捨て	
きらい	嫌い		きりすて る	切り捨てる	
きらう	嫌う				
きらす	切らす		きりだす	切り出す	
きらめく	きらめく	燦く・ 煌く	キリツ	起立　一同起立せよ	
				規律　規律を守る	
きり	霧きりム		きりつめ る	切り詰める	
	切り　切りがなく		きりとり	※切取り	
	きり　それっきり	切り	きりとる	切り取る	
きりあげ	※切上げ		きりぬき	切り抜き	
きりあげ る	切り上げる		きりぬく	切り抜く	
きりうり	切り売り		きりぬけ る	切り抜ける	
きりかえ	※切替え		きりはな し	※切離し	
きりかえ ビ	※切替日		きりばり	切り張り	
きりかえ る	切り替える		きりふだ	切り札	
きりかぶ	切り株		ギリョウ	技量	技倆
きりきず	切り傷		きる	切る	
きりくず す	切り崩す			斬る	
				着る	
きりコウ ジョウ	切り口上		キレイ	きれい	綺麗
きりさげ	※切下げ		キレツ	亀裂	
きりさげ る	切り下げる		きれる	切れる	
			キロ	岐路　岐路に立つ	

キログラム	キログラム　kg	瓩	キン	琴 キン・こと	
キロメートル	キロメートル　km	粁		緊 キン	
				錦 キン・にしき	
きわ	際 きわ・サイ　窓際			謹 キン・つつしむ	
きわだつ	際立つ　際立って強い			今 キン・コン・いま	
きわどい	きわどい			襟 キン・えり	
きわまる	極まる　失礼極まる		ギン	銀 ギン	
	窮まる　進退窮まる			吟 ギン	
きわみ	極み		キンカイ	きん快〔喜び〕	欣快
	窮み		キンキュウ	緊急	
きわめて	極めて　極めて大きい		キンキン	近々　近々完成する	
きわめる	究める　学を究める		キンコ	禁錮	
	極める　見極める		キンコウ	均衡	
	窮める　誠を窮める		キンジョ	近所	
キン	近 キン・ちかい		キンショウ	僅少〔わずか、少し〕	
	均 キン		キンずる	禁ずる	
	金 キン・コン・かね・かな		キンチョウ	緊張	
	勤 キン・ゴン・つとめる・つとまる		キンテイ	謹呈	
	禁 キン		キントウ	均等	
	巾 キン		ギンミ	吟味	
	斤 キン		キンミツ	緊密	
	菌 キン		キンム	勤務	
	筋 キン・すじ		キンロウ	勤労	
	僅 キン・わずか				

く

ク						
ク	九 ク・キュウ ここの・ここのつ			くいいる	食い入る	
	口 ク・コウ くち			くいこむ	食い込む	
	工 ク・コウ			くいさがる	食い下がる	
	句 ク			くいちがう	食い違う	
	区 ク			くいつく	食い付く	
	苦 ク くるしい・くるしむ・ くるしめる・にがい・にがる			くいとめる	食い止める	
ク	駆 ク かける・かる			くいもの	食い物	
	久 ク・キュウ ひさしい			くいる	悔いる	
	供 ク・キョウ そなえる・とも			クウ	空 クウ あく・あける・から・そら	
	功 ク・コウ			くう	食う	
	宮 ク・キュウ・グウ みや			グウ	宮 グウ・キュウ・ク みや	
	庫 ク・コ				偶 グウ	
	紅 ク・コウ べに・くれない				遇 グウ	
	貢 ク・コウ みつぐ				隅 グウ すみ	
グ	具 グ			クウコウ	空港	
	惧 グ			グウする	遇する	
	愚 グ おろか			グウゼン	偶然	
グあい	具合　体の具合が悪い	工合		クカク	区画	区劃
くい	悔い			くき	茎 くき ケイ	
	くい　くい打ち作業	杭		くぎ	くぎ	釘
くいあらす	食い荒らす			くぎづけ	くぎ付け	
くいあらためる	悔い改める					

クぎり	区切り	仕事の区切り		くしくも	くしくも	くしくも一致した	×奇しくも
	句切り	文章の句切り		くじびき	※くじ引		×籤引
クぎる	区切る	土地を区切る		くじら	鯨　くじら／ゲイ		
	句切る	文を句切る		クシン	苦心		
くくる	くくる	縄でくくる	×括る	くず	くず　紙くず		×屑
くぐる	くぐる	水中をくぐる	×潜る	くすぐる	くすぐる		×擽る
くさ	草　くさ／ソウ			くずす	崩す		
ぐさ	ぐさ　言いぐさ・質ぐさ		×種	ぐずつく	ぐずつく　ぐずついた天気		××愚図つく
くさい	臭い			くすぶる	くすぶる		×燻る
くさかり	草刈り			くすり	薬　くすり／ヤク		
くさび	くさび	くさびを打ち込む	×楔	くずれる	崩れる		
				くせ	癖　くせ／ヘキ　口癖		
くさみ	臭み				くせ　男のくせに泣くな		△癖
くさむら	草むら		×叢	くだ	管　くだ／カン		
くさり	鎖　くさり／サ			グタイテキ	具体的		
くさらす	腐らす			くだく	砕く		
くさる	腐る			くだける	砕ける		
くさわけ	草分け			ください	下さい　資料を下さい、回答を下さい		
クシ	駆使				…(て)　話してください、貸してください		
くし	串　くし						
	櫛　くし／シツ						
くじ	くじ　宝くじ		×籤	くださる	下さる　御返事を下さる		
くじく	くじく　出ばなをくじく		×挫く				

くだす	下す　判決を下す	×降す	クッする	屈する　世論に屈する	
くたびれる	くたびれる	×草臥れる	くつろぐ	くつろぐ	×寛ぐ
くだらない	下らない　下らない話		くどい	くどい　くどいようだが	
くだり	下り		クトウテン	句読点	
くだる	下る　坂を下る		くどく	口説く　強引に口説く	
くち	口（くち・コウ・ク）甘口		くに	国（くに・コク）	
くちぐちに	口々に		くばる	配る	
くちごたえ	口答え		くび	首（くび・シュ）	
くちだし	口出し		グビ	具備	
くちどめ	口止め		くびかざり	首飾り	
くちばし	くちばし　くちばしを入れる	×喙・×嘴	クフウ	工夫	
			クベツ	区別	
くちびる	唇（くちびる・シン）		くぼむ	くぼむ	×凹む・×窪む
クチョウ	口調				
くちる	朽ちる		くま	熊（くま）	熊本県（くまもと）
クツ	屈（クツ）　窟（クツ）　掘（クツ・ほる）		くまなく	くまなく　くまなく捜す	×隈無く
くつ	靴（くつ・カ）雨靴		くみ	組（くみ・くむ）赤組	
くつがえす	覆す			組み　活字の組みが緩む	
くつがえる	覆る		くみあい	※組合	
くつしたどめ	※靴下留		くみあわせ	※組合せ	
			くみあわせる	組み合わせる	

く

よみ	用例	×他
くみいれ	※組入れ	
くみいれキン	※組入金	
くみいれる	組み入れる	
くみかえ	※組替え	
くみかえる	組み替える	
くみかわす	酌み交わす	
くみこむ	組み込む	
くみする	くみする　悪事にくみする	×与する
くみたて	※組立て	
くみたてコウ	※組立工	
くみたてる	組み立てる	
くむ	組む　腕を組む	
	酌む　事情を酌む	
	くむ　水をくむ	×汲む
クメン	工面	
くも	雲　くも（ウン）	
くもり	曇り	
くもる	曇る	
くやしい	悔しい	×口惜しい
くやみ	悔やみ　お悔やみを言う	
くやむ	悔やむ	
くら	倉　くら（ソウ）	
	蔵　くら（ゾウ）　蔵開き	
くらい	位　くらい（イ）　位する	
	…くらい（ぐらい）　どのくらい、これぐらい、二十歳ぐらいの人　こい（い）	
	暗い	
くらいどり	位取り	
くらう	食らう	×喰う
くらがえ	くら替え	×鞍替え
くらがり	暗がり	
くらし	暮らし	
くらしきリョウ	※倉敷料	
くらしむき	暮らし向き	
くらす	暮らす	
くらべる	比べる	×較べる
くらむ	くらむ　目がくらむ	×眩む
グラム	グラム　g	×瓦
くらやみ	暗やみ	×暗闇
くりあげ	※繰上げ	
くりあげショウカン	※繰上償還	

くりあげる	繰り上げる		くりのべる	繰り延べる	
くりあわせる	繰り合わせる		くりひろげる	繰り広げる	
くりいれ	※繰入れ		くりもどし	※繰戻し	
くりいれキン	※繰入金		くる	来る　人が来る	△来る
くりいれゲンドガク	※繰入限度額		…(て)くる	寒くなってくる	
くりいれリツ	※繰入率		繰る	ページを繰る	
くりいれる	繰り入れる		くるい	狂い	
くりかえ	※繰替え		くるう	狂う	
くりかえキン	※繰替金		くるしい	苦しい	
くりかえし	繰り返し		くるしまぎれ	苦し紛れ	
くりかえす	繰り返す		くるしみ	苦しみ	
くりこし	※繰越し		くるしむ	苦しむ	
	※繰越 ((金))		くるしめる	苦しめる	
くりこす	繰り越す		くるま	車くるま シャ　車止め	
くりさげ	※繰下げ		くるまよせ	車寄せ	
くりさげる	繰り下げる		くるむ	くるむ　紙にくるむ	包む
くりぬく	くりぬく	剜り貫く	くるわす	狂わす	
くりのべ	※繰延べ		くれ	暮れ	
			くれぐれも	くれぐれも	呉々も
くりのべシサン	※繰延資産		くれない	紅 くれない・べに コウ・2	
			くれる	暮れる　日が暮れる	

くれる	くれる	お菓子をく れる	×呉れる	グン	軍 グン	
					郡 グン	
		途方にくれ る	△暮れる		群 グン むれる・むれ・むら	
	…(て) くれ る	援助してく れる	×呉れる	グンシュ ウ	群衆	
くろ	黒 くろ・くろい コク			グンシュ ウシン リ	群集心理	
くろい	黒い			クントウ	薫陶　先生の薫陶を 受ける	
くろうと	玄人			クンレン	訓練	
くろぬり	黒塗り					
くろびか り	黒光り					
くろみ	黒み					
くわ	桑 くわ ソウ					
	くわ	くわで掘る	×鍬			
くわえる	加える					
	くわえる	物をくわ える	×咥える			
くわしい	詳しい					
くわす	食わす					
くわだて	企て					
くわだて る	企てる					
くわわる	加わる					
クン	君 クン きみ					
	訓 クン					
	薫 クン かおる					
	勲 クン					

く

け

ケ	家 ケ・カ／いえ・や		ケイ	軽 ケイ／かるい・かろやか
	気 ケ・キ			刑 ケイ
	化 ケ・カ／ばける・ばかす			径 ケイ
<u>ケ</u>	仮 ケ／かり			茎 ケイ／くき
	華 ケ・カ／はな			契 ケイ／ちぎる
	懸 ケ・ケン／かける・かかる			啓 ケイ
け	毛 け／モウ			恵 ケイ・エ／めぐむ
ゲ（接尾語）	…げ　惜しげもなく	△気		掲 ケイ／かかげる
	外 ゲ・ガイ／そと・ほか・はずす・はずれる			傾 ケイ／かたむく・かたむける
	下 ゲ・カ／した・しも・もと・おりる・くだる・さがる・さげる・くだす・くださる・おろす			携 ケイ／たずさえる・たずさわる
	解 ゲ・カイ／とく・とかす・とける			継 ケイ／つぐ
<u>ゲ</u>	夏 ゲ・カ／なつ			慶 ケイ
ケイ	兄 ケイ・キョウ／あに			憩 ケイ／いこい・いこう
	形 ケイ・ギョウ／かた・かたち			稽 ケイ
	系 ケイ			詣 ケイ
	京 ケイ・キョウ			警 ケイ
	係 ケイ／かかる・かかり			鶏 ケイ／にわとり
	型 ケイ／かた			競 ケイ・キョウ／きそう・せる
	計 ケイ／はかる・はからう			渓 ケイ
	敬 ケイ／うやまう			蛍 ケイ／ほたる
	景 ケイ		<u>ケイ</u>	境 ケイ・キョウ／さかい
	経 ケイ・キョウ／へる		ゲイ	芸 ゲイ
				迎 ゲイ／むかえる

け

ゲイ	鯨 ゲイ くじら		ケイソツ	軽率	
ケイイ	経緯		ケイタイ	形態	
ケイエイ	経営			携帯	
ケイカク	計画		ケイチョウ	傾聴	
ケイキ	契機			慶弔	
	景気		ケイトウ	系統	
ケイコ	けいこ　踊りのけいこ	稽古		傾倒	
ケイコウトウ	蛍光灯		ケイハク	軽薄	
ゲイゴウ	迎合		ケイハツ	啓発	
ケイコウトリョウ	蛍光塗料		ケイヒ	経費	
			ケイフク	敬服	
			ケイベツ	軽蔑	
ケイコク	渓谷		ケイボ	敬慕	
ケイサイ	掲載		ケイモウ	啓もう〔啓発〕	啓蒙
ケイシ	軽視		ケイヤク	契約	
	けい紙	罫紙	ケイユ	経由	
	経伺→〔伺い〕		ケイリュウ	渓流	
ケイジ	掲示				
ケイシキ	形式		ケイレツ	系列	
ケイショウ	軽少		ケガ	けが　けがの功名	怪我
			けがす	汚す	
ケイセイ	形成　人間形成		けがらわしい	汚らわしい	
	形勢　形勢不利				
ケイソウ	係争	繋争	けがれ	汚れ	
ケイゾク	継続		けがれる	汚れる	
	係属	繋属	ゲキ	隙 ゲキ すき	

け

ゲキ	劇 ^{ゲキ} 激 ^{ゲキ}はげしい 撃 ^{ゲキ}うつ		ケツ	欠 ^{ケツ}かける・かく 血 ^{ケツ}ち 決 ^{ケツ}きめる・きまる 結 ^{ケツ}むすぶ・ゆう・ゆわえる 潔 ^{ケツ}いさぎよい 穴 ^{ケツ}あな 傑 ^{ケツ}	
ゲキゲン	激減				
ゲキショウ	激賞				
ゲキジン	激甚　激甚災害				
ゲキする	激する　感情が激する		ゲツ	月 ^{ゲツ・ガツ}つき	
ゲキゾウ	激増		ケッカイ	決壊	[×]決潰
ゲキヘン	激変		ケッカン	欠陥	
ゲキレイ	激励		ケッキ	決起	[×]蹶起
ゲキレツ	激烈		ケッコウ	結構　結構な品物、…しなくても結構です	
けさ	今朝				
ゲシ	夏至		けっこう	けっこう　けっこう役に立つ	
けしイン	※消印				
ケシキ	景色　景色がよい 気色　気色ばむ		ケッサイ	決裁　書類を決裁する 決済　取引を決済する	
けす	消す				
ゲスイコウ	下水溝		ケッサク	傑作	
けずる	削る		ケッして	決して　決して…しない	
げせない	解せない　解せない話だ		ケッシュウ	結集	
けた	桁　桁違い、3桁		ケツジョ	欠如	
けだかい	気高い		ケッする	決する　雌雄を決する	
けだし	けだし〔多分・大方〕	[×]蓋し			

け

ケン

ケッセキとどけ	欠席届	
ケッソク	結束	
ケッソン	欠損	
ケッタク	結託	結×托
ケッパク	潔白	
ゲップばらい	※月賦払	
ケッペキ	潔癖	
ケッベツ	決別	×訣別
ケツボウ	欠乏	
ケツレツ	決裂	
けとばす	けとばす　石をけとばす	×△蹴飛ばす
けなげな	けなげな　けなげな行為	×△健気な
けなす	けなす	×貶す
けなみ	毛並み	
げに	げに　げに…は…である〔本当に、誠に〕	×実に
ケネン	懸念	
ケハイ	気配	
ケビョウ	仮病	
けむい	煙い	
けむたい	煙たい	
けむり	煙 けむり・けい・けむる エン	
けむる	煙る	

けもの	獣 けもの ジュウ
ゲリ	下痢
ける	蹴る　ボールを蹴る
けわしい	険しい
ケン	犬 ケン いぬ
	件 ケン
	見 ケン みる・みえる・みせる
	券 ケン
	研 ケン とぐ
	建 ケン・コン たてる・たつ
	兼 ケン かねる
	健 ケン すこやか
	間 ケン・カン あいだ・ま
	絹 ケン きぬ
	権 ケン・ゴン
	憲 ケン
	県 ケン
	険 ケン けわしい
	検 ケン
	験 ケン・ゲン
	肩 ケン かた
	軒 ケン のき
	堅 ケン かたい
	圏 ケン
	献 ケン・コン

141

け

ケン	遣 ケン つかう・つかわす		*ゲン*	験 ゲン・ケン	
	倹 ケン			嫌 ゲン・ケン きらう・いや	
	賢 ケン かしこい		ケンアク	険悪	
	剣 ケン つるぎ		ケンアン	懸案	
	拳 ケン		ケンイ	権威	
	謙 ケン		ゲンイン	原因	
	鍵 ケン かぎ		ケンインシャ	けん引車	牽引車
	顕 ケン		ケンエツ	検閲	
	繭 ケン まゆ		ケンオ	嫌悪　自己嫌悪に陥る〔嫌う〕	
	懸 ケン・ケ かける・かかる				
	嫌 ケン・ゲン きらう・いや		ケンカ	けんか　兄弟げんか	喧嘩
	けん　アキレスけん	腱	ケンカイ	見解	
ゲン	元 ゲン・ガン もと		ゲンカイ	限界	
	言 ゲン・ゴン いう・こと		ゲンカク	厳格	
	限 ゲン かぎる		ゲンカン	玄関	
	原 ゲン はら		ケンギ	嫌疑　嫌疑をかける	
	現 ゲン あらわれる・あらわす			建議　…に建議する	
	減 ゲン へる・へらす		ケンキュウ	研究	
	厳 ゲン・ゴン おごそか・きびしい		ケンキョ	謙虚　謙虚な態度	
	幻 ゲン まぼろし		ゲンキン	厳禁	
	玄 ゲン		ゲンキンばらい	※現金払	
	弦 ゲン つる		ケンゲン	権限	
	源 ゲン みなもと		ケンゴ	堅固	
	舷 ゲン				
ゲン	眼 ゲン・ガン まなこ		ケンコウ	権衡→〔均衡〕	

ケンコウ	健康		ケンタイ	けん怠	倦怠
ケンサ	検査		ゲンタイ	減退	
ケンサン	研さん　研さんを積む	研鑽	ケンチク	建築	
			ケンチョ	顕著	
ケンシキ	見識　見識が高い		ケンテイずみ	検定済み	
ゲンシュク	厳粛		ケントウ	見当　見当がつく	
ケンショウ	懸賞　懸賞小説			検討	
	憲章　児童憲章		ゲントウ	幻灯	
ケンジョウ	謙譲　謙譲の美徳		ゲンに	現に　現に…している	
ゲンショウ	現象			厳に　厳に戒める	
ゲンショク	原色		ケンニン	兼任	
ケンする	検する　内容を検する		ケンブン	見聞　見聞を広める	
	験する　効果を験する		ケンペイリツ	建ぺい率	建蔽率
ゲンずる	減ずる		ケンポウ	憲法	
ケンセイ	けん制	牽制	ケンマ	研磨	
ゲンセン	厳選		ゲンミツ	厳密	
	源泉		ケンメイ	賢明　賢明な判断	
ゲンゼン	厳然			懸命　懸命の努力	
ケンソ	険阻　険阻な山道〔険しい〕	嶮岨	ケンヤク	倹約	
			ケンロウ	堅ろう〔堅固、丈夫〕	堅牢
ゲンソ	元素		ゲンロン	言論	
ケンソウ	けんそう〔騒がしい〕	喧騒	ゲンワク	げん惑	眩惑
ケンソン	謙遜				

こ

己	コ・キ / おのれ	
戸	コ / と	
古	コ / ふるい・ふるす	
固	コ / かためる・かたまる・かたい	
故	コ / ゆえ	
個	コ	
庫	コ・ク	
湖	コ / みずうみ	
呼	コ / よぶ	
枯	コ / かれる・からす	
孤	コ	
弧	コ	
股	コ / また	
虎	コ / とら	
雇	コ / やとう	
誇	コ / ほこる	
鼓	コ / つづみ	
顧	コ / かえりみる	
去	コ・キョ / さる	
拠	コ・キョ	
虚	コ・キョ	
小	こ・お・ちいさい / ショウ	
子	こ / シ・ス	

こ		
こ		粉 コ・こな / フン
こ		木 コ / キ・ク・モク
		黄 コ / キ / オウ・コウ
ゴ		五 ゴ / いつ・いつつ
		午 ゴ
		後 ゴ・コウ / うしろ・のち・あと・おくれる
		語 ゴ / かたる・かたらう
		誤 ゴ / あやまる
		護 ゴ
		互 ゴ / たがい
		呉 ゴ
		娯 ゴ
		悟 ゴ / さとる
		御 ゴ・ギョ / おん　御用
		注後に付く語が漢字の場合に用いる
		碁 ゴ
ゴ		期 ゴ・キ
ご		ご…　ごもっとも
		注後に付く語が仮名の場合に用いる
コイ		故意
こい		恋 こい・こいしい・こう / レン
		濃い
こいしい		恋しい

144

口	コウ・ク くち	鉱	コウ
工	コウ・ク	構	コウ かまえる・かまう
公	コウ おおやけ	広	コウ ひろい・ひろまる・ひろめる・ ひろがる・ひろげる
功	コウ・ク	興	コウ・キョウ おこる・おこす
交	コウ まじわる・まじえる・まじる・ まぜる・まざる・かう・ かわす	講	コウ
光	コウ ひかる・ひかり	勾	コウ
后	コウ	孔	コウ
向	コウ むく・むかう・むける・むこう	巧	コウ たくみ
考	コウ かんがえる	甲	コウ・カン
行	コウ・ギョウ・アン いく・ゆく・おこなう	江	コウ え
孝	コウ	好	コウ このむ・すく
効	コウ きく	抗	コウ
幸	コウ さいわい・さち・しあわせ	坑	コウ
厚	コウ あつい	攻	コウ せめる
皇	コウ・オウ	更	コウ さら・ふける・ふかす
後	コウ・ゴ のち・うしろ・あと・おくれる	恒	コウ
校	コウ	拘	コウ
耕	コウ たがやす	肯	コウ
航	コウ	荒	コウ あらい・あれる・あらす
候	コウ そうろう	郊	コウ
高	コウ たかい・たか・たかめる・ たかまる	降	コウ ふる・おりる・おろす
康	コウ	香	コウ・キョウ か・かおり・かおる
港	コウ みなと	侯	コウ
黄	コウ・オウ き・こ	貢	コウ・ク みつぐ
		紅	コウ・ク くれない・べに

こ

こ

コウ	控 コウ／ひかえる	ゴウ	強 ゴウ・キョウ／つよい・つよまる・つよめる・しいる
	梗 コウ		拷
	黄 コウ・オウ／き・こ		剛 ゴウ
	喉 コウ／のど		豪 ゴウ
	慌 コウ／あわてる・あわただしい		郷 ゴウ・キョウ
	項 コウ	コウイ	好意　彼に好意を寄せる
	絞 コウ／しぼる・しめる・しまる		厚意　御厚意を感謝します
	硬 コウ／かたい		行為　寄附行為
	酵 コウ		
	綱 コウ／つな	コウイショウ	後遺症
	稿 コウ		
	鋼 コウ／はがね	ゴウイン	強引
	購 コウ	コウウ	降雨
	衡 コウ	ゴウウ	豪雨
	洪 コウ	コウエン	講演　時局講演会
	溝 コウ／みぞ		公演　音楽公演
コウ	仰 コウ・ギョウ／あおぐ・おおせ		後援　日本郵便後援
	格 コウ・カク	ゴウカ	豪華
	耗 コウ・モウ	コウカイ	更改
こう	請う	ゴウガイ	号外
	恋う	コウカン	交換　品物を交換する
	乞う		交歓　親善交歓の会
ゴウ	合 ゴウ・カッ・ガッ／あう・あわす・あわせる	コウキ	綱紀　綱紀粛正
	号 ゴウ		光輝
	業 ゴウ・ギョウ／わざ	コウギ	こうぎ〔厚情〕 △厚×誼

コウキュウ	考究　方法の考究		コウずる	高ずる　病が高ずる	×嵩ずる
ゴウキュウ	号泣			講ずる　措置を講ずる	
コウケン	貢献　事業に貢献する		ゴウする	号する　兵力百万と号する	
	後見　後見人		コウセイ	更生　自力で更生する	
コウゴ	交互			更正　税金の更正決定	
コウコツ	こうこつ〔うっとり〕	×恍×惚		後世　後世に名を残す	
コウサ	交差	×交×叉		厚生　厚生施設	
こうして	こうして	×斯うして	コウセイ	校正　校正刷り	
コウシュウ	講習			構成　組織の構成	
コウジョ	控除		コウセキ	功績	
コウショウ	交渉			鉱石	×礦石
	高尚〔上品〕		コウセツ	巧拙	
	こう笑〔高笑い・大笑い〕	×哄笑	コウソウ	広壮　広壮な邸宅	×宏壮
	考証　時代考証			構想　構想を練る	
コウシン	高進　インフレの高進	×昂進・×亢進		高層　高層建築	
	後進　後進に道を譲る		コウゾウ	構造	
	更新　記録を更新する		コウソク	拘束	
				梗塞　心筋梗塞	
コウジン	幸甚〔幸い・幸せ〕		コウタイ	交代　選手交代	
コウスイ	香水			交替　交替で勤務する	
コウズイ	洪水		コウダイ	広大	
			コウツウ	交通	

こ

コウテイ	肯定		
コウデイ	拘泥〔こだわる〕		
コウテツ	更迭〔交代〕		
コウデン	香典		×香奠
コウトウ	高騰		×昂騰
ゴウドウ	合同		
コウドク	購読		
コウナイ	構内	駅の構内	
コウニュウ	購入		
コウバイ	勾配〔傾斜〕		
コウばしい	こうばしい		△香ばしい
コウハン	広範		×広汎
コウヒョウ	公表	結果を公表する	
	好評	好評を博する	
	講評	審査員の講評	
コウフ	交付	証明書の交付	
	公布	法律の公布	
コウフク	降伏		×降服
コウフン	興奮		×昂奮
コウヘイ	公平		
コウホウ	広報		×弘報
コウボク	公僕		
ゴウマン	傲慢〔高慢〕		

コウミョウ	巧妙	巧妙な手段	
	光明	光明を見いだす	
	功名		
こうむる	被る	損害を被る	蒙る
コウモク	項目		
コウヨウ	高揚	士気の高揚	×昂揚
こうり	※小売		
コウリツ	効率	効率が悪い	
コウリョ	考慮		
コウリュウ	勾留		
コウレイ	恒例		
コウロウ	功労		
コウワ	講話		×媾和
こえ	声 こえ・セイ：こわ／ショウ	声をかける、声掛け	
	肥 ヒ こえ・こえる・こやす・こやし		
こえる	肥える	丸々と肥える	
	超える	100万円を超える額	
	越える	山を越える	
コオウ	呼応		
こおり	氷 こおり・ひ／ヒョウ		
こおる	凍る	水が凍る	

こがい	子飼い	
ゴカク	互角	
ゴガク	語学	
こかげ	木陰	木蔭
こがす	焦がす	
コカツ	枯渇　財産が枯渇する	涸渇
こがね	黄金	
こがらし	木枯らし	凩
こがれる	焦がれる	
コキ	古希　古希の祝い	古稀
こきざみ	小刻み	
こぎつける	こぎ着ける	漕ぎ着ける
こぎって	※小切手	
コキャク	顧客	
コク	告 つげる	
	谷 コク たに	
	国 コク くに	
	黒 コク くろ・くろい	
	穀 コク	
	克 コク	
	刻 コク きざむ	
	酷 コク	
コク	石 コク・セキ・シャク	
こぐ	こぐ　ボートをこぐ	漕ぐ

ゴク	極 ゴク・キョク きわめる・きわまる・きわみ	
	獄 ゴク	
ごく	ごく　ごく新しい	極
コクサイ	国際	
コクジ	告示	
コクド	国土	
コクフク	克服	
コクミン	国民	
コクメイ	克明	
こけ	こけ　石にこけが生える	苔
こげチャいろ	焦げ茶色	
こげつく	焦げ付く	
こげる	焦げる	
コケン	こけん〔面目、体面〕	沽券
ココ	個々　個々の問題	
ここ	ここ	此処・茲
こごえる	凍える	
ここち	心地　心地良い	
こごと	小言	叱言
こころ	心 こころ シン	
こころあたり	心当たり	
こころえ	心得　心得違い	

149

こ

こころえる	心得る		こころよい	快い	
こころがけ	心掛け		こさ	濃さ	
	心懸け		ございます	ございます	御座居ます
こころがまえ	心構え		こさめ	小雨　曇り一時小雨	
こころがわり	心変わり		こし	腰こしョウ	
こころざし	志こころざし・こころざす シ		コジ	固辞　固辞して受けない	
こころざす	志す			故事　故事来歴	
				誇示　勢力を誇示する	
こころづかい	心遣い		こしかけ	腰掛け	
こころづくし	心尽くし		コシツ	固執　自説に固執する	
こころづけ	心付け　心付けを渡す		ゴショク	誤植　誤植の多い印刷	
こころづよい	心強い		こしらえる	こしらえる	拵える
こころのこり	心残り		こじれる	こじれる　話がこじれる	拗れる
こころぼそい	心細い		こす	超す　限度額を超す	
				越す　年を越す	
こころみ	試み		こす	水をこす	漉す
こころみる	試みる		こする	こする　手でこする	擦る
こころもち	心持ち　良い心持ちだ		コセキ	古跡　名所古跡	古蹟
	こころもち　こころもち右へ寄せる		こぜりあい	小競り合い	
			コソク	こそく〔間に合わせ、一時しのぎ〕	姑息

150

こぞって	こぞって	×挙って	こと	異こと ｲ 意見を異にする	
ゴゾンじ	御存じ　御存じですか	御存知		殊こと シュ 殊の外	
こたえ	答え			琴こと キン	
こたえる	答える　質問に答える		ごと	ごと　1年ごとに…	×毎
	応える　期待に応える		ことがら	事柄　次の事柄について	
こだかい	小高い		ごとく	ごとく〔ように〕	×如く
こだち	※木立		ことごとく	ことごとく	×悉く
こだわる	こだわる　成績にこだわる		ことさら	殊更　殊更…する	
ゴチソウ	ごちそう	×××御馳走	ことし	今年	
コチョウ	誇張		ことづかる	言付かる	
こちら	こちら　こちらへどうぞ	××此方	ことづける	言付ける	
コツ	骨コツ ほね		ことづて	言づて	
コッケイ	滑稽　滑稽な動作		ことなる	異なる　意見が異なる	
コッコクと	刻々と		ことに	殊に　殊に優れている	
コッシ	骨子　法案の骨子		ごとに	ごとに　1年ごとに更新する	×毎に
こづつみ	※小包				
コットウヒン	骨とう品	×骨董品	ことのほか	殊の外　殊の外、喜ばしい	
こと	言こと・いう ゲン・ゴン　言葉		ことば	言葉	××詞・辞
	事こと ジ・×ズ　事を起こす、事に当たる		ことはじめ	事始め	
	…こと　許可しないことがある		ことぶき	寿ことぶき ジュ	
			こども	子供	

こ

ことわざ	ことわざ	×諺	こま	駒	
ことわり	断り　断りの手紙		こまかい	細かい	
ことわる	断る		ごまかす	ごまかす	
こな	粉 こな・こ ラン		こまぬく	こまぬく　腕をこまぬく	×拱く
こなす	こなす　仕事をこなす		こまやか	こまやか　愛情こまやか	×濃やか
こねる	こねる	×捏ねる	こまる	困る	
この	この　この度…	×此・之の	こまわり	小回り　小回りが利く	
このゴに	この期に　この期に及んで		こみ	込み　…込みで計算する	
このましい	好ましい		ごみ	ごみ　ごみ箱	
このみ	好み		こみあう	混み合う　窓口が混み合う	
	木の実		こみあげる	込み上げ　涙が込み上げる	
このむ	好む		こみいる	込み入る　込み入った話	
こばむ	拒む				
こびる	こびる	×媚びる	こむ	込む	
ゴビュウ	誤びゅう〔誤り〕	×誤謬		混む	
ゴブサタ	御無沙汰　御無沙汰しています		こめ	米 こめ ベイ・マイ	
こぶり	小降り		こめる	込める　心を込める	
コベツ	戸別　戸別訪問		こもごも	こもごも　悲喜こもごも	×交々
	個別　個別に扱う		こもち	子持ち	
こぼす	こぼす　水をこぼす、愚痴をこぼす	×零す	こもり	※子守　子守歌	
こぼれる	こぼれる	×零れる	こもる	籠もる　寺に籠もる	
			こやす	肥やす	

こよい	こよい　こよい一夜を…〔今夜〕	×△今宵	ころげる	転げる	
			ころす	殺す	
コヨウ	雇用	×雇傭	ころぶ	転ぶ	
ゴヨウおさめ	御用納め		ころも	衣 ころもイ	
ゴヨウはじめ	御用始め		こわ	声 こわ・こえ モイ・ショウ	
こよみ	暦 こよみ レキ		こわい	怖い	
こより	こより　こよりとじる	×××紙縒	こわす	壊す	×毀す
こらえる	こらえる　涙をこらえる	×怺える・×堪える	こわばる	こわばる　顔がこわばる	××強張る
			こわれる	壊れる	×毀れる
ゴラク	娯楽		コン	今 コン・キン いま	
こらしめる	懲らしめる			金 コン・キン かね・かな	
こらす	凝らす　趣向を凝らす			根 コン ね	
	懲らす			混 コン まじる・まざる・まぜる・こむ	
ゴラン	御覧　御覧に入れる			困 コン こまる	
	ごらん　…してごらんなさい	△△御覧		恨 コン うらむ・うらめしい	
コリョ	顧慮			婚 コン	
こりる	懲りる　失敗に懲りる			紺 コン	
				痕 コン あと	
こる	凝る　肩が凝る			魂 コン たましい	
これ	これ	×是・×之		墾 コン	
				懇 コン ねんごろ	
ころ	頃　頃合い、10時頃			昆 コン	
			コン	建 コン・ケン たてる・たつ	
ころがす	転がす			献 コン・ケン	
ころがる	転がる		ゴン	言 コン・ゲン いう・こと	

153

<u>ゴン</u>	勤 ゴン・キン つとめる・つとまる		
	権 ゴン・ケン		
	厳 ゴン・ゲン おごそか・きびしい		
コンイ	懇意		
コンイン	婚姻		
コンカン	根幹		
コンガン	懇願		
コンキョ	根拠		
コンコウ	混交　玉石混交	混淆×
ゴンゴドウダン	言語道断		
コンコンと	懇々と　懇々と論す		

コンセイ	懇請	
コンセキ	こん跡〔形跡、跡〕	痕跡×
コンセツ	懇切	
コンゼン	こん然　こん然一体	渾然×
コンだて	※献立	
コンチュウ	昆虫　昆虫採集	
コンテイ	根底　根底から覆る	根柢×
コントン	混とん　混とんとした情勢	混沌×
コンポウ	こん包	梱包×
コンまけ	根負け	
コンメイ	混迷	昏迷×

さ

サ	作 サ・サク つくる	サザ	再 サ・サイ ふたたび
	沙 サ	ザ	座 ザ すわる
	左 サ ひだり		挫 ザ
	査 サ	サイ	才 サイ
	茶 サ・チャ		再 サイ・サ ふたたび
	差 サ さす		災 サイ わざわい
	佐 サ		妻 サイ つま
	砂 サ・シャ すな		西 サイ・セイ にし
	唆 サ そそのかす		採 サイ とる
	詐 サ		菜 サイ な
	鎖 サ くさり		祭 サイ まつり・まつる

さ

サイ	細 ^{サイ} ほそい・ほそる・こまか・こまかい			ザイ	剤 ^{ザイ}	
	最 ^{サイ} もっとも			サイガイ	災害	
	済 ^{サイ} すむ・すます			サイケツ	採決　討論採決	
	際 ^{サイ} きわ　この際				裁決　行政庁の裁決	
	采 ^{サイ}			サイケン	債券	
	砕 ^{サイ} くだく・くだける			サイゲン	際限	
	宰 ^{サイ}			サイゴ	最期	
	栽 ^{サイ}			サイサイ	再々	
	彩 ^{サイ} いろどる			さいさき	さい先　さい先が良い	×幸先
	斎 ^{サイ}			サイショウ	最小　最小限度	
	裁 ^{サイ} さばく・たつ				最少　最少額	
	催 ^{サイ} もよおす			サイセン	再選	
	塞 ^{サイ・ソク} ふさぐ・ふさがる			サイソク	催促	
	債 ^{サイ}			サイタク	採択　請願の採択	
	載 ^{サイ} のせる・のる			ザイタク	在宅	
	歳 ^{サイ・セイ}			サイダン	裁断　裁断を仰ぐ	
	差異	×差違		サイチュウ	最中　…している最中に	
<u>サイ</u>	切 ^{サイ・セツ} きる・きれる			サイバイ	栽培	
	財 ^{サイ・ザイ}			ザイバツ	財閥	
	殺 ^{サイ・サツ・セツ} ころす			サイヒ	採否　採否の決定	
さい	埼 ^{さい}	^{さいたま}埼玉県			歳費　議員の歳費	
ザイ	在 ^{ザイ} ある			サイフ	財布	
	材 ^{ザイ}			サイホウ	裁縫	
	財 ^{ザイ・サイ}			サイボウ	細胞	
	罪 ^{ザイ} つみ					

さ

サイム	債務		さかな	さかな 酒のさかな	肴
サイヨウ	採用		さかのぼる	遡る	
サイリョウ	裁量		さかまく	逆巻く	
さいわい	幸い		さからう	逆らう	
サエキ	差益		さかり	盛り	
さえぎる	遮る		さがり	下がり	
さえずる	さえずる	囀る	さかりば	盛り場	
サエツ	査閲		さかる	盛る 燃え盛る	
さえる	さえる 勘がさえる	冴える	さがる	下がる	
さお	さお 竹ざお	竿・棹	さかん	盛ん	
サカ	茶菓		さき	先 さき/セン 先にたつ、先取り、先んじる	
さか	坂 さか/ハン			崎 さき/ ○○崎	
さか	阪 さか/ハン	大阪府	サギ	詐欺	
	酒 さか・さけ/シュ		さきおととい	さきおととい	一昨昨日
さかい	境 さかい/キョウ・ケイ				
さかいめ	境目		さきおととし	さきおととし	一昨昨年
さかえ	栄え 都の栄え				
さかえる	栄える 国が栄える		さきがけ	先駆け 春の先駆け	魁・先駆け
さかさ	逆さ				
さかさま	逆さま		さきごろ	先頃	
さがす	捜す 犯人を捜す		さきだつ	先立つ	
	探す 空き家を探す		さきどり	先取り	
さかずき	杯 さかずき/ハイ		さきどりトッケン	※先取特権	
さかだち	逆立ち				
さかな	魚 さかな・うお/ギョ				

さきに	さきに	さきに通知した…について	×曩に・ ×嚮に・ △先に	さく	咲く
					裂く　布を裂く、引き裂く
					割く　時間を割く、人手を割く
さきばしる	先走る			サクイ	作為
さきばらい	先払い			サクイン	索引
さきほど	先ほど		△先程	サクがら	作柄
さきまわり	先回り			サクゲン	削減
				サクゴ	錯誤
さきもの	先物　先物買い			サクシュッする	索出する→〔取り出す〕
サキュウ	砂丘			サクする	策する
さきゆき	先行き			サクソウ	錯そう〔錯雑〕　　錯×綜
サギョウ	作業			サクづけメンセキ	※作付面積
さきわたし	先渡し				
さきんずる	先んずる			サクテイ	策定　計画の策定
サク	作　サク・サ つくる			サクヒン	作品
	昨　サク			サクボウ	策謀
	策　サク			さくら	桜　さくら オウ
	冊　サク・サツ			サクリャク	策略
	削　サク けずる			さぐる	探る
	柵　サク			さけ	酒　さけ・さか シュ
	索　サク			さげ	下げ　上げ下げ
	酢　サク す			さけびごえ	叫び声
	錯　サク			さけぶ	叫ぶ
	搾　サク しぼる				

さ

読み	用例	参考
さけめ	裂け目	
さける	避ける	
	裂ける	
さげる	下げる　軒に下げる	
	提げる　手に提げる	
ササイな	ささいな　ささいなことで口論する〔わずかな〕	※些細な
ささえる	支える	
ささげる	ささげる　花束をささげる	×捧げる
さざなみ	さざ波	×小波・×漣
ささやか	ささやか	×細やか
ささやく	ささやく	×囁く・×私語く
ささる	刺さる	
ザシ	座視　座視するに忍びない	×坐視
さしあげる	差し上げる	
さしあたり	差し当たり	
さしいれ	差し入れ	
さしいれる	差し入れる	
さしエ	※挿絵　小説の挿絵	×挿画
さしおさえ	※差押え	
	※差押　《命令》	
さしおさえる	差し押さえる	
さしかえ	差替え	
さしかえる	差し替える	
さしかかる	差し掛かる　山道に差し掛かる	
さしき	挿し木	
さじき	桟敷　桟敷で見物する	
ザしき	※座敷	
さしこむ	差し込む	
さしさわり	差し障り	
さしズ	※指図	
さしずめ	さしずめ　計画どおりに実施する	差し詰め
さしせまる	差し迫る	
さしだしニン	※差出人	
さしだす	差し出す　紹介状を差し出す	
さしつかえる	差し支える	

さして	さして　さして大きくない		さしもどし	※差戻し	
さしでがましい	差し出がましい		さしもどす	差し戻す　一審に差し戻す	
さしとおす	刺し通す		サシュ	詐取	
さしとめ	※差止め		サシュウ	査収	
さしとめる	差し止める		サショウ	詐称	
さしのべる	差し伸べる			さ少〔軽少、わずか〕	些少
さしはさむ	差し挟む　異義を差し挟む		ザショウ	座礁	坐礁
さしひかえる	差し控える		さしわたし	差し渡し	
さしひき	※差引き		さす	差す　傘を差す	
さしひきカンジョウ	※差引勘定			指す　時計の針が3時を指す	
				刺す　人を刺す	
				挿す　花を挿す	
さしひきボ	※差引簿			さす　水をさす	注す
				日がさす	射す
さしひく	差し引く		さすが	さすが　さすがに暑い	流石
さしまわし	差し回し　差し回しの自動車		さずかる	授かる	
			さずける	授ける	
さしみ	※刺身		さする	さする　背中をさする	摩る
さしむかい	差し向かい		ザする	座する　座して死を待つ	
さしむき	差し向き　差し向き必要な品		ザセキ	座席	
			サセン	左遷	
さしむける	差し向ける		ザゼン	座禅	坐禅

読み	用例	備考	読み	用例	備考
さぞ	さぞ　さぞ…だろう	嘸(×)	サッシ	冊子	
さそう	誘う		サッシン	刷新	
サタ	沙汰　音沙汰がない		サッする	察する	
さだか	定か　定かだ		サッソウ	さっそう　さっそうとした姿	颯爽(××)
さだまる	定まる		サッソク	早速　早速送付する	
さだめ	定め		ザツダン	雑談	
さだめし	定めし　定めし盛大な催しであったろう		サットウ	殺到	
			ザットウ	雑踏	
さだめる	定める		サツバツ	殺伐	
さち	幸 さち・さいわい・しあわせ／コウ		サップウケイ	殺風景	
サツ	刷 サツ／する		さて	さて　さて次に…	偖・扨(××)
	殺 サツ・サイ・セツ／ころす		さと	里 さと／り	
	察 サツ		さとい	さとい　利にさとい商人	聡い(×)
	冊 サツ・サク		さとす	諭す	
	札 サツ／ふだ		さとり	悟り	覚り(×)
	擦 サツ／する・すれる		さとる	悟る	覚る(×)
	撮 サツ／とる		さなか	さなか	最中(×△)
サッ	早 サッ・ソウ／はやい・はやまる・はやめる		さながら	さながら　さながら滝のような汗を流す	宛ら(×)
ザツ	雑 ザツ・ゾウ		さばく	裁く　罪人を裁く	
サツエイ	撮影		さばく	さばく　売りさばく	捌く(×)
サッカク	錯覚		さびしい	寂しい	淋しい(×)
さつきばれ	五月晴れ		さびどめ	さび止め	錆止め(×)
サッキュウ（ソウキュウ）	早急　早急に手配する				

読み	用例	別表記
さびる	さびる	×錆びる
さびれる	寂れる　町が寂れる	
ざぶとん	座布団	×座蒲団
サホウ	作法　礼儀作法	
さほど	さほど　さほどでもない、さほど重要でない	△左程・△然程
さま	様(さま・ヨウ)　様にならない	
さまざま	様々	
さます	冷ます　湯を冷ます	
	覚ます　目を覚ます	×醒ます
	さます　酔いをさます	
さまたげる	妨げる	
さまよう	さまよう　山道をさまよい歩く	×彷徨う
さみだれ	五月雨	
さむい	寒い	
さむけ	寒け	寒△気
さむらい	侍(さむらい・ジ)	
さめる	冷める　湯が冷める	
	覚める　目が覚める	×醒める
	さめる　色がさめる	×褪める
サユウ	左右　言を左右にする	
ザユウ	座右　座右の銘	

読み	用例	別表記
さら	皿(さら)　灰皿	
	更(さら・コウ)・ふける・ふかす	
サライ…	再来…　再来週、再来月、再来年	
さらう	さらう　どぶをさらう	×浚う・×渫う
さらけだす	さらけ出　内情をさらけ出す	
さらす	さらす　布をさらす、日にさらす	×晒す・×曝す
さらに(副詞)	更に　更に検討する	
さらに(接続詞)	さらに　さらに、…	
さる	猿(さる・エン)	
	去る　去るに当たって、去る○○日	
さわ	沢(さわ・タク)	
さわがしい	騒がしい	
さわぐ	騒ぐ	
さわやか	爽やか	
さわる	触る　展示品に触らないこと、手触りが良い	
	障る　気に障る、差し障る	

さ

サン	三 サン／み・みつ・みっつ		サンギョウ	産業	
	山 サン／やま		サンケイ	参けい〔参拝、お参り〕	×参詣
	参 サン／まいる		ザンコク	残酷	
	蚕 サン／かいこ		サンザイ	散財	
	散 サン／ちる・ちらす・ちらかす・ちらかる		サンサク	散策　公園を散策する	
	産 サン／うむ・うまれる・うぶ		サンジ	賛辞	×讃辞
	算 サン			惨事	
	賛 サン		ザンジ	暫時	
	酸 サン／すい		サンシャク	参酌　事情を参酌して	
	惨 サン・ザン／みじめ		サンスイ	散水	×撒水
	桟 サン		サンする	産する	
	傘 サン／かさ		ザンネン	残念	
ザン	残 ザン／のこる・のこす		サンばし	桟橋	
	惨 ザン・サン／みじめ		サンビ	賛美	×讃美
	斬 ザン／きる		サンプ	散布	×撒布
	暫 ザン		サンマン	散漫	
サンイツ	散逸	×散佚	サンミイッタイ	三位一体	
サンカ	賛歌	×讃歌	サンミャク	山脈	
	惨禍				
	傘下　…傘下の会社				
	参加				
サンカク	参画　事業に参画する				
サンガク	山岳				
ザンギャク	残虐				

し

シ

士 シ	紙 シ かみ
子 シ・ス こ	歯 シ は
支 シ ささえる	視 シ
止 シ とまる・とめる	詞 シ
氏 シ うじ	詩 シ
仕 シ・ジ つかえる	試 シ こころみる・ためす
史 シ	資 シ
司 シ	旨 シ むね
四 シ よ・よつ・よっつ・よん	伺 シ うかがう
市 シ いち	枝 シ えだ
示 シ・ジ しめす	矢 シ や
死 シ しぬ	刺 シ さす・ささる
至 シ いたる	姿 シ すがた
志 シ こころざす・こころざし	祉 シ
私 シ わたくし	施 シ・セ ほどこす
糸 シ いと	脂 シ あぶら
使 シ つかう	紫 シ むらさき
姉 シ あね	嗣 シ
始 シ はじめる・はじめる	飼 シ かう
思 シ おもう	雌 シ めす・め
指 シ ゆび・さす	摯 シ
師 シ	誌 シ
恣 シ	賜 シ たまわる

163

シ						
シ	諮 シ はかる		じ	路 ジ		
	次 シ・ジ つぎ・つぐ		シあい	※試合		
	自 シ・ジ みずから		ジアイ	慈愛		
	肢 シ		シあがり	仕上がり		
ジ	示 ジ・シ しめす		シあげ	仕上げ		
	字 ジ あざ		シあげキカイ	※仕上機械		
	寺 ジ てら					
	次 ジ・シ つぎ・つぐ		シあげコウ	※仕上工		
	耳 ジ みみ		シあげる	仕上げる		
	自 ジ・シ みずから		しあわせ	幸せ		仕合わ せ・倖
	似 ジ にる					
	地 ジ・チ		シイ	恣意		
	事 ジ・ズ こと		ジイ	示威		
	治 ジ・チ おさめる・おさまる・ なおる・なおす		シイク	飼育		
	児 ジ・ニ	鹿児島 県	しいたげる	虐げる		
	持 ジ もつ		しいて	強いて	強いて言え ば…	
	時 ジ とき		しいる	強いる	無理を強いる	
	辞 ジ やめる					
	侍 ジ さむらい		シいれ	仕入れ		
	慈 ジ いつくしむ		シいれカカク	※仕入価格		
	滋 ジ	滋賀県	シいれさき	※仕入先		
	磁 ジ					
	璽 ジ		シいれる	仕入れる		
ジ	除 ジ・ジョ のぞく		シエキ	使役		
	仕 ジ・シ つかえる		シエン	支援		

164

しお	塩 しお/エン		ジがため	地固め	
	潮 しお/チョウ		しがち	しがち　とかく…しがちだ	△△仕勝ち
しおから い	塩辛い		シカツ	死活　死活問題	
シおくり	仕送り		じかに	じかに　じかに取引する	×直に
しおケ	塩気		ジがね	地金　銅の地金、地金を出す	
シおさめ	仕納め		しがみつく	しがみ付く	××獅噛付く
しおづけ	塩漬け		しかめる	しかめる　顔をしかめる	×顰める
しおどき	潮時　今が潮時だ	×汐時	しかも	しかも	×然も・×而も
しおり	しおり　しおりを挟む	×栞	しかる	叱る　子を叱る	
しおれる	しおれる	×萎れる	しかるに	しかるに	×然るに
しかい	しかい〔この方面、この社会〕	×斯界	シカン	し緩〔緩み、たるみ〕	×弛緩
シかえし	仕返し		シガン	志願	
シガク	史学		ジカンわり	時間割	
ジカク	字画		シキ	式 シキ	
シかけ	仕掛け			色 シキ・ショク/いろ	
シかけヒン	※仕掛品			識 シキ	
シかける	仕掛ける			織 シキ・ショク/おる	
しかし	しかし	×然し・×併し		士気　士気を鼓舞する	
しかしながら	しかしながら			指揮	
ジガジサン	自画自賛		ジキ	直 ジキ・チョク/なおす・ただちに	
シかた	仕方　仕方がない			時期　時期が早い	

ジキ	時機　時機を失する		しきりに	しきりに　しきりに 催促す る	× 頻りに
<u>ジキ</u>	食 ジキ・ショク （ジ）・くう・たべる・くらう				
ジギ	児戯　児戯に等しい		シキンキ ョリ	至近距離	
	時宜　時宜に適した 催し		シキンセ キ	試金石	
しきい	※敷居		しく	敷く	
しきいし	※敷石		ジク	軸 ジク	
しきキン	※敷金			字句　字句を修正す る	
シキケン	識見				
シキサイ	色彩		ジクうけ	※軸受	× 軸承け
ジキソ	直訴		しぐさ	しぐさ　奇妙なしぐ さをする	△× 仕種・ △× 仕草
しきたり	仕来り　仕来りに従 う				
しきチ	※敷地		しくじる	しくじる	× 縮尻る
ジキに (副詞)	直に		ジくばり	字配り	
			シくみ	仕組み　機械の仕組 み	
ジキヒツ	直筆				
しきフ	※敷布		しぐれ	時雨	
シキベツ	識別		しけ	しけ　しけで不漁だ	×△ 時化
しきもの	※敷物		シゲキ	刺激	× 刺戟
ジキュウ セン	持久戦		しげみ	茂み	
			しげる	茂る	
シキョウ	市況		シケン	試験	
ジキョウ	自供　犯行を自供す る		ジコ	自己	
			ジゴ	じ後〔その後〕	× 爾後
ジキョク	時局		シコウ	施行	
しきり	仕切り			しこう〔好み、愛好〕	×△ 嗜好

ジコウ	時効　時効の停止			シショウ	師匠		
	時候　時候のあいさつ			ジジョウ ジバク	自縄自縛		
シコウサクゴ	試行錯誤			ジショク	辞職		
しこうして	しこうして	×而して		ジジョデン	自叙伝		
しごく	しごく　選手をしごく	×扱く		ジシン	地震		
				しずか	静か		
	至極　迷惑至極なことだ			しずく	滴 しずく・したたる テキ	×雫	
				しずけさ	静けさ		
シごと	仕事			しずまる	静まる　心が静まる		
シこみ	仕込み				鎮まる　痛みが鎮まる		
シこむ	仕込む			しずむ	沈む		
しこり	しこり　しこりを残す			しずめる	静める　鳴りを静める		
ジコン	自今→〔今後〕				沈める　船を沈める		
シサ	示唆				鎮める　反乱を鎮める		
シサイ	子細　子細は後で〔詳細、訳〕	×仔細		シする	資する　発展に資する		
シサク	思索			ジする	辞する　職を辞する		
	施策				持する　満を持する		
	試作				侍する　そば近く侍する		
シジ	支持			シセイ	市井　市井の人		
シジュウ	始終　始終…する				姿勢		
シシュク	私淑			ジセイ	時勢　時勢に順応する		
ジシュク	自粛						
シシュツずみガク	※支出済額						

し

し

シセキ	史跡	ˣ史蹟	シだし	仕出し		
シセツ	施設		したしい	親しい		
シゼン	自然		したじき	下敷き　車の下敷きになる		
ジゼン	慈善					
ジゾク	持続		したしみ	親しみ		
シソンじ	仕損じ	ˣ為損じ	したしむ	親しむ		
した	下　した・しも・もと・さげる・くだる・おろす・さがる・くだす・くださる・おりる　カ・ゲ		シだしや	※仕出屋		
			したしらべ	下調べ		
	舌　した　ゼツ		したためる	したためる　手紙をしたためる	認める	
シシタイ	肢体					
シダイ	次第　式次第、次第書き、…する次第である		したたる	滴る		
			シたて	仕立て		
ジタイ	事態　事態を静観する		シたてケン	※仕立券		
	辞退		シたてもの	※仕立物		
したう	慕う		シたてや	※仕立屋		
したうけ	※下請		シたてる	仕立てる		
したうけコウジ	※下請工事		したばたらき	下働き		
したがう	従う　法律に従う	ˣ随う	したまわる	下回る		
したがえる	従える　敵を従える		したみ	下見		
したがき	下書き		したむき	下向き		
したがって（接続詞）	したがって　したがって、…		シチ	七　シチ　なな・ななつ・なの		
				質　シチ・シツ・チ		
シタク	支度		ジチ	自治		

シツ	失 シツ うしなう		じっと	じっと	じっと見つめる
	室 シツ むろ		ジドウ	実働	
	疾 シツ		シツナイ	室内	
	執 シツ・シュウ とる		ジツに	実に	
	漆 シツ うるし		シッパイ	失敗	
	湿 シツ しめる・しめす		シッペイ	疾病〔病気〕	
	嫉 シツ そねむ・ねたむ		ジづめ	字詰め	
	質 シツ・シチ・チ		シツモン	質問	
ジツ	日 ジツ・ニチ ひ・か		しつらえる	しつらえる	設える
	実 ジツ み・みのる				
しっかり	しっかり	確り・聢り	ジツリョク	実力	
			シテキ	指摘	
シッカン	疾患		シドウ	指導	
しつけ	しつけ　子供のしつけ	躾	しとやか	しとやか	淑やか
ジツジョウ	実情		しな	品 しな・ヒン	
			しなぎれ	品切れ	
シッする	失する　時期を失する		しなさだめ	品定め	
シッセキ	叱責〔しかる〕		しなびる	しなびる	萎びる
ジッセキ	実績		じならし	地ならし	地均し
ジッセン	実践		しにせ	老舗	
シッソウ	失踪		しにものぐるい	死に物狂い	
シッツイ	失墜　権威を失墜する		しぬ	死ぬ	
シット	嫉妬		しのぎ	しのぎ　しのぎを削る	鎬
シツド	湿度				

し

しのぐ	しのぐ　飢えをしのぐ	凌ぐ
しのびこむ	忍び込む	
しのびよる	忍び寄る	
しのぶ	忍ぶ　人目を忍ぶ	
	しのぶ　故人をしのぶ	偲ぶ
しば	芝	
しばし	しばし　しばしの別れ	暫し
しばしば	しばしば　近ごろしばしば地震がある	屢々
しばふ	芝生	
シはらい	※支払	
シはらいニン	支払人	
シはらいもとうけだか	※支払元受高	
シはらう	支払う	
しばらく	しばらく　しばらくお待ちください	暫く
しばる	縛る	
ジバン	地盤	
ジヒ	慈悲	
ジびき	※字引	

ジひびき	地響き	
しびれる	しびれる	痺れる
しぶ	渋　しぶ・しぶい・しぶる　ジュウ	
しぶい	渋い	
しぶき	しぶき　波のしぶき	飛沫
しぶしぶ	渋々　渋々承知した	
ジブツ	事物	
しぶる	渋る　返事を渋る	
シヘイ	紙幣	
シボ	思慕	
シホウ	至宝	
シボウ	志望	
	脂肪	
ジボウジキ	自暴自棄	
しぼむ	しぼむ　花がしぼむ	凋む・萎む
しぼり	絞り	
しぼる	絞る　手ぬぐいを絞る	
	搾る　乳を搾る・搾り取る	
シホン	資本	
しま	島　しま　トウ	
しま	しま　しまのズボン、縦じま	縞
しまい	しまい　店じまい	仕舞

しまう	…（て）しまう	書いてしまう	了う・×終う・×蔵う	しめきる	締め切る	
しまう	しまう	道具をしまう		しめくくり	締めくくり	×締め×括り
シマツする	始末する	書類を始末する、始末書		しめしあわせる	示し合わせる	
しまる	絞まる	首が絞まる		しめす	示す	
	締まる	帯が締まる			湿す	
	閉まる	戸が閉まる		しめだす	締め出す	
ジマン	自慢			しめやか	しめやか しめやかなお通夜	
しみ	染み			しめり	湿り	
ジミ	地味	地味な着物		しめる	占める 大半を占める	
しみじみ	しみじみ しみじみと語る		××沁沁		絞める 首を絞める	
しみる	染みる 色が染みる		×滲みる・×沁みる		締める ねじを締める、心を引き締める	
	しみる しみるような寒さ		×凍みる		閉める 戸を閉める	
					湿る	
シむけチ	※仕向地			しも	下	
シむける	仕向ける					
ジムとりあつかい	※事務取扱			霜	霜	
ジムひきつぎ	※事務引継			しもふり	霜降り	
				しもやけ	霜焼け	
しめきり	※締切り 申込みの締切り		×〆切り	シモン	諮問	
				シヤ	視野	
しめきりび	※締切日			シャ	写	

下：しも・した・もと・さげる・くだる・おろす・さがる・くだす・くださる・おりる・カ・ゲ

霜：しも・ソウ

写：シャ・うつす・うつる

し

シャ	車 シャ／くるま		ジャク	寂 ジャク・セキ／さび・さびしい・さびれる
	舎 シャ		<u>ジャク</u>	着 ジャク・チャク／きる・つく・きせる・つける
	社 シャ／やしろ		シャクシジョウギ	しゃくし定規　杓子定規 [×△]
	謝 シャ／あやまる		ジャクショウ	弱小　弱小国家
	者 シャ／もの		シャクゼン	釈然
	砂 シャ・サ／すな		シャクホウ	釈放
	射 シャ／いる		シャクメイ	釈明
	赦 シャ		シャクリョウ	酌量
	捨 シャ／すてる		しゃし	しゃし〔おごり、ぜいたく〕　奢侈 [××]
	斜 シャ／ななめ		シャジツ	写実　写実主義
	煮 シャ／にる・にえる・にやす		シャする	謝する　非を謝する
	遮 シャ／さえぎる		シャゼツ	謝絶
ジャ	邪 ジャ		シャセン	斜線
	蛇 ジャ・ダ／へび		シャダン	遮断　交通遮断
シャカイ	社会		シャッカン	借款
シャク	借 シャク／かりる		ジャッカン	若干
	釈 シャク			弱冠
	尺 シャク		ジャッキ	じゃっ起〔ひき起こす〕　惹起 [×]
	爵 シャク		ジャのめ	蛇の目
	酌 シャク／くむ		シャフツ	煮沸
<u>シャク</u>	石 <u>シャク</u>・セキ・<u>コク</u>			
	赤 シャク・セキ／あか・あかい・あからむ・あからめる			
	昔 <u>シャク・セキ</u>／むかし			
ジャク	弱 ジャク／よわい・よわる・よわまる・よわめる			
	若 ジャク・ニャク／わかい・もしくは			

172

シャヘイ	遮蔽		ジュ	儒 ジュ	
しゃべる	しゃべる	×喋る	寿 ジュ／ことぶき	
ジャマ	邪魔　仕事の邪魔を する		樹 ジュ	
			ジュ	従 ジュ・ジュウ／ショウ／したがう・したがえる　従一位
ジャリ	砂利			
シャリョ ウ	車両	×車輌	就 ジュ・シュウ／つく・つける	
しゃれ	しゃれ　しゃれを言 う	××洒落	シュウ	雌雄　雌雄を決する
シュ	手 シュ／て・た		シュウ	州 シュウ／す
	主 シュ・ス／ぬし・おも		収 シュウ／おさめる・おさまる	
	守 シュ・ス／まもる・もり		周 シュウ／まわり	
	取 シュ／とる		宗 シュウ・ソウ	
	首 シュ／くび		拾 シュウ・ジュウ／ひろう	
	酒 シュ／さけ・さか		秋 シュウ／あき	
	種 シュ／たね		修 シュウ・シュ／おさめる・おさまる	
	朱 シュ		習 シュウ／ならう	
	狩 シュ／かり・かる		週 シュウ	
	呪 シュ		衆 シュウ・シュ	
	珠 シュ		終 シュウ／おわる・おえる	
	殊 シュ／こと		就 シュウ・ジュ／つく・つける	
	趣 シュ／おもむき		集 シュウ／あつまる・あつめる・つどう	
シュ	修 シュ・シュウ／おさめる・おさまる		囚 シュウ	
	衆 シュ・シュウ		舟 シュウ／ふね・ふな	
ジュ	受 ジュ／うける・うかる		秀 シュウ／ひいでる	
	授 ジュ／さずかる・さずける		臭 シュウ／くさい	
	需 ジュ		愁 シュウ／うれい・うれえる	

し

シュウ	酬 シュウ	シュウカ	衆寡　衆寡敵せず	
シュウ	醜 シュウ・みにくい	シュウカク	収穫	
	襲 シュウ・おそう	シュウカン	習慣	
	執 シュウ・シツ・とる	シュウキ	周期　周期的に	
	蹴 シュウ・ける	シュウギ	祝儀	
シュウ	祝 シュウ・シュク・いわう	ジュウキ	じゅう器〔器物〕	˘什器
ジユウ	事由〔理由、原因〕	シュウキョク	終局　終局を迎える	
	自由		終極　終極の目的	
ジュウ	十 ジュウ・ジッ・ジュッ・とお・と	シュウケツ	終結　争議が終結する	
	住 ジュウ・すむ・すまう		集結　広場に集結する	
	拾 ジュウ・シュウ・ひろう	シュウゲン	祝言	
	重 ジュウ・チョウ・おもい・かさねる・かさなる・え	シュウサイ	収載	
	従 ジュウ・ショウ・ジュ・したがう・したがえる	シュウサン	集散　離合集散	
	充 ジュウ・あてる	ジュウジツ	充実	
	柔 ジュウ・ニュウ・やわらかい・やわらか	シュウジャク	執着	
	銃 ジュウ	シュウシュウ	収集　切手の収集	˘蒐集
	渋 ジュウ・しぶ・しぶい・しぶる		収拾　事態を収拾する	
	縦 ジュウ・たて	シュウシュク	収縮	
	獣 ジュウ・けもの			
	汁 ジュウ・しる			
	…中　日本中			
シュウイツ	秀逸			
ジュウオウ	縦横			
シュウカ	集荷			

シュウジ ュク	習熟			シュウダ ン	集団	
ジュウジ ュン	従順	従順な性質		シュウチ	衆知	衆知を集める
シュウシ ョウ	愁傷	ご愁傷さま		シュウチ テッテ イ	周知徹底	
シュウシ ョク	修飾			ジュウチ ン	重鎮	
シュウシ ン	就寝			ジュウテ ン	充填	火薬を充填す る〔詰める、 埋める〕
シュウセ イ	修正	条文の修正		シュウト ウ	周到	用意周到
	修整	写真原板の修 整		シュウト ク	拾得	拾得物
	習性	ねずみの習性			修得	技術を修得す る
	集成	論文を集成す る			習得	語学を習得す る
	終生	終生忘れない				
シュウセ キ	集積			ジュウナ ン	柔軟	
シュウセ ン	周旋			シュウネ ン	執念	
シュウゼ ン	修繕			シュウノ ウ	収納	
シュウソ ク	終息		終熄̽	シュウフ ク	修復	修復工事
ジュウゾ ク	従属			ジュウブ ン	十分	十分配慮する	充分△
ジュウタ イ	渋滞			シュウヘ キ	習癖	
ジュウダ イ	重大			シュウヘ ン	周辺	

シュウボウ	衆望		ジュク	熟 ジュク／うれる
シュウマッ	週末			塾 ジュク
シュウミッ	周密　周密な計画を立てる		シュクガ	祝賀
シュウメイ	襲名		シュクガン	宿願　宿願を達成する
ジュウラン	縦覧		シュクサツ	縮刷
シュウリョウ	終了		シュクシ	祝詞
ジュウリン	じゅうりん　人権じゅうりん　蹂躙××		シュクジ	祝辞
シュウワイ	収賄		シュクショウ	縮小
シュカクテントウ	主客転倒		シュクズ	縮図
シュガン	主眼		ジュクスイ	熟睡
シュギョウ	修業　花嫁修業		シュクする	祝する　結婚を祝する
	修行　仏道修行		ジュクする	熟する　機が熟する
シュギョク	珠玉		シュクセイ	粛正　綱紀粛正
シュク	祝 シュク・シュウ／いわう			粛清　反対派の粛清
	宿 シュク／やど・やどる・やどす		ジュクチ	熟知　内容を熟知する
	叔 シュク		シュクハク	宿泊
	淑 シュク		ジュクリョ	熟慮
	粛 シュク		ジュクレン	熟練
	縮 シュク／ちぢむ・ちぢまる・ちぢめる・ちぢれる・ちぢらす		シュクン	殊勲
			シュコウ	趣向　趣向を凝らす

シュコウ	首肯　首肯し難い		シュノウ	首脳
シュシャ	取捨　取捨選択		シュビ	守備
シュショウ	殊勝　殊勝な心掛け		シュビよく	首尾よく
ジュショウ	受賞		シュホウ	手法
シュタイ	主体		ジュミョウ	寿命
ジュタイ	受胎		ジュヨ	授与
ジュタク	受託		シュヨウ	腫瘍
ジュダク	受諾		ジュヨウ	需要
シュツ	出 シュツ・スイ／でる・だす		ジュリツ	樹立
ジュツ	述 ジュツ／のべる		ジュリョウ	受領
	術 ジュツ		シュン	春 シュン／はる
シュッカ	出荷			旬 シュン・ジュン
ジュッカイ	述懐			俊 シュン
ジュッコウ	熟考			瞬 シュン／またたく
シュッショシンタイ	出処進退　出処進退を明らかにする		ジュン	純 ジュン
				順 ジュン
シュッセイ	出精			準 ジュン
				旬 ジュン・シュン
シュツニュウ	出入			巡 ジュン／めぐる
				盾 ジュン／たて
シュッパン	出版			殉 ジュン
				准 ジュン
シュトク	取得			循 ジュン
シュぬり	朱塗り			潤 ジュン／うるおう・うるむ・うるおす

177

し

ジュン	遵ジュン	
ジュンエン	順延	
ジュンおくり	順送り	
ジュンカツ	潤滑	
シュンカン	瞬間	
ジュンカン	循環	
ジュンキョ	準拠	
ジュンぐり	順繰り	
シュンコウ	しゅん工〔落成、完成〕	×竣工
	しゅん功	×竣功
ジュンシュ	遵守、順守　法律を遵守する〔守る〕	
シュンジュン	しゅん巡　土壇場になってしゅん巡する〔ためらい〕	×逡巡
ジュンジョ	順序	
ジュンショク	殉職	
	潤色　事実を潤色して話す	

ジュンスイ	純粋
ジュンずる	殉ずる
	準ずる
シュンソク	俊足
ジュンタク	潤沢
ジュンノウ	順応
ジュンビ	準備
シュンビン	俊敏
ジュンポウ	遵奉　法律を遵奉する
	遵法・順法　遵法闘争
ジュンボク	純朴
ショ	処ショ
	初ショ・はじめ・はじめて・はつ・うい・そめる
	所ショ・ところ
	書ショ・かく
	暑ショ・あつい
	諸ショ
	庶ショ
	署ショ
	緒ショ・チョ・お
ジョ	女ジョ・ニョ・ニョウ・おんな・め

ジョ	助 ジョ たすける・たすかる・すけ	ショウ	証 ショウ
	序 ジョ		照 ショウ てる・てらす・てれる
	除 ジョ・ジ のぞく		賞 ショウ
	如 ジョ・ニョ		焼 ショウ やく・やける
	徐 ジョ		升 ショウ ます
	叙 ジョ		召 ショウ めす
ショイ	所為→〔行為〕		匠 ショウ
ショウ	小 ショウ ちいさい・こ・お		抄 ショウ
	少 ショウ すくない・すこし		床 ショウ とこ・ゆか
	生 ショウ・セイ いきる・いかす・いける・うまれる・うむ・おう・はえる・はやす・き・なま		肖 ショウ
	正 ショウ・セイ ただしい・ただす・まさ		松 ショウ まつ
	招 ショウ まねく		昇 ショウ のぼる
	相 ショウ・ソウ あい		沼 ショウ ぬま
	承 ショウ うけたまわる		装 ショウ・ソウ よそおう
	昭 ショウ		渉 ショウ
	省 ショウ・セイ かえりみる・はぶく		笑 ショウ わらう・えむ
	消 ショウ きえる・けす		症 ショウ
	称 ショウ		訟 ショウ
	性 ショウ・セイ		姓 ショウ・セイ
	唱 ショウ となえる		将 ショウ
	商 ショウ あきなう		祥 ショウ
	章 ショウ		晶 ショウ
	象 ショウ・ゾウ		粧 ショウ
	勝 ショウ かつ・まさる		紹 ショウ
			掌 ショウ

し

ショウ		ジョウ	
ショウ	詔 ショウ みことのり	ジョウ	上 ジョウ・ショウ うえ・うわ・かみ・あげる・あがる・のぼせる・のぼす・のぼる
	硝 ショウ		状 ジョウ
	焦 ショウ こげる・こがす・こがれる・あせる		乗 ジョウ のる・のせる
	傷 ショウ きず・いたむ・いためる		常 ジョウ つね・とこ
	詳 ショウ くわしい		情 ジョウ・セイ なさけ
	障 ショウ さわる		条 ジョウ
	彰 ショウ		場 ジョウ ば
	奨 ショウ		定 ジョウ・テイ さだめる・さだまる・さだか
	衝 ショウ		丈 ジョウ たけ
	礁 ショウ		冗 ジョウ
	償 ショウ つぐなう		城 ジョウ しろ
	鐘 ショウ かね		浄 ジョウ
	尚 ショウ		剰 ジョウ
	宵 ショウ よい		蒸 ジョウ むす・むれる・むらす
ショウ	上 ショウ・ジョウ うえ・うわ・かみ・あげる・あがる・のぼる・のぼせる・のぼす		錠 ジョウ
	声 ショウ・セイ こえ・こわ		嬢 ジョウ
	従 ショウ・ジュ・ジュウ したがう・したがえる		畳 ジョウ たたみ・たたむ
	青 ショウ・セイ あお・あおい		譲 ジョウ ゆずる
	清 ショウ・セイ きよい・きよまる・きよめる		醸 ジョウ かもす
	精 ショウ・セイ		縄 ジョウ なわ
	政 ショウ・セイ まつりごと		壌 ジョウ
	星 ショウ・セイ ほし	ジョウ	成 ジョウ・セイ なる・なす
	井 ショウ・セイ い		静 ジョウ・セイ しずか・しず・しずまる・しずめる
			盛 ジョウ・セイ もる・さかる・さかん

ショウア ク	掌握			ジョウキ ン	常勤	
ショウオ ウ	照応			ショウケ イ	承継　権利の承継	
ジョウカ	浄化				象形　象形文字	
ショウカ イ	紹介　紹介の労をと 　　　る			ジョウケ イ	情景	
	照会　先方の都合を 　　　照会する			ショウゲ キ	衝撃	
ショウガ イ	渉外			ジョウケ ン	条件	
	生涯			ジョウケ ンつき	※条件付	
	障害　障害競争			ショウコ	証拠	
	傷害　傷害保険			ジョウコ ウ	条項	
ショウガ イシャ	障がい者			ショウこ り	性懲り	
ショウカ セン	消火栓			ショウサ イ	詳細	
ショウカ ン	召喚〔呼出し〕			ジョウザ イ	浄財	
	償還　債券の償還				錠剤	
ジョウキ	常軌　常軌を逸する			ショウサ ン	称賛、賞賛	賞讃
ジョウギ	情義　情義に厚い	情誼			勝算	
	定規　三角定規			ジョウシ キ	常識	
ショウキ ャク	消却　借金の消却	銷却		ジョウジ ツ	情実	
	償却　減価償却			ジョウシ ャ	乗車	
	焼却　ごみの焼却					
ジョウキ ョウ	状況					

ジョウシュ	情趣	情趣に富む	ショウずる	生ずる
ジョウジュ	成就		ジョウずる	乗ずる　すきに乗ずる
ショウシュウ	招集	総会を招集する	ショウセイ	招請
	召集	国会を召集する	ジョウセイ	情勢　情勢の分析
ショウジョ	昇叙			醸成　機運を醸成する
ジョウジョ	浄書		ジョウセツ	常設
	情緒		ショウソウ	焦燥
ジョウショウ	上昇			尚早　時期尚早
ジョウジョウ	情状	情状を考慮する	ショウゾウ	肖像
ショウジン	精進		ジョウソウ	情操　情操教育
ショウシンショウメイ	正真正銘		ジョウゾウ	醸造
ジョウズ	上手		ショウゾク	装束
ショウずみ	使用済み		ショウタイ	招待
ショウずみねんりょう	※使用済燃料		ジョウタイ	状態
ショウする	称する		ショウダク	承諾
	証する		ショウチする	招致する→〔招く〕
	賞する		ショウチュウ	焼酎

ショウチョウ	消長	勢力の消長		ショウフク	照復→〔照会及び回答〕	
	象徴	権威の象徴		ショウブン	性分	
ジョウチョウ	冗長	冗長な演説		ショウヘイ	招へい〔招く〕	招聘
ショウチン	消沈	意気消沈		ショウヘキ	障壁　関税障壁	
ジョウテイ	上程	法案を上程する		ジョウホウ	情報	
ショウテン	焦点	焦点がぼける		ジョウマン	冗漫	
ジョウト	譲渡			ジョウミャク	静脈	
ショウドウ	衝動	衝動的に		ショウメツ	消滅	
ジョウトウ	上棟	〔棟上げ〕		ショウモウ	消耗	
	常とう	常とう手段〔常用〕	常套	ジョウモン	縄文	
ショウニン	承認			ジョウヤク	条約	
ジョウハツ	蒸発			しょうユ	しょうゆ	醤油
ジョウヒ	冗費	冗費節約		ショウヨウ	賞揚、称揚	
ジョウビ	常備			ショウヨウする	しょうようする→〔勧める〕	慫慂する
ショウヒョウ	証ひょう	〔証拠〕	証憑	ショウライ	招来　危機を招来する	
	証票	証票類			将来	
	商標	登録商標		ショウリャク	省略	
ジョウブ	丈夫	丈夫に育つ				
ショウフク	承服					

183

ジョウリュウ	蒸留	蒸溜[×]	ショクイキ	職域	
ショウリョ	焦慮		ショグウ	処遇	
ショウリョウ	渉猟　文献を渉猟する		ショクゲン	食言	
ショウレイ	奨励		ショクショウ	食傷	
ショウロク	抄録			職掌	
ショウワ	唱和		ショクセイ	職制	
	昭和		ショクセキ	職責	
ジョガイ	除外		ショクタク	嘱託	
ショカツ	所轄		ショクボウ	嘱望	
ショカン	所管		ショクム	職務	
	書簡	書翰[×]	ショクヨク	食欲	食慾[×]
	所感　所感を述べる		ジョクン	叙勲	
ショク	色 いろ　ショク・シキ		ショコウ	しょ光　成功のしょ光が見えてきた〔明るい兆し〕	曙光[×]
	拭 ふく　ショク				
	食 くう・たべる・くらう　ショク・ジキ				
	植 うえる・うわる　ショク		ジョコウ	徐行	
	織 おる　ショク・シキ		ショサ	所作	
	職 ショク		ジョサイない	如才ない	
	殖 ふえる・ふやす　ショク		ショサン	所産　努力の所産	
	触 ふれる・さわる　ショク		ジョジュツ	叙述	
	飾 かざる　ショク				
	嘱 ショク				
ジョク	辱 はずかしめる　ジョク				

184

読み	用例	備考
ショショウ	所掌	
ジョジョウ	叙情　叙情詩	×抒情
ジョジョに	徐々に	
ショする	処する　難局に処する	
ジョする	叙する　勲一等に叙する	
ショセイ	処世　処世術	
ショセキ	書籍	
ショセン	しょせん　しょせん無理だ	△所×詮
ショダン	処断　法に従って処断する	
ショチ	処置	
ショトクわり	※所得割	
ショネツ	暑熱	
ショハン	諸般	
ジョマクシキ	除幕式	
ショム	処務→〔事務処理〕	
ジョレツ	序列	
<u>しら</u>	白　しら・しろ・しろい・ハク・ビャク	
ジライ	じらい〔以来、その後〕	×△爾来
しらが	白髪	
しらける	白ける　座が白ける	

し

読み	用例	備考
しらずしらず	知らず知らず	
しらせ	知らせ	
しらはのや	白羽の矢	
しらべ	調べ	
しらべる	調べる	
しり	尻　尻すぼみ	
しりあい	知り合い	
しりごみ	尻込み	
しりぞく	退く	
しりぞける	退ける	×斥ける
シリメツレツ	支離滅裂	
シリョ	思慮	
シリョウ	思料→〔考える、思う〕	
	資料	
	飼料	
しる	知る	
	汁　しるジュウ　みそ汁、うまい汁を吸う	
しるし	印　しるしイン	
しるす	記す	×誌す・×印す
しるべ	しるべ　道しるべ	×標
シレツ	し烈〔激烈〕	×熾烈

しれない	しれない …かもしれない	△知れない	シン	森 シン・もり
しれる	知れる			進 シン・すすむ・すすめる
シレン	試練			親 シン・おや・したしい・したしむ
しろ	白 しろ・しろい・しら／ハク・ビャク			伸 シン・のびる・のばす
	代 しろ・かわる・かえる・よ／ダイ・タイ			芯 シン
	城 しろ／ジョウ	宮城県		辛 シン・からい
しろい	白い			侵 シン・おかす
しろうと	素人			津 シン・つ
しろみ	白身　卵の白身			振 シン・ふる・ふるう・ふれる
しわ	しわ　しわを伸ばす	×皺		浸 シン・ひたす・ひたる
シわけ	※仕分			針 シン・はり
シわけチョウ	仕訳帳			娠 シン
しわざ	仕業　だれの仕業か			紳 シン
しわす	師走			診 シン・みる
しわよせ	しわ寄せ	×皺寄せ		慎 シン・つつしむ
シン	心 シン・こころ			寝 シン・ねる・ねかす
	申 シン・もうす			審 シン
	臣 シン・ジン			震 シン・ふるう・ふるえる
	新 シン・あたらしい・あらた・にい			薪 シン・たきぎ
	身 シン・み		シン	唇 シン・くちびる
	信 シン		しん	請 シン・セイ／こう・うける
	真 シン・ま		ジン	芯　鉛筆の芯
	神 シン・ジン／かみ・かん・こう			人 ジン・ニン／ひと
	深 シン・ふかい・ふかまる・ふかめる			仁 ジン・ニ
				臣 ジン・シン

ジン	神 ジン・シン かみ・かん・こう		シンキョ ウ	進境　進境を示す	
	刃 ジン は		シンク	真紅	
	迅 ジン		シンケン に	真剣に	
	尽 ジン つくす・つきる・つかす		シンゲン	進言	
	陣 ジン		シンゲン チ	震源地	
	尋 ジン たずねる		ジンゴ	人後　人後に落ちない	
	腎 ジン				
	甚 ジン はなはだ・はなはだしい		シンコウ	信仰	
ジンイテキ	人為的			深更　会議が深更に及ぶ	
ジンエイ	陣営			進行　進行係	
シンエン	深遠　深遠な思想			振興　産業振興	
シンオウ	深奥　深奥な哲理		ジンコウ	人口　人口密度	
シンガイ	侵害　権利の侵害			人工　人工の美	
ジンカイ	じんかい〔ごみ〕	×塵×芥	シンコク	深刻　深刻な表情	
しんがり	しんがり	×殿	シンサン	辛酸　辛酸をなめる	
シンキ	新規　新規採用		シンシ	真摯〔真剣、熱心、まじめ〕	
シンキイ ッテン	心機一転				
シンギ	信義		シンシャ	深謝　御協力を深謝します	
	真偽		シンシャ ク	しんしゃく〔手心、手加減〕	×斟△酌
	審議				
シンキジ ク	新機軸		シンシュク	伸縮	
シンキュ ウ	新旧		シンジュ ン	浸潤　肺浸潤	
シンキョ ウ	心境　心境の変化		シンショ ウ	心証　心証を害する	

シンジョ ウ	身上　身上をつぶす		シンダイ	身代　身代限り	
	信条		ジンダイ	甚大　被害甚大	
			シンタツ	進達	
シンショ ウヒッ バツ	信賞必罰		シンタン	心胆　心胆を寒から しめる	
シンショ ウボウ ダイ	針小棒大		シンダン	診断	
シンショ ク	寝食　寝食を忘れて 働く		シンチョ ウ	伸長　勢力を伸長す る	
	浸食　海岸が浸食さ れる	浸[×]蝕		深長　意味深長	
	侵食　領土を侵食す る	侵[×]蝕		慎重　慎重に審議す る	
シンジン	深甚〔深く〕		シンチョ ク	進捗〔進行、進展〕	
シンスイ	心酔　思想に心酔す る		シンチン タイシ ャ	新陳代謝	
シンズイ	真髄、神髄		シンテイ	進呈　著書を進呈す る	
ジンスイ	尽すい→〔尽力〕	尽[×]瘁	シンテン	進展　交渉が進展す る	
シンずる	信ずる		シントウ	浸透	滲[×]透
シンセイ	申請		シンに	真に	
シンセキ	親せき〔親類、親族〕	親[×]戚	シンニュ ウ	侵入	
ジンセキ ミトウ	人跡未踏		シンピョ ウセイ	信ぴょう性〔信頼性〕	信憑[×]性
シンセツ	親切		シンボウ	辛抱　辛抱強い	
シンセン	新鮮			信望　信望を集める	
シンゼン	親善		ジンモン	尋問	訊[×]問
ジンソク	迅速		シンリョ ウ	診療	
シンタイ	進退　進退伺				

| ジンリョク | 尽力 | | |

す

ス	素 ス・ソ		スイ	穂 スイ／ほ

ス	素 ス・ソ		スイ	穂 スイ／ほ
	子 す・シ／こ			遂 スイ／とげる
	須 ス			酔 スイ／よう
<u>ス</u>	主 ス・シュ／あるじ・おも		<u>スイ</u>	出 スイ・シュツ／でる・だす
	守 ス・シュ／まもる・もり		すい	酸い
	数 ス・スウ／かず・かぞえる		ズイ	随 ズイ
す	州 シュウ			髄 ズイ
	酢 サク		スイイ	推移　事態の推移を見守る
	巣 ソウ			
ズ	図 ズ・ト／はかる		スイエイ	水泳
	頭 ズ・トウ・ト／あたま・かしら		すいがら	吸い殻
<u>ズ</u>	豆 ズ・トウ／まめ		すいくち	吸い口
	事 ズ・ジ／こと		スイコウ	遂行
スイ	水 スイ／みず		ズイコウ	随行
	推 スイ／おす		ズイジ	随時
	吹 スイ／ふく		ズイショ	随所
	炊 スイ／たく		スイショウ	推奨
	垂 スイ／たれる・たらす		スイセン	推薦
	帥 スイ		スイソウ	水槽　防火用の水槽
	粋 スイ／いき			吹奏　吹奏楽
	衰 スイ／おとろえる		スイソク	推測
	睡 スイ		スイタイ	衰退　　衰顔×

189

スイチョク	垂直		すえつけ	※据付け	
スイテキ	水滴		すえつける	据え付ける	
スイトウ	出納		すえなが く	末長く	
すいとりがみ	吸取紙		すえる	据える　腰を据える	
すいとる	吸い取る		スがお	素顔	
スイハン	垂範　率先垂範		すかし	透かし　透かし窓	
ズイブン	随分　随分待たせるね		すかす	透かす　透かして見る	
スイリョウ	推量		すかす	なだめすかす	×賺す
スウ	数 スウ・ス かず・かぞえる			腹をすかす	×空かす
	枢 スウ		すがすがしい	すがすがしい	×清々しい
	崇 スウ		すがた	姿 すがた シ	
すう	吸う		すがる	すがる　人の情にすがる	×縋る
スウコウ	崇高		すき	好き	
ずうずうしい	ずうずうしい	×図×々しい		隙　割り込む隙がない	
スウセイ	すう勢〔形勢、傾向、成り行き〕	×趨勢	すぎ	杉 すぎ	
スウハイ	崇拝		過ぎ	昼過ぎ、食べ過ぎ	
スウリョウ	数量		すききらい	好き嫌い	
すえ	末 すえ マツ・バツ		すきとおる	透き通る	
すえおき	※据置き		すぎない	…(に)すぎない　…であるにすぎない	△過ぎない
	※据置((期間))				
すえおく	据え置く				

すきま	隙間		すげない	すげない　すげない態度	素気ない
すきや	数寄屋・数奇屋				
すぎる	過ぎる　時間が過ぎる		すける	透ける	
			すごい	凄い	
	すぎる　大きすぎる	過[△]ぎる	すこし	少し	
すく	好く		すごす	過ごす	
	透く		すこぶる	すこぶる	頗[×]る
	すく　すいた電車	空[×]く	すこやか	健やか	
	紙をすく	漉[×]く	すさぶ	すさぶ　風が吹きすさぶ	荒[×]ぶ
	髪をすく	梳[×]く	すさまじい	すさまじい	凄[×]まじい
	田をすく	鋤[×]く			
すくい	救い		すさむ	すさむ　心がすさむ	荒[×]む
すくう	救う		ズサン	ずさん〔粗雑〕	杜[×]撰
	すくう　両手で水をすくう	掬[×]う	すじ	筋_{キン}^{すじ}	
	巣くう		すじがき	※筋書	
すくない	少ない	尠[×]い	すじちがい	筋違い	
すくなからず	少なからず		すしづめ	すし詰め	鮨[×]詰め
すくなくとも	少なくとも	尠[×]くとも	すじみち	筋道	
すくなくない	少なくない	尠[×]くない	すじむかい	筋向かい	
すぐに	すぐに	直[×]に	すす	すす　煙突のすす	煤[×]
すくむ	すくむ　足がすくむ	竦[×]む	すず	鈴_{リン・レイ}^{すず}	
すぐれる	優れる	勝[×]れる	すすぐ	すすぐ　口をすすぐ	漱[×]ぐ
すけ	助_{ジョ}^{すけ・たすける・たすかる}			洗濯物をすすぐ	濯[×]ぐ
				恥をすすぐ	雪[×]ぐ

191

す

読み	用例	別体
すずしい	涼しい	
すずなり	鈴なり	
すすむ	進む	
すずむ	涼む	
すすめる	進める　交渉を進める	
	勧める　入会を勧める	×奨める
	薦める　候補者として薦める	
すずり	すずり　すずりと墨	×硯
すすりなき	すすり泣き	×啜り泣き
すそ	裾　着物の裾	
すそわけ	裾分け　お裾分けにあずかる	
すだつ	巣立つ	
すたる	廃る	
すたれる	廃れる	
ずつ	ずつ　一つずつ、少しずつ	×宛
すっぱい	酸っぱい	
すてき	すてき　すてきな品	××素敵
すでに	既に	
すてね	捨て値	
すてば	※捨場　ごみ捨場	
すてる	捨てる	×棄てる
スどおり	素通り	

読み	用例	別体
すな	砂（すな・サ・シャ）	
スなお	素直　素直に従う	
すなわち	すなわち	×即ち・×乃ち・×則ち
すねる	すねる　子がすねる	×拗ねる
スばやい	素早い	
すばらしい	すばらしい	△△素晴らしい
すべからく	すべからく　すべからく…すべきだ	×須く
すべて	全て　全ての国々、これが全てだ	×総て・×凡て
すべりこむ	滑り込む	
すべる	統べる　国を統べ治める	
	滑る　氷の上を滑る	×辷る
すまい	住まい	
すまう	住まう	
すましがお	澄まし顔	
すます	済ます	
	澄ます	
すみ	炭（すみ・タン）	
	墨（すみ・ボク）	
	隅（すみ・グウ）　庭の隅	

ずみ	済み　検査済み		すりむく	擦りむく　ひざを擦りむく	
	※((支出)) 済 ((額))		する	刷る　名刺を刷る	
すみこみ	住み込み			擦る　マッチを擦る	
すみこむ	住み込む			する　仕事をする	為る
すみやかに	速やかに			墨をする	摺る
すみわたる	澄み渡る			ごまをする	擂る
すむ	住む　東京に住む			財布をする	掏る
	済む　仕事が済む		ずるい	ずるい	狡い
	澄む　水が澄む		するどい	鋭い	
すもう	相撲	角力	すれちがう	擦れ違う	
スやき	素焼き		すれる	擦れる	摩れる
すり	刷り　刷り物		すわりこみ	※座込み	
すりあがり	刷り上がり		すわりこむ	座り込む	坐り込む
すりあげる	刷り上げる		すわる	座る	坐る
すりあわせ	すり合せ	摺合せ		据わる　度胸が据わる	
すりかえる	すり替え　内容をすり替える	摩り替える	スン	寸スン	
			スンカ	寸暇	
すりきず	擦り傷		スンシ	寸志	
すりきれる	擦り切れる　布が擦り切れる	摩り切れる	スンブン	寸分　寸分違わない	
すりこむ	刷り込む				
すりへらす	すり減らす	磨り減らす			

す

せ

セ	世 セ・セイ／よ	**セイ**	精 セイ・ショウ
	施 セ・シ／ほどこす		製 セイ
せ	背 せ・せい／そむく・そむける　ハイ		誠 セイ／まこと
	畝 せ・うね		静 セイ・ジョウ／しず・しずか・しずまる・しずめる
	瀬 せ		整 セイ／ととのえる・ととのう
ゼ	是 ゼ		井 セイ・ショウ／い
セイ	生 セイ・ショウ／いきる・いかす・いける・うまれる・うむ・おう・はえる・はやす・き・なま		征 セイ
	世 セイ・セ／よ		姓 セイ・ショウ
	正 セイ・ショウ／ただしい・ただす・まさ		牲 セイ
	西 セイ・サイ／にし		盛 セイ・ジョウ／もる・さかる・さかん
	成 セイ・ジョウ／なる・なす		婿 セイ／むこ
	声 セイ・ショウ／こえ・こわ		誓 セイ／ちかう
	制 セイ		請 セイ・シン／こう・うける
	性 セイ・ショウ		斉 セイ
	青 セイ・ショウ／あお・あおい		逝 セイ／いく・ゆく
	政 セイ・ショウ／まつりごと		醒 セイ
	省 セイ・ショウ／かえりみる・はぶく	**セイ**	情 セイ・ジョウ／なさけ
	星 セイ・ショウ／ほし		歳 セイ・サイ
	清 セイ・ショウ／きよい・きよまる・きよめる	**せい**	背 せい・せ・そむく・そむける　ハイ
	晴 セイ／はれる・はらす	**せい**	せい　気のせいだ　　所為 ×△
	勢 セイ／いきおい	**ゼイ**	税 ゼイ
	聖 セイ	**ゼイ**	説 ゼイ・セツ／とく
		セイアン	成案　成案を得る

セイイ	誠意		セイサク	製作	道具の製作
セイイク	成育	子の成育		制作	絵画の制作
	生育	植物の生育	セイサン	清算	借金を清算する
セイエイ	精鋭			精算	運賃を精算する
セイエン	声援				
セイオン	静穏		セイシ	制止	争いを制止する
セイカ	成果	成果を上げる		静止	静止衛星
	声価	声価を高める	セイシツ	性質	
	盛夏		セイジャク	静寂	
セイカツ	生活				
セイカン	静観	事態を静観する	セイシュク	静粛	
	精かん	精かんな顔 精悍×	セイジュク	成熟	
セイガン	請願				
セイキョ	逝去	〔死去、永眠、他界〕	セイショウ	斉唱	
セイギョ	制御	制禦×	セイジョウ	清浄	清浄な空気
セイキン	精勤		セイする	制する	機先を制する
セイゴ	正誤				
セイコウ	精巧	精巧な仕組み	セイゼイ	せいぜい	せいぜい…ぐらいだろう
	生硬	生硬な文章			
セイコン	精根	精根が尽きる	セイセキ	成績	
	精魂	精魂を傾ける	セイゼン	整然	
セイサイ	制裁	法の制裁を受ける	セイソウ	盛装	
	精彩	精彩を欠く		清掃	
	精細	精細な描写	セイゾウ	製造	

セイソウケン	成層圏		セイレイ	精励	
セイソク	生息　猛獣の生息地	ˣ棲息	セイレン	清廉　清廉潔白	
セイぞろい	勢ぞろい	ˣ勢揃い	せおう	背負う	
ゼイタク	ぜいたく	ˣ贅沢	セキ	夕 ゅう	
セイダク	清濁			石 セキ・シャク・コク いし	
セイだす	精出す			赤 セキ・シャク あか・あかい・あからむ・あからめる	
セイチ	せいち　せいちな構造〔精巧、精密〕	△ˣ精緻		席 セキ	
				責 セキ せめる	
セイチョウ	清澄			積 セキ つむ・つもる	
セイツウ	精通　法律に精通する			績 セキ	
				斥 セキ	
セイテン	晴天			析 セキ	
セイド	制度			昔 セキ・シャク むかし	
セイトウ	正当　正当防衛			隻 セキ	
	正統　正統派の学説			惜 セキ おしい・おしむ	
セイトン	整頓			戚 セキ	
セイハ	制覇			跡 セキ あと	
セイフク	正副			籍 セキ	
セイボ	歳暮			脊 セキ	
セイミツ	精密		<u>セキ</u>	寂 セキ・ジャク さび・さびしい・さびれる	
セイヤク	制約　制約を受ける		せき	関 せき カン	
	誓約　誓約を守る		せき	せき　せきが出る	ˣ咳
				せきを切ったように	ˣ堰
セイヨウ	静養		セキサイ	積載	
セイリ	整理		セキサン	積算	

セキゼン	寂然	
セキタイ	積滞	
せきたてる	せき立てる	×急き立てる
せきとめる	せき止める	×塞き止める・×堰き止める
せきとり	※関取	
セキベツ	惜別	
セキム	責務	
セキララ	赤裸々	
セシュウ	世襲	
セジョウ	世情　世情に疎い	
ゼセイ	是正	
セソウ	世相　世相を反映する	
セチ	節 セチ・セツ／ふし	
せちがらい	せち辛い　せち辛い世の中	
セツ	切 セツ・サイ／きる・きれる	
	折 セツ／おる・おり・おれる	
	刹 セツ・サツ	
	接 セツ／つぐ	
	設 セツ／もうける	
	雪 セツ／ゆき	
	説 セツ・ゼイ／とく	
	節 セツ・セチ／ふし	

読み	用例	参考
セツ	拙 セツ／つたない	
	窃 セツ	
	摂 セツ	
セツ	殺 セツ・サツ・サイ／ころす	
ゼツ	舌 ゼツ／した	
	絶 ゼツ／たえる・たやす・たつ	
セツエイ	設営	
ゼツエン	絶縁　電気の絶縁	
セッカク	せっかく　せっかくのおいで、せっかく書いたのに	折角
ゼッキョウ	絶叫	
セッキョクテキ	積極的	
セツグウ	接遇　客の接遇	
セッケン	石けん	石鹸
セツゲン	節減　電力節減	
ゼッコウ	絶好	
ゼッサン	絶賛	
セツジツな	切実な	
セッシュ	摂取　栄養を摂取する	
	窃取	
セッショウ	折衝　折衝ルール	

せ

せ

セッショウ	摂政		セツレツ	拙劣
			せとびき	瀬戸引き
セッショク	接触		せなかあわせ	背中合わせ
セツジョク	雪辱		ぜに	銭〔ぜに・セン〕
セッする	接する　国境に接する		ゼニン	是認
	節する　費用を節する		せのび	背伸び
ゼッする	絶する　言語に絶する		せばまる	狭まる
			せばめる	狭める
セッソウ	節操		ゼヒ	是非　是非を論ずる、是非とも
セッタイ	接待		せぶみ	瀬踏み
ゼッタイゼツメイ	絶体絶命		せまい	狭い
			せまくるしい	狭苦しい
ゼッタイに	絶対に		せまる	迫る
セッチュウ	折衷　和洋折衷		せめ	責め　…の責めを負う
セットウ	窃盗		せめる	責める　過去を責める
セットク	説得			攻める　敵を攻める
セツナ	刹那　…した刹那〔瞬間〕		せりあう	競り合う
セツない	切ない		せりうり	競り売り
セツに	切に　切に祈る		せりふ	せりふ　台詞・科白
セッパク	切迫			
セッパン	折半		せる	競る
セツユ	説論		セワ	世話
セツリツ	設立		せわしい	せわしい　忙しい

198

セン

セン		セン		
千 セン ち			薦 セン すすめる	
川 セン かわ			鮮 セン あざやか	
先 セン さき			繊 セン	
宣 セン			仙 セン	
浅 セン あさい			栓 セン	
専 セン もっぱら		ゼン	全 ゼン まったく	
船 セン ふね・ふな			前 ゼン まえ	
銭 セン ぜに			善 ゼン よい	
線 セン			然 ゼン・ネン	
戦 セン いくさ・たたかう			漸 ゼン	
煎 セン いる			膳 ゼン	
羨 セン うらやましい・うらやむ			禅 ゼン	
腺 セン			繕 ゼン つくろう	
詮 セン せん		センイ	繊維	
箋 セン くし・くじ・ひご		センエイ	先鋭　先鋭分子	×尖鋭
選 セン えらぶ		センギ	詮議〔配慮、選考、審議〕	
占 セン しめる・うらなう		センキョ	占拠	
洗 セン あらう		センクシャ	先駆者	
染 セン そめる・そまる・しみる・しみ		センケツ	先決　こちらが先決だ	
泉 セン いずみ			専決　部長の専決事項	
扇 セン おうぎ				
旋 セン				
践 セン		センケン	先見　先見の明がある	
潜 セン ひそむ・もぐる		ゼンゲン	漸減　事故は漸減している	
遷 セン				

せ

読み	用例	備考
ゼンゴ	前後	
センコウ	専行　独断専行	
	専攻　経済学専攻	
	選考　書類で選考する	△詮衡・×△銓衡　×穿孔
	せん孔	
ゼンコク	全国	
ゼンゴサク	善後策　善後策を講ずる	
センサイ	繊細	
センザイ	潜在　潜在需要	
センザイイチグウ	千載一遇　千載一隅の好機	
センサバンベツ	千差万別	
ゼンジ	漸次	
センジュウ	専従　組合専従	
ゼンショ	善処	
センジョウ	洗浄	洗滌×
ゼンジンミトウ	前人未到	
センする	宣する　開会を宣する	
センセイ	先制　先制攻撃	
	専制　専制君主	
	宣誓	
ゼンゼン	全然	
ゼンゾウ	漸増	
センゾク	専属	
ゼンダイミモン	前代未聞	
センタク	洗濯	
	選択	
ゼンだて	膳立て	
センチメートル	センチメートル　㎝	×糎
センテイ	せん定	剪定×
ゼンテイ	前提　前提条件	
センドウ	扇動	煽動×
センニン	仙人	
センヌキ	※栓抜	
センパク	浅薄　浅薄な知識	
センパン	先般	
ゼンブ	全部	
センプク	潜伏	
ゼンプク	全幅　全幅の信頼を寄せる	
センベイ	煎餅	
センベツ	選別	
	せん別　退職者へのせん別	餞別×
センベン	先べん　先べんをつける	先鞭×
ゼンボウ	全ぼう〔全容、全体〕	全貌×

200

センモン	専門		ゼンリン	善隣　善隣友好	
センリツ	旋律　美しい旋律		センレン	洗練	洗煉[×]
センリョ	浅慮				

そ

ソ	祖 ソ		ソウ	倉 ソウ くら
	素 ソ・ス			送 ソウ おくる
	組 ソ くむ・くみ			創 ソウ
	曽 ソ・ゾ			想 ソウ・ソ
	狙 ソ ねらう			総 ソウ
	阻 ソ はばむ			双 ソウ ふた
	租 ソ			壮 ソウ
	粗 ソ あらい			奏 ソウ かなでる
	措 ソ			桑 ソウ くわ
	疎 ソ うとい・うとむ			荘 ソウ
	訴 ソ うったえる			掃 ソウ はく
	塑 ソ			巣 ソウ す
	礎 ソ いしずえ			窓 ソウ まど
	遡 ソ さかのぼる			喪 ソウ も
<u>ソ</u>	想 <u>ソ</u>・ソウ			捜 ソウ さがす
ソウ	早 ソウ・サッ はやい・はやまる・はやめる			葬 ソウ ほうむる
	走 ソウ はしる			装 ソウ・ショウ よそおう
	宗 ソウ・シュウ			僧 ソウ
	争 ソウ あらそう			遭 ソウ あう
	草 ソウ くさ			層 ソウ
	相 ソウ・ショウ あい			操 ソウ みさお・あやつる

ソウ	燥 ソウ		ソウイ	相違	
	霜 ソウ しも		ソウイクフウ	創意工夫
	騒 ソウ さわぐ		ゾウオ	憎悪
	挿 ソウ さす		ソウオウ	相応
	曹 ソウ		ソウオン	騒音
	爽 ソウ さわやか		ソウカイ	爽快〔さわやか〕
	痩 ソウ		ソウカン	壮観
	槽 ソウ		ソウキョ	壮挙
	藻 ソウ も		ソウギョウ	創業　創業以来50年
	踪 ソウ			操業　操業短縮
<u>ソウ</u>	贈 ソウ・ゾウ おくる		ゾウキン	雑巾
そう	沿う　意見（方針）に沿う		ソウグウ	遭遇
	添う　連れ添う、<u>付添い</u>		ゾウゲン	増減
	そう　希望（期待）にそう	×副う	ソウコウ	草稿
				奏功
ゾウ	造 ゾウ つくる			走行
	象 ゾウ・ショウ		ソウゴウ	総合	×綜合
	像 ゾウ			相好　相好を崩す
	増 ゾウ ます・ふえる・ふやす		ソウゴン	荘厳
	蔵 ゾウ くら		ソウサ	操作
	雑 ゾウ・ザツ			捜査
	憎 ゾウ にくむ・にくい・にくらしい・にくしみ		ソウサイ	相殺　貸し借りの相殺
	臓 ゾウ		ソウサク	捜索
	贈 ゾウ・ソウ おくる			創作
ソウアン	草案			

ソウシ	創始		ソウテイ	装丁	装幀✕・
ソウジ	相似				装釘✕
	掃除			想定	
ソウシツ	喪失		ゾウテイ	贈呈	
そうじて	総じて		ソウトウ	相当　相当難しい	
ソウジュウ	操縦		ソウニュウ	挿入〔差し込む、挟む〕	
ソウジュク	早熟		ソウハ	走破	
ソウショク	装飾		ソウバン	早晩　早晩…するだろう	
ソウする	奏する　功を奏する		ソウホウ	双方	
ゾウセイ	造成　宅地造成		ソウメイ	そうめい〔賢明、賢い〕	聡明✕△
ソウセツ	創設		ゾウリ	草履	
ソウゼツ	壮絶		ソウレイ	壮麗	
ソウゼン	騒然		ソウレツ	壮烈	
ソウソウキ	草創期		そうろう	候そうろう コウ	
ソウゾウしい	騒々しい		ソウワ	挿話	
ソウソウに	早々に　早々に御連絡ください		そえがき	添え書き	
			そえる	添える	
ソウダイ	壮大		ソエン	疎遠	
ソウダツ	争奪		ソガイ	阻害	
ソウダン	相談			疎外　人間疎外	
ソウチ	装置		ソキュウ	遡及〔さかのぼる〕	
ソウチョウ	荘重		ソク	足ソク あし・たりる・たる・たす	
				則ソク	
				息ソク いき	

そ

読み	漢字・用例	訂正		読み	漢字	用例	訂正
ソク	側 ソク かわ・がわ			ソクセイ	促成	促成栽培	
	塞 ソク・サイ ふさぐ・ふさがる				速成	短期速成	
	測 ソク はかる			ゾクゾクと	続々と		
	速 ソク はやい・はやめる・すみやか			ソクテイ	測定		
	束 ソク たば			ソクバク	束縛		
	促 ソク うながす			ソクブン	側聞	側聞するところによれば	仄聞
	即 ソク			ソクミョウ	即妙	当意即妙	
そぐ	そぐ 興をそぐ	×削ぐ・×殺ぐ		ソクメン	側面		
ゾク	俗 ゾク			ソクリョウ	測量		
	族 ゾク			そこ	低 そこ（ソコ・テイ）		
	属 ゾク			そこ	そこ	そこは通るな	××基処
	続 ゾク つづく・つづける			ソゴ	そご	計画にそごを来す〔食い違い〕	齟齬
	賊 ゾク			そこなう	損なう	健康を損なう	害なう
ソクオウ	即応 時勢に即応して…〔かなう〕			そこねる	損ねる		害ねる
ソクサイ	息災 無病息災			そこびえ	底冷え		
ソクザに	即座に			ソザイ	素材		
ソクじばらい	※即時払			ゾザツ	粗雑		
ゾクシュツ	続出			ソシ	阻止		沮止
ソクシン	促進			ソジ	素地		
ソクする	即する 現実に即する			ソシキ	組織		
	則する 法に則する			ソシツ	素質		
ゾクする	属する			ソショウ	訴訟		

ソゼイ	租税			そなえ	供え　お供え	
ソソウ	阻喪　士気阻喪	沮喪			備え　老後の備え	
そそぐ	注ぐ			そなえお き	※備置き	
	そそぐ　恥をそそぐ	濯ぐ・ 雪ぐ		そなえつ け	※備付け	
そそのか す	唆す			そなえつ けヒン	※備付品	
そそる	そそる　食欲をそそ る	唆る		そなえつ ける	備え付ける	
そだつ	育つ			そなえも の	供え物	
そだてる	育てる			そなえる	供える　花を供える	
ソチ	措置〔処置、取扱い〕				備える　台風に備え る、調度 品を備え る	
そちら	そちら	其方ら				
ソツ	卒 ソツ			そなわる	備わる　威厳が備わ る	
	率 ソツ・リツ ひきいる			その	園 そのエン	
ソツイ	訴追				その　その人、その 他、そのほ か	其
ソツウ	疎通	疏通				
ソッキョ ウ	即興　即興詩人			そば	そば　窓のそば	傍・側
ソッコウ	即効　即効薬			そばだて る	そばだて　耳をそば る　　　　だてる	欹てる
	速攻　速攻肥料			そびえる	そびえる	聳える
ソッセン	率先			ソビョウ	素描	
ソッチョ ク	率直			そぶり	そぶり　悲しいそぶ り	素振り
ソットウ	卒倒			ソボウ	粗暴	
そで	袖　着物の袖			ソボク	素朴	
そと	外 そと・ほか・はずす・ はずれる ガイ・ゲ					

ソマツな	粗末な		そろえる	そろえる	×揃える
そまる	染まる		そろばん	そろばん	×△算盤
そむく	背く		ソン	存 ソン・ゾン	
そめ	染め　染め粉		村 ソン・むら		
	※((型絵))染		孫 ソン・まご		
そめもの	※染物		尊 ソン・たっとい・とうとい・たっとぶ・とうとぶ		
そめる	初める　見初める		損 ソン・そこなう・そこねる		
	染める　赤に染める		遜 ソン		
そもそも	そもそも	×抑も	ゾン	存 ソン・ゾン	
ソヤ	粗野		ソンカイ	損壊	
そよぐ	そよぐ　風にそよぐ	×戦ぐ	ソンガイ	損害	
そら	空 そら・あく・あける・から クウ		ソンケイ	尊敬	
そらす	反らす　胸を反らす		ソンゲン	尊厳　尊厳を保つ	
	そらす　ボールをそらす	×逸らす	ソンショウ	損傷	
そる	反る　板が反る		ソンショク	遜色〔見劣り〕	
	そる　ひげをそる	×剃る	ゾンじ	存じ　ご存じの…	
それ	それ　それ以来・それら	×夫・×其	ソンする	存する　主権の存する…	
それぞれ	それぞれ	×夫々	ゾンずる	存ずる　それがよいと存じます	
それゆえ	それゆえ	×其△故			
それる	それる　中心からそれる	×外れる・×逸れる	ソンゾク	存続	
			尊属		
ソロウ	疎漏→〔漏れ、ぬかり〕		ソンチョウ	尊重	
そろう	そろう　委員がそろう	×揃う	ソントク	損得	

た

タ	太 タ・タイ／ふとい・ふとる			タイ	貸 タイ／かす	
	他 タ／ほか	その他、自他			態 タイ	
	多 タ／おおい				戴 タイ	
	汰 タ				耐 タイ／たえる	
<u>た</u>	田 た／テン				胎 タイ	
<u>た</u>	手 た・て／シュ				怠 タイ／おこたる・なまける	
ダ	打 ダ／うつ				泰 タイ	
	妥 ダ				逮 タイ	
	惰 ダ				袋 タイ／ふくろ	
	堕 ダ				替 タイ／かえる・かわる	
	駄 ダ				滞 タイ／とどこおる	
	蛇 ダ・ジャ／へび			たい（助動詞）	たい	願いたい、おいでくだされたく ［×度い］
ダース	ダース	1ダース ［×打］		ダイ	大 ダイ・タイ／おお・おおきい・おおいに	
タイ	大 タイ・ダイ／おお・おおきい・おおいに				代 ダイ・タイ／かわる・かえる・よ・しろ	
	太 タイ・タ／ふとい・ふとる				台 ダイ・タイ	
	代 タイ・ダイ／かわる・かえる・よ・しろ				第 ダイ	
	台 タイ・ダイ				題 ダイ	
	対 タイ・ツイ			<u>ダイ</u>	内 ダイ・ナイ／うち	
	体 タイ・テイ／からだ				弟 ダイ・デ・テイ／おとうと	
	待 タイ／まつ			タイあたり	体当たり	彼は体当たりで働いている
	退 タイ／しりぞく・しりぞける			ダイオンジョウ	大音声	
	帯 タイ／おび・おびる					
	隊 タイ					

た

207

タイガイ	大概	大概のことは		タイショク	退色	〔色あせ〕日に焼けて退色した	×褪色
タイキ	待機	仕事のため待機する		ダイズ	大豆		
タイキュウ	耐久			タイする	対する		
ダイキンひきかえ	代金引換				帯する	使命を帯する	
					体する	意を体する	
タイグウ	待遇			ダイする	題する		
タイクツ	退屈			タイセイ	大勢	大勢は決した	
タイケイ	体系	学問の体系			退勢	退勢が著しい	×頽勢
タイケツ	対決				態勢	受入れ態勢	
タイケン	体験				体制	資本主義体制	
タイザイ	滞在				体勢	体勢が崩れる	
タイした	大した	大したものだ		タイセキ	堆積		
タイシツ	体質			タイセツに	大切に		
タイシャク	貸借	貸借対照表		タイソウ	大層	大層よくできた	
タイショ	対処	重大な問題に対処する		タイダ	怠惰	怠惰な生活	
タイショウ	対象	調査の対象		ダイタイ	大体	大体のことは…	
	対照	原文と対照する			代替		
	対称	対称の位置		ダイタン	大胆	大胆な行動	
ダイショウ	代償			タイテイ	大抵	大抵のことは…	
ダイジョウブだ	大丈夫だ			タイトウ	台頭	〔出現、進出〕	×擡頭
				タイドウ	帯同	秘書を帯同する	

タイドウ	胎動	胎動を感ずる			たえしのぶ	堪え忍ぶ	
タイトク	体得	技術を体得する			たえず	絶えず　絶えず…している	
タイノウ	滞納	税金を滞納する			たえま	絶え間　…の絶え間がない	
タイハイ	退廃	退廃的風潮	×頽廃		たえる	絶える　人通りが絶える	
タイバツ	体罰	体罰を科する				耐える　困苦欠乏に耐える、重圧に耐える	
タイヒ	退避	屋外に退避する					
	待避	列車の待避線				堪える　任に堪える、遺憾に堪えない	
ダイブ（ン）	大分	大分よくなった					
タイフウ	台風				たおす	倒す	
タイヘン	大変	大変な混雑			たおれる	倒れる	
タイホ	逮捕				タカ	多寡	
タイボウ	待望	待望のスキーシーズン			たかい	高い	
	耐乏	耐乏生活			ダカイ	打開　現状を打開する	
タイマン	怠慢						
タイヨウ	耐用				たがいちがい	互い違い　互い違いに並べる	
たいら	平ら				たがいに	互いに	
たいらげる	平らげる				たがえる	たがえる　約束をたがえる	×違える
ダイリ	代理						
タイリクだな	大陸棚				ダガシ	駄菓子	
タイリツ	対立				たかぶる	高ぶる　神経が高ぶる	
たうえ	※田植				たかまる	高まる	
ダエキ	唾液				たかめる	高める	

た

読み	用例	備考	読み	用例	備考
たがやす	耕す		ダク	諾ダク	
たから	宝 たから・ホウ			濁ダク にごる・にごす	
たからか	高らか		だく	抱く	
タキ	多岐 多岐にわたる		たぐい	たぐい たぐいまれな…	類×
たき	滝 たき				
だきあわせ	抱き合わせ		タクエツ	卓越 彼の技は卓越している	
たきぎ	薪 たきぎ・シン		タクサン	たくさん	沢山△△
だきこみ	抱き込み		タクす	託す	托す×
だきこむ	抱き込む		タクチ	宅地	
たきだし	炊き出し		ダクヒ	諾否 諾否を通知する	
たきつけ	たき付け	焚き付け・焚き附け×	たくましい	たくましい	逞しい×
			たくみ	巧み	
ダキョウ	妥協 相手の考えに妥協する		たくらむ	たくらむ	企む×
タク	宅タク		たぐる	手繰る 糸を手繰る	
	沢タク・さわ		たくわえる	蓄える	貯える×
	択タク		たけ	竹 たけ・チク	
	拓タク			丈 たけ・ジョウ 身の丈、思いの丈を述べる	
	卓タク			岳 たけ・ガク	
	託タク				
	濯タク		だけ	だけ それだけです	丈×
<u>タク</u>	度 たく・ド・ト 支度		ダゲキ	打撃	
たく	炊く 御飯を炊く	焚く×	ダケツ	妥結	
	たく 炭をたく		たけなわ	たけなわ 宴たけなわ	酣×・闌×

ダコウ	蛇行		ただ	ただでもらった品	只
タサイ	多彩　多彩な行事		ただいま	ただいま　ただいまのところでは	×今・×△只今
ダサク	駄作　駄作と秀作		たたえる	たたえる　功績をたたえる	×讃える・×称える
たし	足し　何の足しにもならぬ				
だしいれ	出し入れ　貯金の出し入れ		たたかい	戦い	×斗い
				闘い	
たしか	確か		たたかう	戦う　敵と戦う	×斗う
たしかめる	確かめる			闘う　病気と闘う	
タショウ	多少　多少早くなる		たたく	たたく	×叩く
ダシン	打診　意向を打診する		ただし（接続詞）	ただし　ただし、…	×但し
たす	足す		ただしい	正しい	
だす	出す		ただしがき	※ただし書	△但し書
	だす　雨が降りだす	△出す	ただす	正す　姿勢を正す	
たすかる	助かる				
たすける	助ける		ただす	正す　不審の点をただす	×質す
たずさえる	携える			罪をただす	×糺す
たずさわる	携わる		ただちに	直ちに	
たずねる	訪ねる　知人を訪ねる		たたみ	畳 たたみ・たたむ／ジョウ	
	尋ねる　由来を尋ねる	×訊ねる	たたむ	畳む	
			ただよう	漂う　波に漂う	
ダセイ	惰性		ただよわす	漂わす　甘い香りを漂わす	
ダソク	蛇足		たたる	たたる　無理がたたる	×祟る
ただ	ただ　ただそれだけ	×唯			

211

読み	用例	用例・注	読み	用例	注
たち（接尾語）	たち　私たち	△達	たちならぶ	立ち並ぶ	
たち	たち　たちが悪い	××性質	たちのく	立ち退く	
たちあい	※立会い		たちば	※立場	
たちあいエンゼツ	※立会演説		たちまち	たちまち	×忽ち
			たちよる	立ち寄る	
たちあいニン	※立会人		タッ	達タツ	
たちあう	立ち会う		たつ	竜たつリュウ	
たちいり	※立入り　立入りを禁止する			立つ　演壇に立つ	
				建つ　家が建つ	
たちいりケンサ	※立入検査			断つ　退路を断つ	
たちおくれ	立ち後れ			裁つ　生地を裁つ	
				絶つ　消息を絶つ	
たちぎえ	立ち消え　計画が立ち消えになる			たつ　時間がたつ	×経つ
				2時に東京駅をたつ	×発つ
たちぎき	立ち聞き		ダツ	脱ダツぬぐ・ぬげる	
たちきる	断ち切る　未練を断ち切る			奪ダツうばう	
たちさる	立ち去る		タッする	達する　目的を達する	
たちどころに	立ち所に　立ち所に出来上がる		ダッする	脱する　危機を脱する	
たちどまる	立ち止まる		たっとい（とうとい）	貴い　貴い経験	
たちなおり	立ち直り				
たちなおる	立ち直る			尊い　尊い犠牲	

たっとぶ（とうとぶ）	貴ぶ　人命を貴ぶ		たてなおし	建て直し　家の建て直し	
	尊ぶ　祖先を尊ぶ		たてね	※建値	
ダッピ	脱皮		たてふだ	※立札	
たつまき	※竜巻		たてまえ	※建前　…という建前	
ダツロウ	脱漏〔漏れ〕		たてまし	建て増し　部屋を建て増しする	
たて	縦たて（ジュウ）		たてまつる	奉る　会長として奉る	
	盾たて（ジュン）　優勝の盾	×楯	たてもの	※建物	
	たて　産みたての卵	△立て	たてる	立てる　計画を立てる	
たてかえ	※立替え　立替えの分を払う			建てる　ビルを建てる	
たてかえキン	※立替金			たてる　茶をたてる	×点てる
たてかえばらい	※立替払		だてる	立てる　証拠立てる	
たてかえる	立て替え　費用を立て替える		たとい（たとえ）	たとい　たとい…であっても	×仮令・×縦令
たてがき	縦書き		たとえ	例え　例え話	×譬え・×喩え
たてかける	立て掛ける　壁に立て掛ける		たとえば	例えば	
たてグ	※建具		たとえる	例える	
たてこもる	立てこもる　部屋に立てこもる	×立て籠る	たどる	たどる　記憶をたどる	×辿る
たてつぼ	※建坪		たな	棚たな	
たてなおし	立て直し　財政の立て直し		たなあげ	棚上げ　計画は棚上げになった	

た

たなおろし	たな卸し	今日はたな卸しのため休みます	×店卸し	たべる	食べる		
	棚卸し			たま	玉 たま/ギョク		
たなおろしシサン	※棚卸資産				球 たま/キュウ		
					弾 たま・はずむ・ひく/ダン		
たなびく	たなびく　煙がたなびく		△△棚引く		霊 たま/レイ・リョウ		
たに	谷 たに/コク			たまう	たまう　…したまえ		×給う
たね	種 たね/シュ			たまご	卵 たまご/ラン		
たのしい	楽しい			たましい	魂 たましい/コン		
たのしみ	楽しみ			だます	だます		×騙す
たのしむ	楽しむ			たまたま	たまたま　駅でたまたま彼と会った		×偶々
たのむ	頼む						
たのもしい	頼もしい		△頼母しい	たまに	たまに　たまにゴルフをやる		×偶に
たば	束 たば/ソク			たまもの	たまもの　努力のたまもの		×△賜物
たばねる	束ねる			たまらない	たまらない　寒くてたまらない		×堪らない
たび	度 たび/ド・ト・タク 度重なる						
	旅 たび/リョ			たまる	たまる　水がたまる		×溜まる
	たび　…するたびに			だまる	黙る		
たびだつ	旅立つ			たまわる	賜る　結構な品を賜る		
たびたび	度々			たみ	民 たみ/ミン		
タブン	多分　多分…だろう			ため	ため　…そのために		×為
	他聞　他聞をはばかる			だめ	駄目　…しては駄目だ		
たべもの	食べ物			ためし	試し		×験し
				ためす	試す		×験す

214

ためらう	ためらう 〔ちゅうちょする〕	×躊躇う	たわいない	たわいない	たわいない話	△△△他愛無い
			たわむ	たわむ		×撓む
ためる	矯める　悪癖を矯める		たわむれ	戯れ		
	ためる　水をためる	×溜める	たわむれる	戯れる		
	金をためる	×貯める	たわら	俵　たわら/ヒョウ		
たもつ	保つ		タン	炭　タン/すみ		
たやす	絶やす			単　タン		
たやすい	たやすい　たやすい御用です	××容易い		短　タン/みじかい		
				丹　タン		
たゆむ	たゆむ　たゆむことなく仕事を続ける	×弛む		旦　タン　一旦、元旦		
				担　タン/かつぐ・になう		
たより	便り　故郷からの便り			胆　タン		
	頼り　頼りにする			探　タン/さぐる・さがす		
				淡　タン/あわい		
たよりない	頼りない			端　タン/は・はし・はた		
たよる	頼る　人を頼る			嘆　タン/なげく・なげかわしい		×歎
たらいまわし	たらい回し	×盥回し		誕　タン		
				鍛　タン/きたえる		
たらす	垂らす　釣糸を垂らす		<u>タン</u>	反　タン・ハン・ホン/そる・そらす		
				壇　タン・ダン		
たりる	足りる					
たる	足る		ダン	男　ダン・ナン/おとこ		
だれ(代名詞)	誰　誰もいない			断　ダン/たつ・ことわる		
				団　ダン・<u>トン</u>		
たれる	垂れる　帯が垂れる			談　ダン		
	たれる　水がたれる	×滴れる				

た

215

た

ダン	段ダン	
	暖 あたたか・あたたかい・あたたまる・あたためる	
	弾 ダン ひく・はずむ・たま	
	壇 ダン・タン	
タンカ	担架	
ダンガイ	弾劾　弾劾裁判所	
	断がい〔絶壁、がけ〕	断崖×
タンガン	嘆願　嘆願書	×歎願
タンキュウ	探求	
タンケン	探検	
ダンコ	断固　断固たる態度	断乎×
ダンサイ	断裁　紙を断裁する	断截×
タンショ	端緒　解決の端緒	
ダンゼツ	断絶　世代の断絶	
ダンゼン	断然	
タンソク	嘆息　嘆息を漏らす	歎息×
ダンダン	段々　段々明るくなる	
ダンちがい	段違い　彼の技は段違いに上だ	
ダンどり	段取り	
タンなる	単なる	
タンに	単に	
タンネン	丹念　丹念な調査をする	
タンペン	短編	短篇×

ダンペン	断片	
タンポ	担保	
ダンボウ	暖房	煖房×
タンもの	反物	
ダンラク	段落	
ダンラン	だんらん　一家だんらん	団欒△×
タンレイ	端麗　容姿端麗	
タンレン	鍛練	
ダンロ	暖炉	煖炉×

ち

チ			ちかう	誓う	
	地 チ・ジ		ちがう	違う	
	池 チ いけ		ちがえる	違える　間違える	
	治 チ・ジ おさめる・おさまる・なおる・なおす		チカク	知覚	
	知 チ しる			地殻	
	置 チ おく		ちかく	近く	
	値 チ ね・あたい		ちかごろ	近頃	
	恥 チ はじる・はじ・はじらう・はずかしい		ちかづく	近づく	近付く・
	致 チ いたす				近附く
	痴 チ		ちかよる	近寄る	
	遅 チ おくれる・おくらす・おそい		ちから	力 ちから リキ・リョク	
	稚 チ		ちからぞえ	力添え	
<u>チ</u>	質 チ・シツ・シチ		チキ	知己　10年来の知己	
	緻 チ 緻密		ちぎる	契る	
ち	千 チ セン		ちぎる	引きちぎる	千切る
	血 チ ケツ		チク	竹 チク たけ	
	乳 チ・ちち ニュウ			築 チク きずく	
チイキ	地域			逐 チク	
ちいさい	小さい			畜 チク	
チエ	知恵	智慧		蓄 チク たくわえる	
チエン	遅延		チクイチ	逐一　逐一報告する	
ちかい	近い		チグウ	知遇　知遇を得る	
	誓い		チクセキ	蓄積	
ちがい	違い				

ち

チシキ	知識		チャクガン	着眼	彼の着眼はすばらしい	
チシツ	知しつ〔熟知、精通〕	知悉	チャクソウ	着想	着想が良い	
チタイ	遅滞		チャクフク	着服	公金を着服する	
ちち	父 ちち・フ		チャクヨウ	着用		
	乳 ちち・ちニュウ		チャクリク	着陸		
ちぢまる	縮まる		チユ	治癒	病気が治癒する〔回復、全治、全快〕	
ちぢむ	縮む					
ちぢめる	縮める		チュウ	中 チュウなか		
ちぢれる	縮れる			虫 チュウむし		
チツ	秩 チツ			忠 チュウ		
	窒 チツ			注 チュウそそぐ		註
チツジョ	秩序			柱 チュウはしら		
チッソク	窒息			昼 チュウひる		
ちなみに	ちなみに ちなみに過去の例を話すと…〔ついでに〕	因みに		仲 チュウなか		
				沖 チュウおき		
ちなむ	ちなむ 20周年にちなむ行事〔つながる、関係がある〕	因む		宙 チュウ		
				抽 チュウ		
				衷 チュウ		
チミツ	ちみつ ちみつな計画〔細密、精密〕	緻密		駐 チュウ		
				鋳 チュウいる		
チャ	茶 チャ・サ		チュウイ	注意		
チャク	着 チャク・ジャクきる・きせる・つく・つける		チュウサイ	仲裁		
	嫡 チャク					

218

チュウシャ	駐車		チョウ	丁	チョウ・テイ　二丁目
チュウシュツ	抽出			町	チョウ まち
チュウシャク	注釈	×註釈		長	チョウ ながい
チュウショウテキ	抽象的　抽象的な表現			重	チョウ・ジュウ え・おもい・かさねる・かさなる
				帳	チョウ
チュウシン	衷心〔心から〕			張	チョウ はる
				鳥	チョウ とり
チュウスウ	中枢　中枢神経			朝	チョウ あさ
				腸	チョウ
チュウセン	抽せん　抽せん券〔くじ引〕	抽籤・ △抽選		調	チョウ しらべる・ととのう・ととのえる
				弔	チョウ とむらう
チュウチョ	ちゅうち〔ためらい〕よ	×躊×躇		兆	チョウ きざす・きざし
				頂	チョウ いただき・いただく
チュウトン	駐屯			彫	チョウ ほる
チュウトンチ	駐屯地			超	チョウ こえる・こす
				脹	チョウ
チュウミツ	ちゅう密　人口がちゅう密である〔周密、密集〕	×稠密		跳	チョウ はねる・とぶ
				徴	チョウ
				潮	チョウ しお
				澄	チョウ すむ・すます
チュウモン	注文	×註文		懲	チョウ こりる・こらす・こらしめる
チュウヨウ	中庸			聴	チョウ きく
				庁	チョウ
チョ	貯	チョ		挑	チョウ いどむ
	著	チョ　あらわす・いちじるしい		眺	チョウ ながめる
<u>チョ</u>	緒	チョ・ショ お			

チョウ	釣 チョウ		チョウテン	頂点	
	つる				
チョウイン	調印　協定に調印する		チョウド	ちょうど　ちょうど始まったところである	△△丁度
チョウエツ	超越　利害を超越する				
チョウけし	帳消し　借金を帳消しにする		チョウハツ	挑発	
チョウコウ	兆候　流行の兆候		チョウバツ	懲罰	
	聴講　講義を聴講する		チョウフ	貼付→〔貼る、貼り付ける〕	△貼布
チョウサ	調査		チョウフク	重複　同じものだったので重複した	
チョウジ	弔辞				
チョウじり	帳尻　帳尻を合わせる		チョウボ	帳簿	
チョウシュウ	徴収→〔受入れ、収納〕		チョウボウ	眺望〔展望、眺め、見晴らし〕	
チョウシュウずみガク	徴収済額		チョウヤク	跳躍	
チョウする	徴する→〔集める、聴く、求める〕		チョウリュウ	潮流	
			チョウワ	調和	
チョウセン	挑戦		チョキン	貯金	
チョウダ	長蛇		チョク	直 チョク・ジキ ただちに・なおす・なおる	
チョウダイ	頂戴　遠慮なく頂戴する			勅 チョク	
				捗 チョク　進捗	
チョウタツ	調達		チョクセツ	直接	
チョウテイ	調停　争議の調停		チョゾウ	貯蔵	
			チョッカツ	直轄	

220

ちょっと	ちょっと	一寸	チンタイ	賃貸　賃貸住宅	
ちらかす	散らかす		チンチャク	沈着　沈着な行動	
ちらかる	散らかる		チンチョウ	珍重	
ちらす	散らす				
ちりぢりに	散り散りに		チンデン	沈殿	沈澱
チリョウ	治療		チンモク	沈黙	
ちる	散る		チンレツ	陳列	
チン	賃 チン				
	沈 チン しずむ・しずめる				
	珍 チン めずらしい				
	朕 チン				
	陳 チン				
	鎮 チン しずめる・しずまる				
チンあげ	賃上げ				
チンアツ	鎮圧　暴動を鎮圧する				
チンがし	賃貸し　賃貸しの自動車				
チンジ	ちん事　ちん事が起きる	椿事・珍事			
チンシャ	陳謝　失礼を陳謝する				
チンジュツ	陳述　陳述書				
チンジョウ	陳情　陳情書				
チンタイ	沈滞　士気が沈滞する				

ち

221

つ

ツ	都 ツ・ト みやこ		ついに	ついに　ついに完成 する	遂に・ ×終に
ツ	通 ツ・ツウ とおる・とおす・かよう		ついやす	費やす　時間を費や す	
つ	津 つ シン		ツウ	通 ツウ・ツ とおる・とおす・かよう	
ツイ	対 ツイ・タイ			痛 ツウ いたい・いたむ・いためる	
	追 ツイ おう		ツウカイ	痛快	
	椎 ツイ　腰椎		ツウギョ ウ	通暁→〔精通〕	
	墜 ツイ		ツウコン	痛恨　痛恨の極みだ	
ツイオク	追憶　過去の追憶		ツウシン	通信　通信網	
ツイキュ ウ	追及　責任の追及		ツウずる	通ずる	
	追求　利潤の追求		ツウセツ	痛切	
	追究　真理の追究		ツウチョ ウ	通ちょう　最後通ち ょうを 出す 〔通告、 通知〕	通牒
ツイズイ	追随				
ついたち	一日	×× 朔日			
ついて	…について　これについ て考 慮する		ツウネン	通念　社会通念	
ついで	次いで　式に次いで 宴会に移 る		ツウレツ	痛烈	
ついでに	ついでに　ついでに 買物を する	× 序に	つか	塚 つか	
			つかいかた	使い方	
ついては (接続詞)	ついては　ついては、 …	△ 就いて は	つかいこ み	使い込み　公金の使 い込み	
ツイトウ	追悼		つかいはた す	使い果たす	

読み	用例	参考
つかいわけ	使い分け	
つかう	使う　機械を使う	
	遣う　心を遣う、気を遣う	
つかえる	仕える	
	つかえる　胸がつかえる	×痞える
	戸がつかえる	×閊える
つかさどる	つかさどる　事務をつかさどる	司る・×掌る
つかす	尽かす　愛想を尽かす	
つかのま	つかの間　…したのもつかの間	束の間
つかまえる	捕まえる	
つかまる	捕まる	
つかむ	つかむ	×掴む
つかる	漬かる　うまく漬かる	
つかれる	疲れる	
つかわす	遣わす　差し遣わす	
つき	月 つき ガツ・ゲツ	
	付き　役付き	附き
	※((条件))付((採用))	
	つき　顔つき	
つぎ	次 つぎ ジ・シ　次のとおり	
つきあう	付き合う　彼とも付き合う	
つきあたる	突き当たる	
つきあわせる	突き合わせる	
つきおとす	突き落とす	
つきがけ	※月掛	
つきがけチョキン	※月掛貯金	
つきぎめ	月ぎめ　月ぎめで新聞を取る	×月極め
つぎこむ	つぎ込む　多額の金を家につぎ込む	×注ぎ込む
つきそい	※付添い	
つきそいニン	※付添人	
つきそう	付き添う	
つぎたし	継ぎ足し	
つきだす	突き出す	
つぎつぎに	次々に	
つきつける	突き付ける	突き×附ける
つきとばす	突き飛ばす	

つ

つ

読み	用例	備考	読み	用例	備考
つきとめる	突き止める		つくりばなし	作り話	
つきなみ	月並み　月並みな質問	月次（×）	つくりわらい	作り笑い	
つぎに	次に		つくる	作る　米を作る	
つきはなす	突き放す			造る　船を造る	
つきばらい	※月払			創る　商品を創る	
つきる	尽きる		つくろう	繕う	
つきわり	月割り		づけ	付け　○月○日付け	
つく	付く　利息が付く	附く（×）	つけくわえる	付け加える	附け加える（×）
	着く　手紙が着く		つけたす	付け足す　付け足し	附け足す（×）
	就く　職に就く		つけたり	付けたり　これは付けたりにすぎない	附けたり（×）
	突く　弱点を突く	衝く・（×）撞く・（×）吐く（×）	つけもの	※漬物	
	つく　もちをつく	搗く（×）	つけやきば	付け焼き刃	
つぐ	次ぐ　事件が相次ぐ、取り次ぐ		つける	付ける　条件を付ける	附ける（×）
	接ぐ　木を接ぐ			着ける　衣服を身に着ける	
	継ぐ　跡を継ぐ			就ける　役に就ける	
	つぐ　水をつぐ	注ぐ（×）		漬ける　漬物を漬ける	
つくえ	机（つくえ）キ		つげる	告げる	
つくす	尽くす　力を尽くす		ツゴウ	都合　都合が悪い、都合○○名	
つぐない	償い				
つぐなう	償う				

つじつま	つじつま　つじつま を合わ せる	辻褄[×]	つどい	集い	
			つどう	集う	
つたえる	伝える		つとまる	勤まる	
つたない	拙い　拙い文章		つとめ	務め　務めを果たす	
つたわる	伝わる			勤め　勤めに出る、 勤め先	
つち	土^{ド・ト}		つとめて	努めて　努めて…す る	勉めて・ 力めて
つちかう	培う　公徳心を培う				
つつ	筒^{トウ}		つとめる	努める　完成に努め る、解決 に努める	勉める
つづく	続く				
つづける	続ける			勤める　役所に勤め る	
つつしみ	慎み				
つつしむ	慎む　言葉を慎む			務める　議長を務め る	
	謹む				
つつしん で	謹んで　謹んで申し 上げます		つな	綱^{コウ}	
			つながる	つながる　電話がつ ながる	繋がる
つつみ	包み				
	堤^{テイ}		つなぐ	つなぐ　馬をつなぐ	繋ぐ
つづみ	鼓^コ		つなみ	津波	
つつみが み	包み紙		つね	常^{ジョウ}　常々	
			つねに	常に	
つつむ	包む		つねる	つねる	抓る
つづり	つづり　つづり方	綴り[×]	つの	角^{カク}	
つづる	つづる　書類をつづ る	綴る[×]	つのる	募る　同志を募る	
つて	つて　つてを求める	伝手^{×△}・ 伝[×]	つばさ	翼^{ヨク}	
			つぶ	粒^{リュウ}	
ツド	都度　その都度				

225

つぶさに	つぶさに　つぶさに調べる	×具に・×備に	つみこみ	※積込み
つぶす	潰す		つみこむ	積み込む　車に家財を積み込む
つぶやく	つぶやく	×呟く	つみだし	※積出し
つぶる	つぶる　目をつぶる	×瞑る	つみだす	積み出す
つぶれる	潰れる		つみたて	積立て　貯金の積立て
つぼ	坪ツボ			※積立《金》
	つぼ　滝つぼ	×壺	つみたてる	積み立てる
つま	妻ツマ・サイ			
つまさき	爪先　爪先で立つ		つみに	※積荷
つまずく	つまずく　石につまずく	×躓く・×△爪突く	つみのこし	積み残し
つまびらか	つまびらか　つまびらかに調べる〔詳細〕	×詳らか・×審らか	つむ	錘ツム・スイ
				積む
				詰む
つまみ	つまみ　つまみ食い	×摘み・×撮み		摘む
			つむぐ	紡ぐ
つまらない	詰まらない　詰まらない話		つめ	爪ツメ
			…づめ	…詰め　歩き詰め、支店詰め
つまる	詰まる　行き詰まる		つめあわせ	詰め合わせ
つみ	罪ツミ・ザイ			
つみおろし	※積卸し　荷物の積卸し		つめこむ	詰め込む
つみかえ	※積替え		つめショ	※詰所
つみかえる	積み替える		つめたい	冷たい
			つめる	詰める
つみかさねる	積み重ねる		つもり	積もり　心積もり

226

つもり	つもり そのつもり だ	心算	つる	つる 蚊帳をつる	吊る
			つるぎ	剣 つるぎ ケン	
つもる	積もる		つるす	つるす 風鈴をつる す	吊す
つや	艶 色艶がよい				
つゆ	露 つゆ ロ・ロウ		つれ	連れ 連れ立って歩 く	
	梅雨				
	つゆ つゆ知らぬこ とだ	露	つれづれ	つれづれ 旅のつれ づれに	徒然
			つれる	連れる	
つよい	強い				
つよまる	強まる				
つよみ	強み	強味			
つよめる	強める				
つら	面 つら・おも・おもて メン				
つらい	つらい	辛い			
つらなる	連なる				
つらぬく	貫く				
つらねる	連ねる				
つり	釣り 魚釣り				
つりあい	※釣合い				
つりがね	※釣鐘				
つりセン	※釣銭				
つりばり	※釣針				
つりぼり	※釣堀				
つる	弦 つる ゲン				
	鶴 つる				
	釣る 魚を釣る				

つ

て

て	手 て・た シュ		テイ	帝 テイ
デ	弟 デ・テイ・ダイ おとうと			訂 テイ
であいがしら	出会い頭			貞 テイ
であう	出会う			逓 テイ
てあて	※手当　扶養手当			堤 テイ つつみ
	手当て　傷の手当てをする			艇 テイ
				締 テイ しまる・しめる
てあらい	手洗い			諦 テイ
	手荒い			亭 テイ
テイ	丁 テイ・チョウ			偵 テイ
	低 テイ ひくい・ひくめる・ひくまる		デイ	泥 デイ どろ
	体 テイ・タイ からだ		テイイン	定員
	弟 テイ・ダイ・デ おとうと 師弟		テイカ	定価
	定 テイ・ジョウ さだめる・さだまる・さだか		テイカン	定款
	底 テイ そこ		テイキ	提起
	庭 テイ にわ		テイキョウ	提供
	停 テイ		テイケイ	提携
	提 テイ さげる		テイケツ	締結
	程 テイ ほど		テイゲン	逓減　人口の逓減
	呈 テイ		テイサイ	体裁　体裁を重んずる
	廷 テイ			
	邸 テイ		テイサツ	偵察
	抵 テイ		テイシュ	亭主

読み	漢字	用例	〔変換〕
テイショウ	提唱	彼はこの問題の提唱者である	
テイジョウ	呈上		
テイショク	抵触	法に抵触する	牴触
テイする	呈する	活況を呈する	
	ていする	身をていする	挺する
テイタイ	停滞	前線が停滞する	
テイチョウ	丁重	丁重にもてなす	鄭重
テイネイ	丁寧	丁寧な言葉遣い	叮嚀
テイネン	定年	定年退職	
テイハク	停泊	船が停泊する	碇泊
テイボウ	堤防		
でいり	出入り		
でいりぐち	※出入口		
ていれ	手入れ		
ておくれ	手後れ	手後れになる	
てがかり	手掛かり	何らの手掛かりもない	
	手懸かり		
でかける	出掛ける		
てがたい	手堅い		

読み	漢字	用例	〔変換〕
てがみ	手紙		
テキ	的（テキ・まと）		
	敵（テキ・かたき）		
	適（テキ）		
	笛（テキ・ふえ）		
	摘（テキ・つむ）		
	滴（テキ・しずく・したたる）		
デキ	溺（テキ・おぼれる）		
でき…	出来…	出来上がる、出来次第	
…でき	…出来	上出来、不出来	
テキカク	的確	表現が的確だ	適確
	適格	適格者	
できごと	出来事		
デキシ	でき死〔水死〕		溺死
テキする	適する	…に適する所	
テキセツ	適切		
できだかばらい	※出来高払		
…できない	…できない		出来ない
てきびしい	手厳しい	手厳しい批評	
テキヨウ	摘要		
テキヨウ	適用		

て

読み	用例	参考	読み	用例	参考
できる	できる　利用（が）できる、できるだけ…	出来る	テッカイ	撤回	
てぎわ	手際　手際が良い		テツガク	哲学	
てこずる	てこずる　子供にてこずる	手古摺る	テッキン	鉄筋	
てごたえ	手ごたえ	手応え	てつけキン	※手付金	
でこぼこ	凸凹　凸凹の道		テッショウ	徹宵	
てごろ	手ごろ　手ごろな大きさ	手頃	てつだい	手伝い	
てごわい	手ごわい　手ごわい相手	手強い	てつだう	手伝う	
てさき	手先		てつづき	※手続	
でさき	出先　出先機関		てなおし	手直し	文章を再度手直しする
てさぐり	手探り		てぬかり	手抜かり	計画に手抜かりがあった
てさげ	手提げ　手提げ金庫		てぬるい	手ぬるい　手ぬるいやり方	手緩い
てざわり	手触り　手触りが良い		てはじめ	手始め	
デシ	弟子		てはず	手はず　手はずを整える	手筈
でそろう	出そろう	出揃う	てばなし	手放し　手放しで喜ぶ	
でたらめ	でたらめ	出鱈目	てばなす	手放す　株を手放す	
てちがい	手違い		ではらう	出払う　全員出払っている	
てチョウ	手帳	手帖	てびかえ	手控え	
テツ	鉄 テツ		てびき	※手引	
	迭 テツ		てびきショ	※手引書	
	哲 テツ				
	撤 テツ				
	徹 テツ				

てまえ	手前　一歩手前		テン	点 テン	
てまどる	手間取る　準備に手間取る			展 テン	
てまわし	手回し　手回しが良い			転 テン ころがる・ころげる・ころがす・ころぶ	
てまわりヒン	※手回品			添 テン そえる・そう	
でまわる	出回る　みかんが出回る			殿 テン・デン との・どの	
				塡 テン	
				貼 テン はる	
てみじか	手短　要点を手短に話す		デン	田 デン た	
でむかえ	出迎え			伝 デン つたわる・つたえる・つたう	
てもち	手持ち　手持ちの資料			電 デン	
				殿 デン・テン との・どの	
てもちヒン	※手持品		テンカ	転嫁　責任転嫁	
				添加　添加物	
てもと	手元　手元に置く	手許	テンカン	転換　気分を転換する	
てら	寺 てら ジ				
てらしあわせる	照らし合わせる		テンキョ	典拠	
			テンケイ	典型	
てらす	照らす		テンケン	点検	
てる	照る		デンゴン	伝言	
でる	出る		テンジ	展示	
てれる	照れる		テンジョウ	天井	
てわけ	手分け		テンセン	点線	
てわたし	手渡し		テントウ	転倒　気が転倒する	顚倒
テン	天 テン あめ・あま		テンネン	天然	
	典 テン		テンびき	天引き	
	店 テン みせ				

テンビン	てんびん　てんびん 棒	天秤	テンモン	天文　天文学
テンプ	添付		テンラク	転落
テンプク	転覆　船が転覆する	顚覆	テンラン	展覧　展覧会
テンポ	填補			
テンマツ	てん末　事件のてん 末を語る 〔いきさ つ、始 末〕	顚末		

と

ト	土 ト・ド 　つち		ド	努 ド 　つとめる
	図 ト・ズ 　はかる			度 ド・ト・タク 　たび
	徒 ト			奴 ド
	都 ト・ツ 　みやこ			怒 ド 　いかる・おこる
	登 ト・トウ 　のぼる		ドあい	度合い
	斗 ト		とい	問い
	吐 ト 　はく		といあわ せ	問い合わせ
	途 ト		といあわ せる	問い合わせる
	渡 ト 　わたる・わたす		といただ す	問いただす　　質す
	塗 ト 　ぬる		トウ	刀 トウ 　かたな
	賭 ト 　かける			冬 トウ 　ふゆ
ト	度 ト・ド・タク 　たび			当 トウ 　あたる・あてる
	頭 ト・トウ・ズ 　あたま・かしら			投 トウ 　なげる
と	十 と・とお 　ジュウ・ジッ			東 トウ 　ひがし
	戸 と 　コ			
ド	土 ド・ト 　つち			

トウ

島 トウ しま		トウ	踏 トウ ふむ・ふまえる	
討 トウ うつ			糖 トウ	
党 トウ			謄 トウ	
湯 トウ ゆ			藤 トウ ふじ	
登 トウ・ト のぼる			闘 トウ たたかう	
等 トウ ひとしい　等分			騰 トウ	
答 トウ こたえる・こたえ			搭 トウ	
統 トウ すべる			棟 トウ むね・むな	
灯 トウ ひ		トウ	納 トウ・ノウ・ナ・ナン・ナッ おさめる・おさまる	
頭 トウ・ズ・ト あたま・かしら			道 トウ・ドウ みち	
豆 トウ・ズ まめ			読 トウ・ドク・トク よむ	
到 トウ		とう	問 う	
倒 トウ たおれる・たおす		ドウ	同 ドウ おなじ	
凍 トウ こおる・こごえる			動 ドウ うごく・うごかす	
唐 トウ から			堂 ドウ	
桃 トウ もも			童 ドウ わらべ	
逃 トウ にげる・にがす・のがす・ のがれる			働 ドウ はたらく	
透 トウ すく・すかす・すける			道 ドウ・トウ みち	
陶 トウ			銅 ドウ	
悼 トウ いたむ			導 ドウ みちびく	
痘 トウ			胴 ドウ	
筒 トウ つつ			憧 ドウ・ショウ あこがれる	
塔 トウ			瞳 ドウ ひとみ	
盗 トウ ぬすむ			洞 ドウ ほら	
稲 トウ いね・いな		トウカイ	倒壊　家屋が倒壊する	倒潰[×]

233

と

トウガイ	当該→〔その、この、相当する〕			トウシン	答申　審議会の答申	
トウカツ	統括　統括責任者			トウスイ	陶酔	
ドウカツ	どう喝	恫喝		トウずる	投ずる　資本を投ずる	
トウキ	騰貴　物価騰貴			ドウセイ	動静　動静を探る	
	登記　登記簿			トウゼン	当然	
ドウキ	動機　動機づけ			どうぞ	どうぞ　どうぞよろしく	何卒
とうげ	峠とうげ			トウソツ	統率	
トウケイ	統計			トウダイもり	※灯台守	
トウケツ	凍結			トウテイ	到底　到底できない	
ドウケツ	洞穴			とうとい（たっとい）	貴い　貴い経験	
ドウコウ	動向　動向を探る					
トウサイ	登載→〔掲載〕				尊い　尊い犠牲を払う	
	搭載　航空機に搭載する〔積載〕					
ドウサツ	洞察　〔見抜く、見通し〕			とうとう	とうとう　とうとうあきらめた	到頭
とうさん	父さん			ドウドウと	堂々と	
トウシ	投資　株式投資			とうとぶ（たっとぶ）	貴ぶ	
ドウシ	同士					
	同志				尊ぶ	
トウシャ	謄写　謄写印刷					
トウシュウ	踏襲　前例を踏襲する	蹈襲		トウどり	※頭取	
トウジョウ	搭乗　搭乗券			トウヒ	逃避　現実からの逃避	
ドウジョウ	同上	仝上		トウブン	当分　当分の間	
				トウホン	謄本	

読み	用例	注記
トウメイ	透明	
トウメン	当面　当面の問題は	
トウヤ	とうや〔訓練、育成、養成〕	陶冶
ドウヨウ	動揺　心の動揺	
ドウロ	道路	
ドウリョウ	同僚	
とお	十 とお・と ジュウ・ジッ	
とおい	遠い	
とおか	十日	
とおざかる	遠ざかる	
とおす	通す	
とおのく	遠のく	遠退く
とおり	通り　銀座通り、一通り	
	…とおり　次のとおり	通り
どおり	希望どおり、通知どおり行う	
とおりかかる	通りかかる	
とおりぬけ	通り抜け　通り抜け禁止	
とおる	通る	
とかく	とかく　とかく…しがちだ	兎角
とかす	溶かす　水に溶かす	
	とかす　髪をとかす	梳かす

読み	用例	注記
とがめる	とがめる　気がとがめる	咎める
とがる	とがる　神経がとがる	尖る
とき	時とき　時の記念日	
	…(の)とき　雨のときには	時
ときおり	時折	
ときどき	時々	
ときふせる	説き伏せる　熱意を持って説き伏せる	
ときめく	時めく　今を時めく…	
	ときめく　胸がときめく	
とぎれる	とぎれる　話がとぎれる	跡切れる
トク	特 トク	
	得 トク　える・うる	
	徳 トク	
	読 トク・ドク・トウ　よむ	
	匿 トク	
	督 トク	
	篤 トク	
とく	解く　問題を解く	
	溶く　絵の具を溶く	
	説く　真理を説く	
とぐ	研ぐ	

と

ドク	毒ドク		とこ	床とこ・ゆか/ショウ	
	独ドク/ひとり			常とこ・つね/ジョウ	
	読よむ ドク・トク・トウ		どこ	どこ　どこにもない	何処
トクイ	特異　特異体質		ところ	所ところ/ショ　家を建てる所	処
	得意　得意な種目		(…した)ところ	電話したところが…	所・処
トクギ	特技		ところが(接続詞)	ところが　ところが実は…	所が・処が
トクサク	得策　その方が得策だ				
トクサン	特産		ところき	所書き〔住所〕	
ドクゼツ	毒舌　毒舌を吐く		ところで(接続詞)	ところで　ところで…についてだが	所で・処で
ドクソウ	独創　独創的な作品				
トクソク	督促				
トクダン	特段→〔特別〕		ところどころ	所々	処々
トクトクと	得々と　得々と語る		とざす	閉ざす	鎖す
トクに	特に		とし	年とし/ネン	
トクメイ	匿名　匿名で寄附する		としがい	年がい　年がいもない失敗	年甲斐
	特命　特命全権大使		としこし	年越し	
トクレイ	督励　部下を督励する		とじこめる	閉じ込める	
	特例　特例を認める		とじこもる	閉じこもる	閉じ籠る
トケイ	時計				
とける	解ける　疑いが解ける		とじまり	戸締まり	
	溶ける		トジョウ	途上	
とげる	遂げる		ドジョウ	土壌	
どける	どける　石をどける	退ける			

236

トショカン	図書館		トッピ	とっぴ　とっぴな考え	突飛
としより	年寄り		トツレンズ	凸レンズ	
とじる	閉じる　門を閉じる		とても	とても　とても良く似合う	迚も
	とじる　書類をとじる	綴じる	とどく	届く	
トゼツ	途絶　交通が途絶する	杜絶	とどけ	届け　届けを出す	
とだえる	とだえる　消息がとだえる	跡絶える		※((出生))届	
とだな	戸棚		とどけさき	届け先	
トタン	とたん　…したとたん	途端	とどけで	※届出	
ドタンば	土壇場　土壇場で逆転した		とどけでる	届け出る	
とち	栃とち	栃木県	とどける	届ける	
どちら	どちら　どちらでもよい	何方	とどこおる	滞る　事務が滞る	
トツ	突つく		ととのう	整う	
	凸トツ			調う	
トッカン	突貫　突貫工事		ととのえる	整える　調子を整える	
とつぐ	嫁ぐ			調える　費用を調える	
トッサ	とっさ　とっさに体を交わした	咄嗟	とどまる	とどまる　現職にとどまる	止まる・留まる
トツジョ	突如		とどめる	とどめる　記録にとどめる	止める・留める
トツゼン	突然				
トッパ	突破　敵中を突破する		とどろく	とどろく　胸がとどろく	轟く
トッパン	凸版		となえる	唱える	

どなた	どなた	何方	とまり	留まり	
となり	隣 となり・となる／リン			泊まり	
どなる	どなる	×怒鳴る	とまる	止まる　水道が止まる	
とにかく	とにかく　とにかく／やってみるこ／とだ	×兎に角		留まる　目に留まる	
				泊まる　宿屋に泊まる	
との	殿 との・どの／テン・デン		とみ	富 とみ・とむ／フ・フウ	
どの	殿 どの・との／テン・デン		とむ	富む	
	どの　どの品ですか	何の	とむらい	弔い	葬い
トバク	賭博　賭博行為		とむらう	弔う	
とばす	飛ばす		とめおき	留め置き	
とびいり	飛び入り		とめおき／ユウビ／ンブツ	※留置郵便物	
とびこみ	飛び込み		とめる	止める　息を止める	
とびこむ	飛び込む			留める　ボタンを留める	
とびだす	飛び出す			泊める　友達を家に泊める	
とびたつ	飛び立つ				
とびまわる	飛び回る		とも	友 とも・ユウ	
とびら	扉 とびら・ヒ		とも	共 とも・キョウ　共々	
トフ	塗布		とぶ	供 とも・そなえる／キョウ	
とぶ	飛ぶ　空を飛ぶ			…とも　今後とも	
	跳ぶ　溝を跳ぶ		ども（接尾語）	…ども　私ども	
トホ	徒歩		ともかく	ともかく	×兎も角
とぼしい	乏しい		ともしび	ともしび	×灯火
とまどう	戸惑う				
とまり	止まり				

238

ともす	ともす　火をともす	灯す・ × 点す	とりいれ ぐち	※取入口	
ともだお れ	共倒れ		とりいれ る	取り入れ る　　良い点を 　　取り入 　　れる	
ともだち	友達			採り入れ る　　制度を採 　　り入れ 　　る	
ともなう	伴う　…に伴って				
ともに	共に　行動を共にす る		とりえ	取り柄　取り柄のな 　　い人	
	ともに　…するととも に	△ 共に	とりかえ	※取替え　畳の取替 　　え	
とらえる	捕らえる　犯人を捕 　　らえる		とりかえ ヒン	※取替品	
	捉える　機会を捉え る		とりかえ る	取り替える	
とらわれ る	とらわれ　先入観に る　　とらわ 　　れる	× 囚われ る	とりかか る	取り掛かる	
とり	鳥 とり 　　チョウ		とりかこ む	取り囲む	
とりあえ ず	取りあえ　取りあえ ず　　ず御報 　　告まで	取り敢 × えず	とりかわ す	取り交わす	
			とりきめ	※取決め　取決めに 　　従う	× 取極め
とりあげ	※取上げ		とりきめ る	取り決める	
とりあげ る	取り上げ　問題点と る　　して取 　　り上げ 　　る		とりくみ	※取組　相撲の取組、 　　問題に対 　　する取組	
とりあつ かい	※取扱い		とりくむ	取り組む　難問に取 　　り組む	
	※取扱 ((所))		とりけし	※取消し　発表の取 　　消し	
とりあつ かう	取り扱う				
とりいれ	取り入れ				

と

239

とりけしショブン	※取消処分		とりたてる	取り立てる	借金を取り立てる
とりけす	取り消す		とりつぎ	※取次ぎ	電話の取次ぎ
とりこわし	※取壊し	取壊し作業		※取次 《(店)》	
とりこわす	取り壊す		とりつぐ	取り次ぐ	課長に取り次ぐ
とりさげ	※取下げ	訴訟の取下げ	とりつけ	※取付け	電話の取付け
とりさげる	取り下げる		とりつけコウジ	※取付工事	
とりしまり	※取締り		とりつける	取り付ける	
とりしまりホウ	※取締法	《(麻薬)》取締法	とりはからう	取り計らう	
とりしまりヤク	※取締役		とりはこぶ	取り運ぶ	
とりしまる	取り締まる	違反者を取り締まる	とりひき	※取引	
			とりまく	取り巻く	
とりしらべ	※取調べ	犯人の取調べ	とりまとめ	取りまとめ	意見の取りまとめ
とりしらべる	取り調べる	事故の原因を取り調べる	とりみだす	取り乱す	
			とりもどし	※取戻し	
とりたて	※取立て		とりもどしセイキュウケン	※取戻請求権	
とりたてキン	※取立金				
とりたてソショウ	※取立訴訟		とりもどす	取り戻す	元気を取り戻す

とり※纏め

とりやめ	取りやめ	取り止め	とる	捕る　虫を捕る
ドリョク	努力		どれ (代名詞)	どれ
とりよせる	取り寄せる	見本を取り寄せる	どろ	泥 ドロ・デイ
			どろぬま	泥沼
とりわけ	取り分け	取り分け 目立ったのは… 〔格別、特別〕	どろぼう	泥棒
			トン	豚 トン・ぶた
				頓 トン　頓服
				屯 トン　駐屯
とる	取る　資格を取る		トン	団 トン・ダン
	採る　会議で決を採る		とん	問 とん・とう・とい モン
	執る　事務を執る		ドン	鈍 ドン にぶい・にぶる
	とる　魚をとる	獲る		曇 ドン くもる
	滋養物をとる	摂る	ドンテン	曇天
	撮る　写真を撮る		とんや	※問屋

な

ナ	那 ナ		ない	無い　金が無い	
	奈 ナ	奈良県 神奈川県	ない	ない　欠点がない、行かない	無い
ナ	納 ナ・ノウ・トウ・ナン・ナッ おさめる・おさまる		亡い　亡くなる	
	南 ナ・ナン みなみ		ないし	ないし　3日ないし4日 〔～から…まで〕	乃至
な	名 な メイ・ミョウ				
	菜 な サイ		ナイショ	内緒　内緒話	内証
なあて	名宛		ナイダク	内諾	
ナイ	内 ナイ・ダイ うち		ナイフン	内紛	

ナイヨウ	内容	
なえ	苗　なえ・なわ／ビョウ	
なお	なお	尚・猶
なおがき	なお書き	
なおさら	なおさら	×尚△更・×猶△更
なおざり	なおざり　仕事をなおざりにする	×等△閑
なおす	直す　機械を直す	
	治す　風邪を治す	×癒す
なおる	直る　ゆがみが直る	
	治る　けがが治る	×癒る
なか	中　なか／チュウ	
	仲　なか／チュウ	
ながい	長い　長い道、気が長い	
	永い　永の別れ、末永く契る	
なかがい	※仲買	
ながし	流し	
ながしこむ	流し込む	
なかす	泣かす　子供を泣かす	
	鳴かす　小鳥を鳴かす	
ながす	流す	
なかだち	仲立ち	

なかだちギョウ	※仲立業	
なかだるみ	中だるみ	中×弛み
なかつぎ	中継ぎ	
ながつづき	長続き	
なかなか	なかなか　なかなか現れない	×中△々・×仲△々・×却々
ながながと	長々と	
なかば	半ば	
ながびく	長引く	
なかま	仲間	
ながめ	眺め	
ながめる	眺める　窓から眺め	
ながら	…ながら　歩きながら話す	×乍ら
ながれ	流れ	
ながれこむ	流れ込む	
ながれる	流れる	
なかんずく	なかんずく〔取り分け、なかでも〕	×就中
なきごと	泣き言	
なきさけぶ	泣き叫ぶ	

読み	用例	用例	備考
なぎたおす	なぎ倒す	雑草をなぎ倒して歩く	×薙ぎ倒す
なきつく	泣き付く		
なきねいり	泣き寝入り		
なく	鳴く　鳥が鳴く		×啼く
	泣く　子供が泣く		
なぐさみ	慰み		
なぐさめ	慰め		
なぐさめる	慰める		
なくす	無くす　物を無くす		
	亡くす　親を亡くす		
なくなる	亡くなる　交通事故で亡くなる		
	無くなる　金が無くなる		
なぐる	殴る		×撲る
なげうり	※投売り　バナナの投売り		
なげうりヒン	※投売品		
なげき	嘆き		×歎き
なげく	嘆く		×歎く
なげる	投げる		
なこうど	仲人		
なごむ	和む　心が和む		
なごやか	和やか		
なごり	名残		
なさけ	情け　情けない、情けを掛ける		
なさけぶかい	情け深い　あの人は情け深い人だ		
なざし	名指し		
なし	梨　なし		山梨県
なしくずし	なし崩し　なし崩しに返済する		
なじみ	なじみ		×馴×染
なじる	なじる　他人の非をなじる		×詰る
なす	成す　産を成す		
なす	なすすべもない〔する〕		×為す
なぜ	なぜ		×何×故
なぞ	謎		
なだかい	名高い		
なだめる	なだめる　怒りをなだめる		宥める
ナツ	納　ナツ・ノウ・ナ・ナン・トウ　おさめる・おさまる		
なつ	夏　なつ　カ・ゲ		
ナツイン	なつ印→〔押印〕		×捺印
なつかしい	懐かしい		
なつく	懐く		
なづけ	名付け		名附け
ナットク	納得		

243

なでる	なでる　頭をなでる	×撫でる	なみ	並 なみ・ならべる・ならぶ・ ならびに ヘイ
など	…など　資料等を用 意するな ど	×等		…並み　足並み
			なみき	※並木
なな	七 なな・ななつ・なの シチ		なみだ	涙 なみだ ルイ
ななつ	七つ		なめらか	滑らか
ななめ	斜め		なめる	なめる 、	×嘗める・ ×舐める
なに	何 なに・なん カ			
なにとぞ	何とぞ　何とぞよろ しく	×何卒	なやまし い	悩ましい
なにブン	何分　何分よろしく		なやみ	悩み
なの	七 なの・なな・ななつ　七日 シチ		なやむ	悩む
なびく	なびく　相手の気持 ちになび く	×靡く	ならう	習う　英語を習う
				倣う　前例に倣う	×傚う
なべ	鍋 なべ		ならす	慣らす　目を慣らす
なま	生 なま・いきる・いかす・ いける・うまれる・うむ・ おう・はえる・はやす・き セイ・ショウ			鳴らす　笛を鳴らす
			ならす	馴らす　動物を飼い ならす	×馴らす
なまえ	名前			実をならす	×生らす
なまける	怠ける			土地をなら す	×均す
なまなま しい	生々しい			
なまぬる い	生ぬるい	×生温い	ならびに (接続詞)	並びに（a及びb) 並びに （c及び d)
なまやさ しい	生易しい		ならぶ	並ぶ
なまり	鉛 なまり エン		ならべる	並べる
	なまり　お国なまり	×訛り	ならわし	習わし
なみ	波 なみ　時代の波に ハ　乗る	×浪	ならわす	習わす

なり	鳴り	鳴りを潜める		なれる	なれる	よくなれた犬	馴れる・狎れる
	なり	金1,000円なり	×也				
		なりふり構わぬ、他人の言うなりになる	×形	なわ	縄 なわ・ジョウ	縄をなう	
				なわ	苗 なわ・なえ ビョウ		
なりたつ	成り立つ			なわばり	※縄張		
なりゆき	成り行き			ナン	男 ナン・ダン おとこ		
なる	鳴る	鈴が鳴る			南 ナン・ナ みなみ		
	成る	新装成った会館			難 ナン かたい・むずかしい		
	なる	冬になる、トマトがなる	×為る・×生る		軟 ナン やわらか・やわらかい		
なるべく	なるべく		△成る可く	なん	何 なん・なに 何でもない、何ら		
なるほど	なるほど		△成程	ナンイ	難易		
なれあい	なれ合い		×馴れ合い	ナンキツ	難詰	相手を難詰する	
なれる	慣れる			ナンコウ	難航	折衝が難航する	

に

ニ	二 ニ ふた・ふたつ		にあう	似合う	
	弐 ニ		にあげ	荷揚げ	
	尼 ニ あま		にあつかいジョウ	※荷扱場	
ニ	仁 ニ・ジン		にい	新 にい・あたらしい・あらた シン	
	児 ニ・ジ		にいさん	兄さん	
に	荷 に カ		にうけ	荷受け	
にあい	似合い				

にうけニン	※荷受人		にくい	憎い	
にえきらない	煮え切らない		にくい	にくい　話しにくい、実行にしにくい	※難い
にえゆ	煮え湯		にくしみ	憎しみ　憎しみを忘れる	
にえる	煮える		ニクづき	肉付き	※肉附き
におい	匂い		にくむ	憎む	
	臭い		にくらしい	憎らしい	
におう	匂う　花の香が匂う		にげまわる	逃げ回る	
	臭う　ガスが臭う		にげる	逃げる	
にがい	苦い		にごす	濁す	
にがお	似顔		にごる	濁る	
にがす	逃がす		にし	西にしサイ・セイ	
にがて	苦手		ニジ	虹ニジ	
にがにがしい	苦々しい　苦々しい思い出がよみがえる		にじむ	にじむ　血がにじむ	※滲む
にがみ	苦み　ビールの苦み	苦味△	にせ	偽にせ・いつわるギ	※贋
にかよう	似通う		にせる	似せる　本物に似せる	
にがりきる	苦り切る　苦り切った顔つき		にたりよったり	似たり寄ったり　似たり寄ったりの考え	
にぎやか	にぎやか	賑やか※	ニチ	日ニチ・ジツひ・か	
にぎりつぶす	握り潰す		ニチジ	日時	
にぎる	握る		につかわしい	似つかわしい	
にぎわう	にぎわう	賑う※	にづくり	荷造り	
ニク	肉ニク				

にづくり キ	※荷造機		ニョ	如 ニョ・ジョ	
にづくり ヒ	※荷造費		ニョウ	尿 ニョウ	
			ニョウ	女 ニョウ・ジョ・ニョ おんな・め	
ニッシ	日誌		ニョジツ に	如実に 恐怖を如実に物語っている	
ニッショク	日食	日蝕			
			にらむ	にらむ	睨む
にづみ	荷積み		にる	似る 兄に似る	
につめる	煮詰める			煮る 魚を煮る	
にないて	担い手		にわ	庭 にわ テイ	
になう	担う 荷物を肩に担う、未来を担う青年		にわか	にわか にわかに事が運ぶ	俄
にぶい	鈍い		にわとり	鶏 にわとり ケイ	
にぶる	鈍る 頭が鈍る		ニン	人 ニン・ジン ひと	
ニャク	若 ニャク・ジャク わかい・もしくは			任 ニン まかせる・まかす	
にやす	煮やす 業を煮やす			認 ニン みとめる	
ニュウ	入 ニュウ いる・いれる・はいる			妊 ニン	
	乳 ニュウ ちち・ち			忍 ニン しのぶ・しのばせる	
	柔 ニュウ・ジュウ やわらか・やわらかい		ニンイ	任意	
ニュウジャク	柔弱		ニンシキ	認識	
ニュウワ	柔和		ニンシン	妊娠	
ニョ	女 ニョ・ジョ・ニョウ おんな・め		ニンずる	任ずる	

ぬ

ぬいこむ	縫い込む		ぬいとり	縫い取り 縫い取りのある着物

ぬう	縫う		ぬけがけ	抜け駆け　抜け駆けの功名	×抜け駈け
ぬかす	抜かす　腰を抜かす、うつつを抜かす		ぬけがら	抜け殻
ぬがす	脱がす		ぬけだす	抜け出す
ぬかずく	ぬかずく　霊前にぬかずく	×△額突く	ぬけみち	抜け道	×抜け路
ぬかり	抜かり　抜かりなく手配せよ		ぬける	抜ける　力が抜ける、気が抜ける
ぬかるみ	ぬかるみ	××泥濘	ぬげる	脱げる
ぬきうち	抜き打ち		ぬし	主　ねし・おも　シュ・ス
ぬきがき	抜き書き		ぬすむ	盗む
ぬきだす	抜き出す		ぬの	布　ぬの　フ
ぬきとり	※抜取り		ぬま	沼　ぬま　ショウ
ぬきとる	抜き取る		ぬり	塗り　塗りがはげる
ぬく	抜く　手を抜く			※《春慶》塗
ぬぐ	脱ぐ　服を脱ぐ		ぬりかえ	塗り替え
ぬぐう	拭う　汗を拭う		ぬる	塗る
ぬくもる	ぬくもる　熱めの湯に入ってぬくもる	×温もる	ぬるい	ぬるい　ぬるい湯	×温い
			ぬれる	ぬれる	×濡れる

ね

ね	音　ね・おと　オン・イン		ネイ	寧　ネイ
	根　ね　コン		ねいろ	音色
	値　ね・あたい　チ		ねうち	値打ち
ねあがり	値上がり		ねえさん	姉さん
ねあげ	値上げ		ねおき	寝起き

ねがい	願い　願いを聞こう			ネツゾウ	ねつ造　事件をねつ造する〔でっち上げ、作り事〕	×捏造
	※《休暇》願					
ねがいで	願い出					
ねがう	願う			ねづよい	根強い	
ねがえり	寝返り			ネツレツ	熱烈	
ねかす	寝かす			ねはば	値幅	
ねがわくは	願わくは			ねばりづよい	粘り強い	
ねぎらう	ねぎらう　労をねぎらう	×犒う・×労う		ねばる	粘る	
				ねびき	値引き	
ねぎる	値切る			ねぶみ	値踏み	
ねこ	猫ねこ ビョウ			ねまわし	根回し　あらかじめ根回しをする	
ねこむ	寝込む					
ねさげ	値下げ			ねむい	眠い	
ねざす	根ざす　彼の行動は、その信条に根ざす	△根差す		ねむたい	眠たい	
				ねむり	眠り	
ねざめ	寝覚め　寝覚めが悪い			ねむる	眠る	
				ねらう	狙う	
ねたむ	妬む　人の成功を妬む			ねりなおし	練り直し　計画の練り直しをする	
ねダン	値段					
ネツ	熱ネツ あつい			ねりなおす	練り直す	
ネッキョウ	熱狂			ねる	練る　技を練る、構想を練る	×錬る・×煉る
ネッシンに	熱心に					
					寝る　毎晩10時に寝る	
ネッする	熱する			ネン	年ネン とし	

ネン			ネンシュツ	捻出	旅費を捻出する〔工面、算段、やりくり〕
	念 ネン				
	然 ネン・ゼン				
	燃 ネン もえる・もやす・もす		ネンショウ	燃焼	
	粘 ネン ねばる				
ネンいり	念入り　念入りに調べる		ネンチャク	粘着	
ネンガン	念願		ネンポウ	年俸	
ねんごろ	懇ろ　彼の扱いは懇ろだ		ネンレイ	年齢	年令
ネンザ	捻挫				

の

の			のきさき	軒先	
の	野 の ヤ		のきなみ	軒並み	
ノウ	納 ノウ・トウ・ナ・ナッ・ナン おさめる・おさまる		のける	のける　わきの方へのける	×除ける
	能 ノウ				
	農 ノウ		のこす	残す	
	悩 ノウ なやむ・なやます		のこり	残り	
	脳 ノウ		のこる	残る	
	濃 ノウ こい		のしあがる	のし上がる	×伸し上がる
ノウがき	能書き　薬の能書き				
ノウタン	濃淡		のせる	載せる　記事を載せる	
ノウリ	脳裏　脳裏にひらめく〔頭の中〕	脳×裡			
				乗せる　車に乗せる	
ノウリツ	能率		のぞく	除く　祝祭日を除く	
のがす	逃す	×遁す	のぞく	室内をのぞく	×覗く・×覘く
のがれる	逃れる	×遁れる			
のき	軒 のき ケン				

のぞましい	望ましい	
のぞみ	望み　望み薄な	
のぞむ	望む　入社を望む	
	臨む　式場に臨む	
のち	後　のち・うしろ・あと・おくれる　ゴ・コウ	
のっとる	乗っ取る	
	のっとる　…にのっとって実施する〔基づいて、従って、よって、即して〕	則る（×）
のど	喉　喉自慢	咽（△）
のどか	のどか　のどかな春の日	長閑（××）
ののしる	罵る	
のばす	延ばす　期日を延ばす	
	伸ばす　売上げを伸ばす	
のばなし	野放し	
のびちぢみ	伸び縮み	
のびる	延びる　寿命が延びる	
	伸びる　語学力が伸びる	
のべ	延べ　延べ人員	
のべる	伸べる　手を伸べる	
のべる	述べる　意見を述べる	
	延べる　繰り延べる	
のぼり	上り　上りの電車	
	登り　登り口、山登り	
	のぼり　こいのぼり、のぼりを立てる	幟（×）
のぼる	上る　坂を上る	
	登る　山に登る	
	昇る　日が昇る	
のみこみ	飲み込み　飲み込みが早い	呑み込み（×）
のみほす	飲み干す	呑み干す（×）
のみもの	※飲物	
のむ	飲む	呑む（×）
のりあいぶね	※乗合船	
のりあいリョカク（のりあいリョキャク）	※乗合旅客	
のりいれ	乗り入れ	
のりいれる	乗り入れる	
のりおり	乗り降り	
のりかえ	※乗換え	
	※乗換　((駅))	

の

のりかえる	乗り換える		のりもの	乗り物	
のりキ	乗り気　乗り気になる		のる	乗る　馬に乗る、相談に乗る	
				載る　新聞に載る、机に載っている本	
のりくみ	※乗組み				
	※乗組((員))		のろい	のろい	×鈍い
のりくむ	乗り組む		のろう	呪う	×詛う
のりこえる	乗り越え　さくを乗り越える、不況を乗り越える		のろける	のろける	×惚る
	乗り越える		のんきな	のんきな	×呑気な
					△×暢気な
のりまわす	乗り回す				

は

ハ	波 ^ハなみ		ハイ	排 ^{ハイ}	
	派 ^ハ			廃 ^{ハイ}すたれる・すたる	
	破 ^ハやぶる・やぶれる			輩 ^{ハイ}	
	把 ^ハ		はい	灰 ^{はい}カイ	
	覇 ^ハ		バイ	倍 ^{バイ}	
は	葉 ^はヨウ			買 ^{バイ}かう	
	歯 ^はシ			売 ^{バイ}うる・うれる	
	刃 ^はジン			培 ^{バイ}つちかう	
	羽 ^ははね ウ			梅 ^{バイ}うめ	
	端 ^ははし・はた タン			陪 ^{バイ}	
バ	馬 ^バうま・ま			媒 ^{バイ}	
	婆 ^バ			賠 ^{バイ}	
	罵 ^バ		ハイエツ	拝謁	
ば	場 ^ばジョウ		バイカイ	媒介	
ばあい	※場合		ハイキ	排気	
ハアク	把握			廃棄　廃棄処分	
ハイ	拝 ^{ハイ}おがむ		ハイグウ	配偶	
	配 ^{ハイ}くばる		はいざら	灰皿	
	敗 ^{ハイ}やぶれる		ハイシュツ	輩出	
	杯 ^{ハイ}さかずき		ハイジョ	排除　不正を排除する	
	肺 ^{ハイ}		バイショウ	賠償　損害を賠償する	
	背 ^{ハイ}せ・せい・そむく・そむける				
	俳 ^{ハイ}				

ハイスイコウ	排水溝		はおり	※羽織	
			はか	墓はか ボ	
ハイする	排する　障害を排する		ハカイ	破壊	
	配する　庭に石を配する		はがき	はがき　手紙とはがき	△端書
	廃する　虚礼を廃する			葉書　広告付き葉書（一般には「はがき」を用いるが、事業用語としては「葉書」も使用する。）	
ハイセキ	排斥　反対者を排斥する				
ハイセツ	排せつ　体外へ排せつする（排出）	×排泄	ハカク	破格　破格の待遇	
			はがす	剝がす　ポスターを剝がす	
はいだす	はい出す　穴からはい出す	×這い出す	ばかす	化かす　人を化かす	
ハイチがえ	※配置換		はかせ	博士	
ハイトク	背徳　背徳者	×悖徳	はかどる	はかどる　家の建築がはかどる	×捗る
バイバイ	売買				
ハイフ	配付　会議資料を配付する		はかない	はかない　はかない命	△×△無い・儚い
	配布　チラシを配布する		はがね	鋼はがね コウ　鋼のようにたくましい体	
はいる	入る	×這入る			
はう	はう　床下をはう	×這う	はかまいり	墓参り	
はえある	栄えある　栄えある勝利		はからう	計らう	
はえぬき	生え抜き		はからずも	図らずも〔思い掛けなく、不意に〕	×不図も
はえる	生える　芽が生える				
	栄える　賞に栄える		はかり	はかり　はかりに掛ける	×秤
	映える　朝日に映える				

ばかり	…ばかり　こればかり、…するばかり	許	ハク	薄 うすい・うすめる・うすまる・うすらぐ・うすれる	
			はく	吐く	
				掃く	
はかる	図る　解決を図る			履く　靴を履く	
	計る　時間を計る		バク	麦 むぎ	
	測る　距離を測る			幕 バク・マク	
	量る　体重を量る			爆 バク	
	諮る　審議会に諮る			縛 しばる	
	謀る　悪事を謀る			漠 バク	
ハキ	破棄　文書を破棄する		バク	暴 バク・ボウ　あばれる・あばく	
はきだす	吐き出す　食物を吐き出す		はぐくむ	育む　子を育む	
はきちがえる	履き違える　趣旨を履き違える		ハクシキ	博識	
はきもの	※履物		ハクシャ	拍車　拍車をかける	
ハキュウ	波及		ハクする	博する　好評を博する	
はぎれ	歯切れ　歯切れが悪い		バクゼン	漠然　漠然とした考え	
ハク	白 ハク・ビャク　しろ・しら・しろい		ハクダツ	剝奪	
	博 ハク・バク		バクダイ	ばくだい	莫大
	伯 ハク		ばくち	ばくち	博打・博奕
	拍 ハク・ヒョウ		ハクチュウ	伯仲　実力伯仲	
	迫 せまる		ハクリ	剝離〔はがれる〕	
	泊 とまる・とめる		バクロ	暴露　実態を暴露する	曝露
	剝ぐ はぐ・はがす				
	舶 ハク				

は

はげしい	激しい	烈しい・劇しい	はじく	はじく　そろばんをはじく	弾く
はげます	励ます		はじまる	始まる　会が始まる	
はげみ	励み		はじめ	初め　初めは失敗しがちだ、3月の初め	
はげむ	励む				
はける	はける　商品がはける	捌ける		始め　事の始め、御用始め	
はげる	剝げる　めっきが剝げる			…を始めとして	初め
	はげる　頭がはげる	禿げる	はじめて	初めて　初めての経験	
ばける	化ける		はじめる	始める　仕事を始める	
ハケン	派遣		ハシャ	覇者	
	覇権		はしら	柱 はしら・チュウ	
はこ	箱 はこ		はしる	走る	
はごたえ	歯ごたえ	歯応え	はじる	恥じる　失敗を恥じる	
はこぶ	運ぶ				
ハサイ	破砕　岩盤を破砕する	破摧	はしわたし	橋渡し　解決への橋渡しとなる	
はさまる	挟まる				
はさむ	挟む　人の話を小耳に挟む	挿む	はず	はず　そんなはずはない	筈
はし	橋 はし・キョウ		はスウ	端数	
	端 はし・は・はた・タン		はずかしい	恥ずかしい	
	箸　割り箸		はずかしめる	辱める　名を辱める	
はじ	恥 はじ・はじる・はじらう・はずかしい・チ		はずす	外す　席を外す、踏み外す	
はじいる	恥じ入る				
はしがき	端書き		はずみ	弾み	

はずむ	弾む　期待に心が弾む		バチ	罰 ^{バチ・バツ}	
はずれる	外れる　戸が外れる、予想が外れる		ハツ	発 ^{ハツ・ホツ}	
				髪 ^{ハツ}かみ	
ハソク	把捉		ハッ	法 <u>ハッ</u>・ホウ・<u>ホッ</u>	
はた	畑 はた・はたけ		はつ	初 はつ・はじめ・はじめて・うい・そめる・ショ	
	旗 はた キ		バツ	末 バツ・マツ すえ	
	機 はた キ　機織り			伐 ^{バツ}	
	端 はた・はし・は タン　道端			抜 バツ ぬく・ぬける・ぬかす・ぬかる	
はだ	肌 はだ			罰 ^{バツ・バチ}	
はだいろ	肌色			閥 ^{バツ}	
はだか	裸 はだか ラ		ハツガ	発芽	
はたけ	畑 はたけ・はた	˟畠	ハッカク	発覚　事件が発覚する	
はたけちがい	畑違い　畑違いの仕事に就いた		ハッキ	発揮　実力を発揮する	
はだし	はだし　はだしで歩く	˟裸足・˟跣	ハックツ	発掘　遺跡を発掘する	
はたして	果たして　果たして…だ		バツグン	抜群　抜群の出来	
はたす	果たす		ハッコウ	発酵	˟醗酵
はたらかす	働かす		ハッショウ	発祥　ここはゴルフ発祥の地である	
はたらき	働き		バッスイ	抜粋	˟抜萃
はたらく	働く		ハッする	発する　…に端を発する	
ハタン	破綻		バッする	罰する	
ハチ	八 ハチ や・やつ・やっつ・<u>よう</u>		はつだより	初便り	
	鉢 ハチ・<u>ハツ</u>				

は

ハッソウ	発送　小包で発送する		はなしあう	話し合う	
	発想　面白い発想だ		はなす	放す　鳥を放す	
バッテキ	抜てき　人材を抜てきする	抜擢		話す	
ハット	法度〔禁止〕			離す	
ハッピョウ	発表		はなつ	放つ	
ハップン	発奮　発奮して勉強する		はなはだしい	甚だしい	
バッポン	抜本　抜本的な措置		はなばなしい	華々しい	
ハツメイ	発明		はなやか	華やか	
はつらつ	はつらつ　元気はつらつ〔活発〕	溌剌	はなれる	放れる　矢が弦を放れる	
				離れる　職を離れる	
はて	果て　果てがない		はね	羽 はね・は	
ハで	派手　派手なネクタイ			羽根　赤い羽根	
はてしない	果てしな　果てしない広野		はねあがる	跳ね上が　物価が跳ね上がる	
はてる	果てる　疲れ果てる		はねかえる	跳ね返る　泥が跳ね返る	
はどめ	歯止め　減少傾向に歯止めを掛ける		はねる	跳ねる	撥ねる
はな	花 はな カ		はは	母 はは ボ	
	鼻 はな ビ		はば	幅 はば フク	
	華 はな カ・ケ　華やぐ		はばかる	はばかる	憚る
	はな　寝入りばな	端	ハバツ	派閥	
はなし	話 はなし・はなす ワ		はばむ	阻む　計画を阻む〔邪魔する、妨げる〕	
はなしあい	※話合い				

258

はびこる	はびこる　悪がはびこる	×蔓延る	はやめに	早めに		
はぶく	省く　無駄を省く		はやめる	早める　時期を早める		
はま	浜はま ヒン			速める　スピードを速める		
はまき	※葉巻		はやる	はやる　病気がはやる	流行る	
はまる	はまる　戸がはまる	×嵌まる・×塡まる		血気にはやる	逸る	
はみだす	はみ出す　中身がはみ出す		はら	原はら ゲン		
はめ	はめ　はめを外す	×羽△目・×破目		腹はら フク		
はめこむ	はめ込む　ガラスをはめ込む	×嵌め込む・×塡め込む	はらいこみ	※払込み		
				※払込《金》		
はめる	はめる　手袋をはめる	×嵌める・×塡める	はらいこむ	払い込む		
			はらいさげ	※払下げ		
はもの	刃物		はらいさげヒン	※払下品		
はやい	早い　時期が早い		はらいさげる	払い下げる		
	速い　テンポが速い		はらいだし	※払出し		
はやし	林はやし リン					
	はやし　祭ばやし	×囃△子	はらいだしキン	※払出金		
はやす	生やす　ひげを生やす		はらいだす	払い出す		
	はやす　もてはやす	×囃す	はらいもどし	※払戻し		
はやまる	早まる　順番が早まる					
	速まる　スピードが速まる		はらいもどしキン	※払戻金		

はらいもどしショウショ	※払戻証書		はりつけ	貼付け	
			はりつける	貼り付ける	
はらいもどす	払い戻す		はる	春 はる シュン	
はらいわたし	※払渡し			張る　ロープを張る	
はらいわたしキン	※払渡金			貼る　切手を貼る	
			はるかに	はるかに	遥かに
はらいわたしずみ	払渡済み		はるさめ	春雨	
はらいわたしユウビンキョク	払渡郵便局		はれ	晴れ	
			はれる	晴れる	
				腫れる　顔が腫れる	脹れる
はらいわたす	払い渡す		ハン	反 ハン・タン・ホン そる・そらす	
はらう	払う			半 ハン なかば	
はらす	晴らす			氾 ハン きか	
はらむ	はらむ　子をはらむ	孕む		犯 ハン おかす	
ハラン	波乱　波乱に富んだ試合	波瀾		汎 ハン	
はり	針 はり シン			判 ハン・バン	
はりあい	張り合い　張り合いがない			坂 ハン きか	
はりかえる	張り替え　ふすまを張り替える			板 ハン・バン いた	
				版 ハン	
				飯 ハン めし	
はりがみ	貼り紙			帆 ハン ほ	
はりきる	張り切る			伴 ハン・バン ともなう	
				班 ハン まだら	
				畔 ハン	
				般 ハン	

音	漢字・用例	備考	誤用例
ハン	販 ハン		
	斑 ハン		
	煩 ハン・ボン　わずらう・わずらわす		
	頒 ハン		
	搬 ハン		
	範 ハン		
	繁 ハン		
	藩 ハン		
<u>ハン</u>	凡 <u>ハン</u>・ボン		
	阪 <u>ハン</u>	おおさか 大阪府	
バン	番 バン		
	万 バン・マン		
	判 バン・ハン　A判		
	板 バン・ハン　いた		
	晩 バン		
	蛮 バン		
	盤 バン		
	伴 バン・ハン　ともなう		
ハンイ	範囲		
ハンエイ	反映		
	繁栄		
ハンカ	繁華		
バンカイ	ばん回　勢力をばん回する〔回復、立て直し〕		×挽回
ハンカン	繁閑　業務の繁閑		

音	用例	誤用例
ハンギャク	反逆	×叛逆
バンぐみ	※番組	
ハンサ	はんさ　はんさな手続〔煩雑、繁雑、煩わしい〕	△×煩瑣
ハンザツ	煩雑	
バンシャク	晩酌	
ハンシュツ	搬出	
ハンショク	繁殖	×蕃殖
ハンする	反する　意に反する	
ハンセイ	反省	
バンゼン	万全　万全を期する	
ハンチュウ	範ちゅう　これは道徳の範ちゅうに入る〔範囲、部類〕	×範疇
バンづけ	※番付	
ハンノウ	反応	
ハンパク	反ばく　他人の意見に反ばくする〔反論〕	×反駁
ハンパツ	反発　彼の態度に反発を感じる	×反撥
ハンプ	頒布→〔配布〕	
ハンプク	反復　反復練習	

は

ハンプク	反覆		ハンリョ	伴りょ　人生の良き伴りょができた〔連れ〕	伴侶※
ハンメイ	判明				
ハンモ	繁茂		ハンロ	販路　販路の拡張	
ハンレイ	凡例				

ひ

ヒ	比 くらべる		ヒ	披 ヒ	
	皮 かわ			扉 とびら	
	否 いな		ひ	氷 ひ・こおり／ヒョウ	
	肥 こえる・こえ・こやす・こやし			日 ひ・か／ジツ・ニチ	
	非 ヒ			火 ひ・ほ／カ	
	飛 とぶ・とばす			灯 ひ／トウ	
	悲 かなしい・かなしむ		ビ	眉 ビ・ミ／まゆ	
	費 ついやす・ついえる			美 ビ／うつくしい	
	妃 ヒ			備 そなえる・そなわる	
	彼 かれ・_かの_			鼻 ビ／はな	
	批 ヒ			尾 ビ／お	
	泌 ヒ・ヒツ			微 ビ	
	卑 いやしい・いやしむ・いやしめる		ヒアイ	悲哀	
	秘 ひめる		ひあたり	日当たり	
	被 こうむる		ひいては	ひいては　ひいては世の中のためにもなる	延いては※
	疲 つかれる・つからす				
	碑 ヒ				
	罷 ヒ		ひいでる	秀でる　一芸に秀でる	
	避 さける		ひいれ	火入れ　火入れ式	

ひえこむ	冷え込む		ひきあて キン	※引当金	
ひえる	冷える		ひきいる	率いる	
ヒガイ	被害		ひきいれ る	引き入れ る　仲間に引 き入れ る	
ひかえ	控え				
ひかえシ ツ	※控室		ひきうけ	※引受け　株の引受 け	
ひがえり	日帰り			※引受　《時刻》	
ひかえる	控える		ひきうけ る	引き受ける	
ヒカク	比較		ひきおこ し	※引起し	
ひかげ	日陰				
ひがさ	日傘　日傘と雨傘		ひきおこ す	引き起こ す　事件を引 き起こす	惹き起 こす
ひがし	東 ひがし トウ				
ひがむ	ひがむ　彼の成功を ひがむ	僻む	ひきかえ	※引換え　現金と引 換え	
ひかり	光 ひかり・ひかる コウ			※引換　《券》	
ひかる	光る			※　《代金》引換	
ヒガン	彼岸		ひきかえ す	引き返す　家に引き 返す	
ひき	匹 ひき ヒツ				
ヒキ	悲喜　悲喜こもごも		ひきかえ る	引き換える	
ひきあい	引き合い　引き合い に出す		ひきこみ	※引込み　水道の引 込み	
ひきあげ	※引上げ　金利の引 上げ		ひきこむ	引き込む	
	※引揚げ　海外から の引揚 げ		ひきさげ	※引下げ	
			ひきさげ る	引き下げる	
ひきあげ る	引き上げる		ひきしめ	※引締め　金融の引 締め	
	引き揚げる				

ひ

読み	本則		表外
ひきしめる	引き締める		
ひきずる	引きずる		引き摺る
ひきだし	引き出し　机の引き出し		抽斗・抽出し
	預金の引き出し		
ひきつぎ	※引継ぎ　事務の引継ぎ		
ひきつぎチョウショ	※引継調書		
ひきつぐ	引き継ぐ		
ひきつづき	引き続き		
ひきつける	引き付ける　人を引き付ける		惹き着ける・引き附ける
ひきとめる	引き止める　無理矢理引き止める		
ひきとり	※引取り		
ひきとりケイヒ	※引取経費		
ひきとりニン	※引取人		
ひきとる	引き取る		
ひきぬく	引き抜く		
ひきのばし	引き伸ばし　写真の引き伸ばし		

読み	本則		表外
ひきのばす	引き延ばす　日程を引き延ばす		
ひきわけ	引き分け		
ひきわたし	※引渡し		
	※引渡《人》　引渡《命令》		
ひきわたす	引き渡す		
ヒキン	卑近　卑近な例を挙げる		
ひく	引く　綱を引く		曳く
	弾く　ピアノを弾く		
ひく	人目をひく		引く・惹く
	車が人をひく		轢く・挽く
	のこぎりでひく		
	身をひく		退く
ひくい	低い		
ひくつ	卑屈		
ひけどき	引け時　会社の引け時		退け時
ひけめ	引け目		
ヒケン	比肩　他に比肩するものがない		
ヒゴ	飛語　流言飛語		蜚語
ひご	〔保護、擁護〕		庇護
ビコウ	備考		

264

ヒコク	被告		ひそかに	ひそかに	ひそかに抜け出す	密かに・窃かに
ひごと	日ごと	日毎				
ひごろ	日頃		ひそむ	潜む　物陰に潜む		
ひざ	膝 ひざ		ひそめる	潜める　鳴りを潜める		
ひさし	ひさし	庇	ひそめる	ひそめる　まゆをひそめる	顰める	
ひさしい	久しい		ひたい	額 ひたい ガク		
ひさしぶり	久しぶり	久し振り	ひたす	浸す　水に浸す		
ひさびさ	久々		ひたすら	ひたすら　ひたすら研究に励んでいる	只管	
ひざまずく	ひざまずく	跪く				
ひじ	肘 ひじ		ひだり	左 ひだり サ		
ひしめく	ひしめく　群集がひしめき合う	犇めく	ひたる	浸る　悲しみに浸る		
			ヒタン	悲嘆　悲嘆にくれる	悲歎	
ヒジュン	批准		ヒツ	必 ヒツ かならず		
ヒショ	秘書			筆 ヒツ ふで		
ヒショウ	費消　手持ちの金を費消する			匹 ヒツ ひき		
ヒジョウに	非常に			泌 ヒツ・ヒ		
ビジレイク	美辞麗句		ひっかかり	引っ掛かり　引っ掛かりを付ける		
ひずみ	ひずみ　物体のひずみを検査する	歪み	ヒッキ	筆記		
			ヒッキョウ	ひっきょう〔つまり、つまるところ〕	畢竟	
ヒソウ	皮相　皮相な観察		ひづけ	※日付	日附	
	悲壮　悲壮な気持ちになる		ひっこし	引っ越し		

ひっこむ	引っ込む　家の中に 　　　　引っ込 　　　　む		ひとかた ならぬ	一方ならぬ	
ヒッシ	必死　必死に戦う		ひとかど	ひとかど　ひとかど 　　　　　　の人物	△× 一廉
	必至　解散は必至だ		ひとがら	人柄　人柄が大変良 　　　　い	
ひつじ	羊 ひつじ 　　ヨウ				
ヒツジョ ウ	必定		ひときわ	一際　一際目立つ	
			ヒトク	秘匿〔隠す〕	
ヒッス	ひっす〔必要〕	△× 必須	ひとさわ がせ	人騒がせ　人騒がせ 　　　　　な事だ	
ヒッセキ	筆跡	× 筆蹟	ひとしい	等しい	
ヒツゼツ	筆舌　筆舌に尽くし 　　　　難い		ひとしお	ひとしお　寒さがひ 　　　　　としお 　　　　　身にし 　　　　　みる 　　　　　〔一段 　　　　　と〕	△× 一入
ヒッテキ	匹敵　実力は初段に 　　　　匹敵する				
ヒッパク	ひっ迫　財政がひっ 　　　　迫する 　　　　〔窮迫・ 　　　　切迫〕	× 逼迫	ひとしく （副詞）	ひとしく　全員ひと 　　　　　しく賛 　　　　　成した、 　　　　　ひとし 　　　　　く恩恵 　　　　　を受け 　　　　　る	斉しく
ひっぱる	引っ張る　服を引っ 　　　　　張る				
ヒテイ	否定			等しく　等しく分け 　　　　　る	
ひと	人 ひと 　　ジン・ニン				
ひどい	ひどい　ひどい目に 　　　　会う	×× 酷い・ ××× 非道い	ひとそろ い	一そろい	× 一揃
ひといき	一息　あと一息だ		ひとたび	一たび	× 一度
ひとえ	一重		ひとつ	一つ	× 1つ
ひとえに	ひとえに　これもひ 　　　　　とえに 　　　　　あなた 　　　　　の力に 　　　　　よる	× 偏に		ひとつ　そこをなん 　　　　　とかひとつ 　　　　　…	△ 一つ
			ひととお り	一通り	

ひとにぎり	一握り			ヒナン	非難	
ひとまず	ひとまず　ひとまず そうし よう	△× 一先ず			避難	
				ひねる	ひねる	× 捻る
				ひのべ	日延べ	
ひとまわり	一回り			ひびき	響き	
ひとみ	瞳^{ひとみ}_{ドウ}			ひびく	響く	
ひとめ	人目　人目をひく			ヒヘイ	疲弊　町が疲弊する	
	一目　一目で分かる			ひま	暇^{ひま}_カ	
ひとり	独り　独り…ばかり でなく			ヒマツ	飛まつ	× 飛沫
	一人　一人一人			ひめる	秘める	
ひどり	日取り			ひも	ひも	× 紐
ひとりあるき	独り歩き　独り歩き ができ るよう になる			ひもとく	ひもとく　書をひも とく	× 繙く
ひとりごと	独り言			ひもの	干物　あじの干物	× 乾物
				ヒャク	飛躍	
ひとりでに	独りでに　戸が独り でに閉 まる			ヒャク	百^{ヒャク}	
				ビャク	白^{ビャク・ハク}_{しろ・しら・しろい}	
ひとりよがり	独り善がり			ひやす	冷やす	
ひとわたり	ひとわた り	ひとわた り読み 終わっ た	△× 一亘り・ △× 一渡り	ヒユ	ひゆ〔例え〕	× 比喩・ × 譬喩
ひながた	ひな型　建物のひな 型〔模型〕	× 雛型	ヒョウ	表^{ヒョウ}_{おもて・あらわす・あらわれる}	
	ひな形　書類のひな 形〔見本〕	× 雛形		氷^{ヒョウ}_{こおり・ひ}	
					俵^{ヒョウ}_{たわら}	
					票^{ヒョウ}	
					評^{ヒョウ}	
					標^{ヒョウ}	

ひ

ヒョウ	兵 ヒョウ・ヘイ	
	漂 ヒョウ・ただよう	
<u>ヒョウ</u>	拍 ヒョウ・ハク	
ビョウ	秒 ビョウ	
	病 ビョウ・ヘイ　やむ・やまい　病棟	
	平 ビョウ・ヘイ　たいら・ひら	
	苗 ビョウ・なえ・なわ　種苗	
	描 ビョウ・えがく	
	猫 ビョウ・ねこ	
ヒョウキ	表記　表記の金額	
	標記　標記について、…	
ヒョウゴ	標語　交通安全の標語	
ヒョウザン	氷山	
ヒョウシ	拍子	
ビョウシャ	描写	
ヒョウショウ	表彰	
ヒョウする	表する　敬意を表する	
ヒョウソク	ひょうそく	平仄
ヒョウダイ	表題、標題	
ヒョウバン	評判	
ヒョウリ	表裏	

ひより	日和	
ひらきなおる	開き直る　痛いところを突かれて開き直る	
ひらく	開く	
ひらける	開ける　運が開ける	
ひらたい	平たい	
ひらめく	ひらめく	閃く
ひる	昼 ひる・チュウ	
	干る	
ヒルイ	比類　比類のない…	
ひるがえす	翻す　態度を翻す	
ひるがえる	翻る	
ひるむ	ひるむ　全然ひるむ様子がない	怯む
ヒレキ	ひれき　所信をひれきする〔開陳〕	披瀝
ヒレツ	卑劣	鄙劣
ひろい	広い	
ひろう	拾う	
ヒロウ	疲労	
	披露　結婚披露	
ひろがる	広がる	拡がる
ひろげる	広げる	拡げる

ひ

ひろさ	広さ			ピン	貧 ヒン・ピン まずしい	
ひろびろと	広々と			ヒンシ	品詞	
ひろまる	広まる			ピンショウ	敏しょう　敏しょうな動き〔機敏、敏活〕	敏捷
ひろめる	広める	拡める		ピンジョウ	便乗	
ひわり	日割り			ビンセン	便箋	
ヒン	品 ヒン しな			びんづめ	※瓶詰	
	貧 ヒン・ピン まずしい			ヒンド	頻度	
	浜 ヒン はま			ビンソク	敏速	
	賓 ヒン			ヒンパツ	頻発　事件が頻発する〔続発〕	
	頻 ヒン			ヒンパン	頻繁	
ピン	便 ピン・ベン たより			ヒンピン	頻々〔しばしば、しきりに〕	
	敏 ビン					
	瓶 ピン　空き瓶、ビール瓶	壜・甕				

ふ

フ	不 フ・ブ			フ	富 フ・フウ とむ・とみ	
	夫 フ・フウ おっと				婦 フ	
	父 フ ちち				扶 フ	
	付 フ つける・つく				附 フ　附則、附属、附帯、附置、寄附	
	付記、付与、付録、交付、給付				赴 フ おもむく	
	布 フ ぬの				浮 フ うく・うかぶ・うかべる・うかれる	
	府 フ				普 フ	
	負 フ おう・まける・まかす				符 フ	

フ			フウ	封	フウ・ホウ	
	腐 くさる・くさらす・くされる		フウ	夫 フウ・フ おっと		
	怖 こわい			富 フウ・フ とみ・とむ		
	敷 しく		フウがわり	風変わり		
	膚 フ		フウカン	封かん		封緘
	賦 フ		フウきりカン	※封切館		
	譜 フ					
	訃 フ 訃報		フウサ	封鎖		
	阜 フ	岐阜県	フウチ	風致 風致地区		
フ	歩 フ・ホ・ブ あるく・あゆむ		フウヒョウ	風評 風評被害		
	風 フ・フウ かぜ・かざ		ふえ	笛 ふえ てき		
ブ	不 ブ・フ		フえて	不得手		
	分 ブ・フン・ブン わける・わかれる・わかる・わかつ		ふえる	増える 人数が増える		
	武 ブ・ム			殖える 財産が殖える		
	部 ブ					
	無 ブ・ム ない		フエン	敷えん 敷えんして説明する		敷衍
	歩 ブ・ホ・フ あるく・あゆむ					
	侮 あなどる		フオン	不穏		
	舞 ブ まう・まい		フカ	賦課 税金を賦課する		
ブ	奉 ブ・ホウ たてまつる			付加		
ブあい	※歩合					
ブあつい	分厚い		フカ	ふ化 卵のふ化		孵化
フイに	不意に		ふかい	深い		
フウ	風 フウ・フ かぜ・かざ 洋風、学者風の人		ふかいり	深入り		
	…ふう そういうふうに		フカク	不覚 不覚の涙、前後不覚		

270

フカケツ	不可欠		ふきぬき	吹き抜き　吹き抜きの部屋		
フカコウリョク	不可抗力		ブキミ	不気味　不気味な静けさ		
ふかす	更かす　夜を更かす		フキュウ	不休　不眠不休		
	ふかす　芋をふかす	×蒸す		不急　不急不要の計画		
フカブン	不可分　密接不可分			不朽　不朽の名作		
ふかまる	深まる			腐朽　腐朽した建物		
ふかみ	深み			普及　広く普及する		
ふかめる	深める		ブキヨウ	不器用　不器用な手つき		
フカン	ふかん	×俯×瞰	フキン	付近		×附近
フキ	付記	×附記		ふきん　ふきんでふく		△布△巾
フギ	付議　委員会に付議する	×附議	フク	服 フク		
ふきかえ	吹き替え　テレビ映画の吹き替え			副 フク		
	ふき替え　屋根のふき替え	×葺き替え		復 フク		
ふきこみ	吹き込み　レコードの吹き込み			福 フク		
				複 フク		
ふきさらし	吹きさらし			伏 フク／ふせる・ふす		
ふきだす	吹き出す			幅 フク／はば		
ふきだまり	吹きだまり	吹き×溜まり		腹 フク／はら		
				覆 フク／おおう・くつがえる・くつがえす		
ふきとばす	吹き飛ばす　紙を吹き飛ばす		ふく	吹く　風が吹く		
				噴く　火を噴く山		
ふきながし	吹き流し　こいの吹き流し			拭く　机の上を拭く		
				屋根をふく		×葺く

ふ

フクアン	腹案　腹案を練る		フゴウ	符号	
フクイン	幅員　道路の幅員		ふさ	房ふさ ぼう	
	福音　神の福音		ふさぐ	塞ぐ　穴を塞ぐ	
フグウ	不遇　不遇に甘んじる		ふざける	ふざける	巫山戯る
フクザツ	複雑		ブサホウ	不作法	
フクシ	福祉		ふさわしい	ふさわしい　ふさわしい服装	相応しい
フクする	服する　命令に服する		ふし	節ふし セツ・セチ	
	復する　原状に復する		ブジ	無事	
			フシギ	不思議	
フクソウ	ふくそう　事務がふくそうする〔混み合う〕	輻輳	ぶしつけ	ぶしつけ　ぶしつけな質問をする〔不作法〕	不躾
フクびき	福引				
ふくみ	含み		フシマツ	不始末　たばこの不始末	
ふくむ	含む		フジュウブン	不十分	不充分
ふくめる	含める		フジョ	扶助　相互に扶助する	
ふくらむ	膨らむ	脹らむ	フショウ	不肖　不肖の子	
ふくれる	膨れる	脹れる		不祥　不祥事	
ふくろ	袋ふくろ タイ			不詳　氏名不詳	
ふける	老ける		ブショウ	不精　不精ひげ	
	更ける　夜が更ける		フショク	腐食　銅板が腐食する	腐蝕
ふける	ふける　読書にふける	耽る	ブジョク	侮辱	
フゴウ	富豪		フシン	普請　家の普請	
	符合　ぴたりと符合する				

フシン	不信	不信の念を持つ		フタン	負担	
	腐心	対策に腐心する		フダン	不断	優柔不断	
	不振	業績不振			ふだん	ふだん考えていること	△普段
フズイ	付随		×附随	ふち	縁ふち エン	
フゼイ	風情				附置		×付置
ふせぐ	防ぐ			フチャク	付着		×附着
フセツ	敷設	鉄道を敷設する		フツ	払フツ はらう	
ふせる	伏せる				沸フツ わく・わかす	
フセン	付箋	付箋を付けた手紙		ブツ	仏ブツ ほとけ	
					物ブツ・モツ もの	
フソク	不測	不測の出来事		フツウ	普通	
	附則		×付則	ふつか	二日	
フゾク	附属		×付属	ブッシツ	物質	
フソクフリ	不即不離	不即不離の関係		フッショク	払拭	旧弊の払拭〔除去、一掃〕
ふた	蓋			ふつつか	ふつつか	ふつつかな者ですがよろしく	×不×束
ふだ	札ふだ サツ					
ぶた	豚ぶた トン					
フタイ	附帯	附帯条件	×付帯	フッテイ	払底	
フタク	付託	委員会に付託する	×附託	フットウ	沸騰	
	負託	国民の負託にこたえる		ふで	筆ふで ヒツ	
				フテキ	不敵	大胆不敵
ふたたび	再び			フト	ふと	ふと思い付いた	△△不図
ふたつ	二つ		×2つ			
ふたり	二人			ふとい	太い	

よみ	用例	
ふところ	懐（ふところ・なつかしい・なつかしむ・なつく・なつける／カイ）	
ブどまり	※歩留り　歩留りが良い	
ふとる	太る	
<u>ふな</u>	船（艘セン・ふね）／舟（艘シュウ・ふね）	
ふなつきば	※船着場	
ふなづみカモツ	※船積貨物	
ふなよい	船酔い	
フなれ	不慣れ	
フニン	赴任	
ふね	船（ふね・艘セン）／舟（ふね・艘シュウ）	
フばらい	※不払　／※賦払	
フビ	不備　書類が不備だ	
ふぶき	吹雪	
ふまえる	踏まえる	
ふみ	文（ふみ／フン・モン）	
ふみきり	※踏切	
ふみきる	踏み切る　改正に踏み切る	
ふみにじる	踏みにじる　好意を踏みにじる	踏み躙る
ふみはずす	踏み外す　階段から足を踏み外す	
ふむ	踏む	
フむき	不向き	
ふもと	麓（ふもと／ロク）	
ふやす	増やす　人数を増やす／殖やす　財産を殖やす	
ふゆ	冬（ふゆ／トウ）	
フゆきとどき	不行き届き	
フヨ	付与	
フヨウ	扶養	
ブヨウ	舞踊	
ふらす	降らす	
フラン	腐乱	腐爛
ふり	降り　雨降り／振り　バットの振り／ふり　見ないふりをする	
ふりかえ	※振替	
ふりかえる	振り替え　休みを振り替える／振り返る　後ろを振り返る	
ふりかざす	振りかざす　刀を振りかざす	振り翳す

ふ

274

ふりがな	振り仮名		
ふりきる	振り切る	急道を振り切る	
ふりこみキン	※振込金		
ふりこむ	振り込む		
ふりだし	※振出し	手形の振出し	
	※振出《人》		
ふりだす	振り出す		
ふりつけ	振り付け	踊りの振り付け	
ふりまく	振りまく	香水を振りまく	振り撒く
ふりむく	振り向く	後ろを振り向く	
フリョ	不慮	不慮の災難	
ふりわける	振り分ける	左右に振り分ける	
ふる	振る		
	降る		
ふるい	古い		
	ふるい	ふるいに掛ける	✕篩
ふるう	奮う	勇気を奮う	
	震う	大地が震う	
	振るう	腕を振るう	
ふるえる	震える		
ふるす	古す	使い古す	

ふるって	奮って	奮って参加してください
ふるまう	振る舞う	堂々と振る舞う
ふるわす	震わす	
ふれあう	触れ合う	
ふれまわる	触れ回る	
ふれる	振れる	
	触れる	
フロク	付録	
フロしき	風呂敷	風呂敷包み
フわたり	不渡り	不渡りの小切手
フわたりてがた	※不渡手形	
フワライドウ	付和雷同	
フン	分 わける・わかれる・わかつ・わかる	
	粉 こな・こ	
	奮 ふるう	
	紛 まぎれる・まぎらす・まぎらわしい・まぎらわす	
	憤 いきどおる	
	雰	
	墳	
	噴 ふく	
ブン	分 わける・わかれる・わかつ・わかる	
	文 ふみ	

ふ

275

ブン	聞 ブン・モン きく・きこえる		フンサイ	粉砕	
フンイキ	雰囲気〔気分、情勢、空気〕		フンショク	粉飾　事実を粉飾する	×扮飾
ブンカ	文化		ふんする	ふんする	×扮する
フンガイ	憤慨　大いに憤慨する		ブンセキ	分析	
ブンカツ	分割		フンソウ	紛争	
ブンカツばらい	※分割払		ふん装	お姫様にふん装する	×扮装
フンキ	奮起	×慣起	ふんばる	踏ん張る　足を踏ん張る	
ブンキ	分岐　鉄道の分岐点		ブンピツ	分泌	
フンキュウ	紛糾		フンベツ	分別　分別盛り	
ブンゲイ	文芸		ブンヤ	分野	

へ

ヘ	辺 ヘ・あたり ヘン		ヘイ	蔽 ヘイ	
ヘイ	平 ヘイ・ビョウ たいら・ひら			餅 ヘイ もち	
	兵 ヘイ・ヒョウ			塀 ヘイ	
	陛 ヘイ		ヘイ	病 ヘイ・ビョウ やむ・やまい	
	丙 ヘイ		ベイ	米 ベイ・マイ こめ	
	並 ヘイ なみ・ならべる・ならぶ・ならびに		ヘイイ	平易	
	併 ヘイ あわせる		ヘイオン	平穏	
	柄 ヘイ がら・え		ヘイキン	平均	
	閉 ヘイ とじる・とざす・しめる・しまる		ヘイソ	平素　平素は…	
	幣 ヘイ		ヘイタン	平たん	×平坦
	弊 ヘイ		ヘイレツ	並列	

読み	用例	漢字
ページ	ページ	頁×
ヘキ	癖 ヘキ/くせ	
	壁 ヘキ/かべ	
べき	べき …すべきだ	可き×
ヘキエキ	へきえき〔閉口・しりごみ〕	辟易×△
ヘキトウ	へき頭　委員会はへき頭から荒れた〔冒頭、最初、初め〕	劈頭×
へこむ	へこむ	凹む×
へた	下手	
へだたり	隔たり	
へだたる	隔たる	
へだてる	隔てる	
ベツ	別 ベツ/わかれる	
	蔑 ベツ/さげすむ	
ベツジョウ	別状　生命に別状はない	
	別条　別条のない毎日	
ベツダン	別段　別段の定めあるもの	
ベツに	別に	
べに	紅 べに/くれない コウ/2	
へび	蛇 へび/ジャ・ダ	
へや	部屋	
へらす	減らす	

読み	用例	漢字
へり	へり	縁×
へりくだる	へりくだる	遜る×・謙る×
へる	経る　年月を経る・手続を経る	
	減る　体重が減る	
ヘン	辺 ヘン/あたり・べ　その辺	
	返 ヘン/かえす・かえる	
	変 ヘン/かわる・かえる	
	編 ヘン/あむ	
	片 ヘン/かた	
	偏 ヘン/かたよる	
	遍 ヘン	
ベン	弁 ベン	
	便 ベン・ビン/たより	
	勉 ベン	
ベンエキ	便益　便益を供する	
ベンカイ	弁解	
ヘンカク	変革　社会の変革	
ベンガク	勉学	
ヘンカン	返還	
ベンギ	便宜　便宜供与	
ヘンキャク	返却	
ヘンキョウ	偏狭	
ヘンクツ	偏屈	

へ

ヘンコウ	偏向		ベンタツ	べんたつ〔激励、励まし〕	鞭撻^{××}
ヘンサイ	返済		ヘンチョウ	変調　体に変調を来す	
ヘンザイ	偏在　物資が偏在する			偏重　学歴の偏重	
ベンサイ	弁済　債務の弁済		ヘンテツ	編てつ→〔つづる〕	編綴[×]
ヘンジ	返事		ヘンな	変な　変な話	
ヘンシュウ	編集　新聞の編集	編輯[×]	ベンベツ	弁別→〔識別〕	
ベンショウ	弁償		ヘンボウ	変ぼう　都市が大きく変ぼうする〔変化〕	変貌[×]
ヘンする	偏する　一方に偏する		ベンリ	便利	
ベンずる	弁ずる　一席弁ずる		ヘンレイ	返戻→〔返却・返す〕	
ベンゼツ	弁舌　弁舌さわやか		ベンレイ	勉励　学問に勉励する	
ヘンセン	変遷　時代の変遷				
ヘンソク	変則　変則的な扱い		ヘンレキ	遍歴	

ほ

ホ	歩 ホ・ブ・フ あゆむ・あるく		ほ	火 ほ・ひ 方
	保 ホ たもつ		ボ	母 ボ はは
	哺 ホ			墓 ボ はか
	補 ホ おぎなう			募 ボ つのる
	捕 ホ とらえる・とらわれる・とる・つかまえる・つかまる			慕 ボ したう
	浦 ホ うら			暮 ボ くらす・くれる
	舗 ホ			簿 ボ
ほ	帆 ほ ハン			模 ボ・モ
	穂 ほ スイ		ホイク	保育	哺育[×]

278

ホウ				ボウ	望 ボウ・モウ のぞみ	
	方 ホウ かた	方針、方角			貿 ボウ	
	包 ホウ つつむ				貌 ボウ	
	放 ホウ はなす・はなつ・はなれる				暴 ボウ・バク あばれる・あばく	
	法 ホウ・ハッ・ホッ				亡 ボウ・モウ ない	
	報 ホウ むくいる				乏 ボウ とぼしい	
	豊 ホウ ゆたか				忙 ボウ いそがしい	
	邦 ホウ				坊 ボウ・ボッ	
	芳 ホウ かんばしい				冒 ボウ おかす	
	宝 ホウ たから				妨 ボウ さまたげる	
	奉 ホウ・ブ たてまつる				忘 ボウ わすれる	
	封 ホウ・フウ				房 ボウ ふさ	
	泡 ホウ あわ				剖 ボウ	
	抱 ホウ だく・いだく・かかえる				肪 ボウ	
	胞 ホウ				某 ボウ	
	峰 ホウ みね				帽 ボウ	
	砲 ホウ				傍 ボウ かたわら	
	俸 ホウ	俸給			棒 ボウ	
	倣 ホウ ならう				妄 ボウ・モウ	
	崩 ホウ くずれる・くずす				紡 ボウ つむぐ	
	訪 ホウ おとずれる・たずねる				謀 ボウ・ム はかる	
	蜂 ホウ はち				膨 ボウ ふくらむ・ふくれる	
	飽 ホウ あきる・あかす					
	褒 ホウ ほめる			ボウエキ	貿易	
	縫 ホウ ぬう			ホウカイ	崩壊	崩潰×
ボウ	防 ボウ ふせぐ			ボウガイ	妨害	妨碍×

ほ

279

ほ

読み	用例	（×）
ホウカツ	包括　包括的に説明する	
ホウガン	包含　栄養分を包含する	
ボウカン	傍観	
ホウキ	放棄	抛棄
ボウギョ	防御	防禦
ボウサツ	忙殺　準備に忙殺される	
ホウシ	芳志	
ホウシュウ	報酬	
ホウジョ	ほう助	幇助
ホウショウ	報奨　完納を報奨する	
	報償　損害に対し報償を要求する	
	褒賞　功労者への褒賞	
ホウソウ	放送	
ホウタイ	包帯	繃帯
ボウダイ	膨大〔尨大〕	尨大
ホウチョウ	包丁	庖丁
ボウチョウ	膨張　予算が膨張する	
	傍聴	
ボウトク	冒とく　神を冒とくする〔侵害、汚す〕	冒瀆

読み	用例	（×）
ホウフ	抱負　抱負を述べる	
	豊富　豊富な知識	
ホウホウ	方法	
ホウマン	放漫　放漫な経営	
ほうむる	葬る	
ホウメン	方面	
ホウモン	訪問	
ホウヨウ	包容　包容力	
ホウリツ	法律	
ボウリャク	謀略	
ホウレイ	法令	
ホウレツ	放列　カメラの放列	
ほえる	ほえる	吠える・吼える
ほか	外　ほか・そと・はずす・はずれる　ガイ・ゲ　殊の外	
	ほか　特別の場合を除くほか【法令では仮名書き】	
	他　他の意見	
ホカク	捕獲	
ボキ	簿記	
ホク	北　ホク・きた	
ボク	木　ボク・モク　き・こ	
	朴　ボク	
	牧　ボク・まき	

ボク	僕 ボク		ホショウ	補償　損害を補償する		
	撲 ボク		ほす	干す	乾す	
	墨 ボク すみ　墨汁		ほそい	細い		
	睦 ボク		ホソウ	舗装　舗装道路	鋪装	
ボク	目 ボク・モク あ・ま		ホソク	捕捉		
ボクメツ	撲滅　暴力を撲滅する		ほそめる	細める		
ほこ	矛 ほこ ム　矛先	鉾・戈	ほそる	細る		
ほご	ほご　約束をほごにする	反故	ほたる	蛍 ほたる ケイ		
ホゴ	保護		ホツ	発 ホツ・ハツ		
ほこり	誇り		ホッ	法 ホッ・ホウ・ハッ		
	ほこり　ほこりがひどい	埃	ボツ	没 ボツ		
ほこる	誇る		ホッサ	発作		
ほころび	綻び　縫い目の綻び		ほっする	欲する		
ホサ	補佐	輔佐	ボッする	没する	歿する	
ほし	星 ほし セイ・ショウ		ボッパツ	勃発　大事件が勃発する〔突発〕		
ほしい	欲しい　車が欲しい		ホテン	補填　赤字の補填〔補充、穴埋め〕		
	…(て)…してほしいほしい	欲しい				
			ほど	程 ほど テイ　程遠い、身の程、程なく		
ほしいままに	ほしいまま　地位をほしいままにする	恣に・縦に	ほど	先ほど、後ほど、今朝ほど	程	
ホショウ	保証　品質を保証する		ほど (助詞)	…ほど　少ないほど良い	程	
	保障　安全保障		ホドウキョウ	歩道橋		

ほ

ほどく	ほどく	×解く	ほり	彫り		
ほとけ	仏 ほとけ／ブツ			※《鎌倉》彫		
ほどこす	施す		ほりぬき イド	※掘抜井戸		
ほとばしる	ほとばしる　水がほとばしる	×迸る	ほる	掘る　地を掘る		
ほとり	ほとり　池のほとり	×辺		彫る　仏像を彫る		
ほとんど	ほとんど	×殆ど	ほれる	ほれる　演奏に聴きほれる	×惚れる	
ほね	骨 ほね／コツ		ほろびる	滅びる	×亡びる	
ほねおり	骨折り　骨折り損のくたびれもうけ		ほろぶ	滅ぶ	×亡ぶ	
ほねぐみ	骨組み		ほろぼす	滅ぼす	×亡ぼす	
ほねぬき	骨抜き　計画を骨抜きにする		ホン	本 ホン／もと　本決まり		
				奔 ホン		
ほのお	炎 ほのお／エン	×焰		翻 ホン／ひるがえる・ひるがえす		
ほのか	ほのか　空がほのかに明るい	×仄か	ホン	反 ホン・ハン／そる・そらす　タン		
ほのめかす	ほのめかす　退職をほのめかす	×仄めかす	ボン	凡 ボン・ハン		
				盆 ボン		
ホボ	保母	×保姆	ボン	煩 ボン・ハン／わずらう・わずらわす		
ほほ	頬	（「ほお」とも）	ホンシツ	本質		
			ホンだな	本棚		
ほぼ	ほぼ　ほぼ間違いない	×略	ホントウ	本当　本当の話		
ほまれ	誉れ		ホンポウ	奔放　奔放な性格		
ほめる	褒める	×賞める		本俸		
ほら	洞 ほら／ドウ　洞穴			本邦		
ほり	堀 ほり／外堀、釣堀	×濠	ホンヤク	翻訳		

ま

マ	麻 ^マあさ		マイソウ	埋葬	
	摩 ^マ		まいり	参り　お宮参り	
	磨 ^マみがく		まいる	参る　…に参る	
	魔 ^マ		まいる	参る　…してまいりました	[△]参る
ま	真 ^まシン		マイル	マイル	[×]哩
	間 ま・あいだ カン・ケン		まう	舞う	
<u>ま</u>	目 ^{ま・め}モク・<u>ボク</u>		まうえ	真上	
	馬 ^{ま・うま}バ		まえ	前 ^{まえ}ゼン	
まあたらしい	真新しい		まえいわい	前祝い	
マイ	米 マイ・ベイ こめ		まえうけキン	※前受金	
	毎 ^{マイ}		まえうり	前売り	
	妹 ^{マイ}いもうと		まえおき	前置き	
	枚 ^{マイ}		まえがき	前書き	
	昧 ^{マイ}　曖昧		まえがしキン	※前貸金	
	埋 ^{マイ}うめる・うまる・うもれる		まえがり	前借り	
まい	舞 ^{まい・まう}ブ		まえばらい	※前払	
まいあがる	舞い上がる		まえぶれ	前触れ	
マイキョ	枚挙　枚挙にいとまがない		まえむき	前向き	
まいご	迷子		まえもって	前もって	前[×]以って
まいこむ	舞い込む		まえわたし	前渡し	
マイシン	まい進〔突進、突き進む〕	[×]邁進			

読み	用例	表外	読み	用例	表外
まがいもの	まがい物	×紛い物	まきとり	※巻取り	
			まきもの	※巻物	
まかす	任す　後のことを任す		まぎらす	紛らす	
	負かす　相手を負かす		まぎらわしい	紛らわしい	
まかせる	任せる　仕事を任せる		まぎれこむ	紛れ込む	
まかない	賄い		まぎれる	紛れる	
まかなう	賄う		まぎわ	間際　締切り間際	
まがり	間借り		マク	膜 マク	
まがる	曲がる			幕 マク・バク	
まき	牧 まき／ボク		まく	巻く	
	巻 まき・まく／カン　上の巻		まく	まく　種をまく	×蒔く・×播く
	まき　まきを燃やす	×薪		水をまく	×撒く
	巻き　糸の巻きが緩む		まくら	枕 まくら	
まきあげキ	※巻上機		まくる	まくる　腕をまくる	×捲る
まきあげる	巻き上げる		まぐれ	まぐれ　まぐれ当たり	×紛
まきかえし	巻き返し		まけ	負け	
まきかた	巻き方　ひもの巻き方を強くする		まけおしみ	負け惜しみ	
			まげて	まげて　まげて御承諾を…	×枉げて
まきがみ	※巻紙		まける	負ける	
まきジャク	※巻尺		まげる	曲げる	
まきぞえ	巻き添え		まご	孫 まご／ソン	
まきつけ	※巻付け		まごころ	真心	

読み	用例	備考	読み	用例	備考
まごつく	まごつく	間誤付く	ます	増す	
まこと	誠 まこと・セイ 誠のある人		まず	まず まず最初に	先ず
まことに	誠に 誠に残念です	真に・実に	まずい	まずい	拙い・不味い
まさ	正 まさ・ただしい・ただす セイ・ショウ		まずしい	貧しい	
まさか	まさか まさかそんなことは	真逆	ますます	ますます ますます増加する	益々
まさしく	正しく 正しく推測のとおり		まぜる	混ぜる 絵の具を混ぜる	
マサツ	摩擦			交ぜる 交ぜ織り	
まさに	正に 正に指摘のとおり	将に・方に	また	又 又聞き、又の機会に…	
まさる	勝る	優る	また（接続詞）	また …であり、また…である、山また山	又・赤
まざる	混ざる 不良品が混ざる		まだ	まだ まだ早い	未だ
	交ざる 麻が交ざっている		またぐ	またぐ	跨ぐ
まじえる	交える		またたく	瞬く	
まして	まして まして…ならば	況して	または（接続詞）	又は （a若しくはb）又はc	
まじめ	真面目 まじめな人		まだら	斑 まだら・ハン	
まじる	混じる 異物が混じる		まち	町 まち・チョウ	
	交じる 漢字仮名交じり文			街 まち・カイ・ガイ	
まじわり	交わり		まちあい	※待合 《室》	
まじわる	交わる		まちあわせ	待ち合わせ 待ち合わせ時間	
ます	升 ます ショウ		まちあわせる	待ち合わせる	

ま

まちうける	待ち受ける		マツゴ	末期　末期の水	
まちがい	間違い		まっさお	真っ青	
まちがえる	間違える		まっさき	真っ先　真っ先に走り出す	
まぢかだ	間近だ		マッショウ	抹消　文句を抹消する	
まちかど	街角		まっしろ	真っ白	
まぢかに	間近に		まっすぐ	まっすぐ	ᣂ真っ直ぐ
まちかねる	待ち兼ねる		まったく	全く	
まちどおしい	待ち遠しい		まっとうする	全うする　使命を全うする	完うする
まちなみ	町並み	街́並み	マツビ	末尾　末尾の数字	
まちはずれ	町外れ		まつり	祭り	
まちびと	待ち人		まつりごと	政 まつりごと セイ・ショウ	
まちまち	まちまち	区́々	まつる	祭る	祀る
まちわびる	待ちわびる	待ち侘びる	まで	まで　6時までに…	迄・迨
マツ	末 マツ・バツ すえ		まと	的 まと テキ	
	抹 マツ		まど	窓 まど ソウ	
まつ	松 まつ ショウ		まどう	惑う	
	待つ　父の帰りを待つ		まとめる	まとめる	纏める
	まつ　…にまつところが多い	俟つ	まどり	間取り	
まっか	真っ赤		まどわす	惑わす	
まっくら	真っ暗　真っ暗やみ		まなこ	眼 まなこ ガン・ゲン	
まっくろ	真っ黒		まなぶ	学ぶ	
			まにあう	間に合う	

ま

まぬかれる	免れる		まゆ	眉　眉をひそめる	
まね	まね　人のまねをする	[△]真[×]似	まよい	迷い	
			まよい	ご迷い子	
まねく	招く		まよう	迷う	
まのあたり	目の当たり	目の当たりに見る	まよわす	迷わす	
			まる	丸 まる・まるい・まるめる ガン	
まのび	間延び		まるあらい	丸洗い	
まばたく	まばたく	[×]瞬く			
まばゆい	まばゆい	^{×××}目映い ・[×]眩い	まるい	円い　円い窓	
				丸い　背中が丸い	
まばらな	まばらな	[×]疎らな	まるで	まるで　まるで…のようだ	[△]丸で
マヒ	まひ　心臓まひ	[×]麻[×]痺	まるみ	丸み	
まひる	真昼		まるみえ	丸見え	
まぶしい	まぶしい	[×]眩しい	まるめる	丸める	
まぼろし	幻 まぼろし ゲン		まるやき	丸焼き　鳥の丸焼き	
まま	まま　そのまま	[×]儘	まるやけ	丸焼け　火事で丸焼けになった	
まみれる	まみれる　汗にまみれる	[×]塗れる			
			まれに	まれに	[×]稀に・[×]希に
まむかい	真向かい				
まめ	豆 まめ・[×]ズ トウ		まわす	回す	[×]廻す
マメツ	磨滅		まわり	回り　火の回りが速い、身の回り	[×]廻り
まめに	まめに　まめに働く	^{××}忠実に			
まもなく	間もなく			周り　池の周り、周りの人	
まもり	守り	[×]護り			
まもる	守る	[×]護る	まわりくどい	回りくどい	回り[×]諄い
まゆ	繭 まゆ・[×]蚕の繭 ケン				

まわりみち	回り道	回り路	マンキツ	満喫
まわりもち	回り持ち		マンざら	満更　満更…でもない
まわる	回る	廻る	マンセイ	慢性
マン	万 マン・バン		マンゼン	漫然
	満 マン みたす・みちる		マンゾク	満足
	漫 マン 漫画・漫才		まんなか	真ん中
	慢 マン 自慢・怠慢		マンベンなく	満遍なく
マンイチ	万一　万一…したときは		まんまる	真ん丸
マンエン	まん延	蔓延		

み

ミ	未 ミ		みあわせる	見合わせる	
	味 ミ あじ・あじわう		みいだす	見いだす	見出す
	眉 ミ・ビ まゆ		みうける	見受ける	
	魅 ミ		みうごき	身動き	
み	身 み シン 身が引き締まる		みうしなう	見失う	
	実 み・みのる ジツ 木の実		みえ	見え　見えを張る	見栄
み（接頭語）	み　み霊	御	みえる	見える	
み（接尾語）	み　弱み、有り難み	味	みおくり	見送り	
みあい	見合い		みおくる	見送る	
みあげる	見上げる		みおさめ	見納め	
みあわせ	※見合せ		みおとし	見落とし	
			みおとり	見劣り	

みおぼえ	見覚え		みこみ	見込み	
みかえり	見返り		みこみガク	※見込額	
みかえりブッシ	※見返物資		みこみスウリョウ	※見込数量	
みがく	磨く　腕を磨く	研く	みこみノウフ	※見込納付	
みかけ	見掛け　見掛けほどよくない		みさお	操 みさお・あやつる／ソウ	
ミかた	味方　敵と味方		みさき	岬 みさき	
みかた	見方　見方によっては		みささぎ	陵 みささぎ／リョウ	
みかねる	見兼ねる　見るに見兼ねる		みさだめる	見定める	
みがまえ	身構え		みじかい	短い	
みがら	身柄　身柄を引き取る		みじめ	惨め	
みがる	身軽　身軽な服装		ミジン	みじん　みじんに砕く	微塵
みがわり	身代わり		みず	水 みず／スイ	
みき	幹 みき／カン		みずあげ	水揚げ	
みぎ	右 みぎ／ウ・ユウ		みずうみ	湖 みずうみ／コ	
みきり	見切り　見切りをつける		みすえる	見据える	
みぎり	みぎり〔折、際（さい）〕	砌	みずかけロン	水掛け論	
みきわめる	見極める		みずから	自ら　自ら名のり出る	
みぐるしい	見苦しい		みずけむり	水煙	
みごと	見事　見事な出来	美事	みすてる	見捨てる	見棄てる
みことのり	詔 みことのり／ショウ		みずひき	※水引　水引を掛ける	

み

みずびたし	水浸し		みだれる	乱れる	
みずまし	水増し		みち	道（みち・ドウ・トウ）	路・途・径
みすみす	みすみす　みすみす損をする		みちがえる	見違える	
みずみずしい	みずみずしい	瑞瑞しい	みぢかに	身近に	
			みちづれ	道連れ	
ミする	魅する		みちのり	道のり	道程
みせ	店（テン）		みちばた	道端	
みせかけ	見せ掛け		みちびく	導く	
みせさきわたし	店先渡し		みちる	満ちる	
みせば	見せ場		ミツ	密（ミツ）	
みせもの	見せ物		みつ	蜜（みつ）	
みせる	見せる		みつおり	三つ折り	
ミゼン	未然　未然に防ぐ		みっか	三日	
みぞ	溝（コウ）		みつぐ	貢ぐ	
ミゾウ	みぞう〔空前、かつてない、初めての〕	未曽有	みつける	見付ける	
			ミッシュウ	密集	
みそこなう	見損なう		ミッセツ	密接	
みだし	見出し		みっつ	三つ	3つ
みたす	満たす	充たす	ミッペイ	密閉	
みだす	乱す		みつめる	見つめる	
みたて	見立て　医者の見立て		みつもり	※見積り	
				※見積《書》	
みだりに	みだりに	妄に・濫に	みつもる	見積もる	

み

みとおし	見通し			みにくい	見にくい　見にくい席	見難い
みどころ	見どころ	この映画の見どころは…		みね	峰（みね ホウ）	
				みのがす	見逃す	
みとどける	見届ける			みのまわり	身の回り	
みとめイン	認め印			みのり	実り	稔り
みとめる	認める			みのる	実る	
みどり	緑（みどり リョク・ロク）		翠	みばえ	見栄え　見栄えがする品	
みとりズ	※見取図			みはなす	見放す	
みとれる	見とれる		見惚れる	ミはらい	※未払	
みな	皆（みな カイ）			ミはらいカンジョウ	※未払勘定	
みなおす	見直す					
みなぎる	みなぎる		漲る	ミはらいネンキン	※未払年金	
みなす	みなす　同一のものとみなす		看做す・見做す	みはらし	見晴らし	
みなと	港（みなと コウ）			みはらしダイ	見晴らし台	
みなみ	南（みなみ ナン・ナ）			みはり	見張り	
みなもと	源（みなもと ゲン）			みはりバン	見張り番	
みならい	※見習			みはる	みはる　目をみはる	瞠る
みならいコウ	※見習工			みぶり	身振り	
みならう	見習う			みまい	見舞い	
みなり	身なり			みまいヒン	※見舞品	
みなれる	見慣れる			みまもる	見守る	
みにくい	醜い					

み

291

みまわす	見回す		ミョウリ	冥利	
みみ	耳 みみ／ジ		みより	身寄り	
みみうち	耳打ち		ミリグラム	ミリグラム　mg	ˣ瓱
みみざわり	耳障り		ミリメートル	ミリメートル　㎜	ˣ粍
みみより	耳寄り　耳寄りな話		みる	見る　遠くの景色を見る、面倒を見る	ˣ看る・ˣ観る・ˣ視る・ˣ覧る
みや	宮 みや・キュウ・グウ・ｸ				
ミャク	脈 ミャク				
ミャクラク	脈絡				
みやげ	土産			診る　患者を診る、脈を診る	
みやこ	都 みやこ／ト・ツ				
みやすい	見やすい	ˣ見易い		…(て)　…してみる	△る
				みる	
みやぶる	見破る		ミレン	未練	
ミョウ	名 ミョウ・メイ／な　戒名		ミワク	魅惑	
	明 ミョウ・メイ／あかり・あかるい・あかるむ・あからむ・あきらか・あける・あく・あくる・あかす　光明		みわける	見分ける	
			みわたす	見渡す	
	冥 ミョウ・メイ		ミン	民 ミン／たみ	
	命 ミョウ・メイ／いのち　寿命			眠 ミン／ねむる・ねむい	
	妙 ミョウ　妙味		みんな	みんな	皆
ミョウジ	名字	ˣ苗字			
ミョウに	妙に				

む

| ム | 務 ム／つとめる | | ム | 武 ム・ブ | |
| | 無 ム・ブ／ない | | | 矛 ム／ほこ | |

読み	用例	参考
ム	夢 ム(ゆめ)	
	霧 ム(きり)	
ム	謀 ム・ボウ(はかる)	
むい	六 ロク(むい・むつ・むっつ・む)	
むかい	向かい	
むかいあう	向かい合う	
むかう	向かう	
むかえ	迎え	
むかえる	迎える	
むかし	昔 むかし(セキ・シャク)	
ムガムチュウ	無我夢中	
むき	向き　向きを変える	
むぎ	麦 むぎ(バク)	
むきだし	むき出し	
むきなおる	向き直る	
ムク	むく　金むくの仏像	無垢
むく	向く　横を向く	
	むく　みかんの皮をむく	剝く
むくいる	報いる	酬いる
むけ	向け　外国向け	
ムゲに	無下に　無下に断れぬ	
むける	向ける	
ムゲン	無限　無限に続く	
むこ	婿 むこ(セイ)	聟
むごい	むごい	惨い・酷い
むこう	向こう　向こうに見える丘	
むこうぎし	向こう岸	
むさぼる	むさぼる	貪る
ムザンな	無残な　無残な姿	無慙な
むし	虫 むし(チュウ)	
むしあつい	蒸し暑い	
むしかえす	蒸し返す	
むしくい	虫食い	
むしばむ	むしばむ	蝕む
むしぼし	虫干し	
ムジャキ	無邪気	
ムジュン	矛盾	
ムショウ	無償	
ムショウに	むしょう　むしょうに腹が立つ	無性に
むしろ	むしろ　むしろを敷く	蓆・筵
	…よりはむしろ…だ	寧ろ
むす	蒸す	

む

むずかしい	難しい	
むすこ	息子	
むすぶ	結ぶ	
むすめ	娘(むすめ)	
むせびなき	むせび泣き	×噎び泣き
むせぶ	むせぶ	△咽ぶ
むせる	むせる　煙にむせる	
ムゾウサに	無造作に　無造作に描く	
ムダ	無駄　無駄が多い	
ムチ	無知	×無智
ムチャ	むちゃ　むちゃなことをする	△無△茶
むつまじい	むつまじい	×睦まじい
ムとどけ	無届け	
むな	胸(むな・キョウ・むね)	
むなさわぎ	胸騒ぎ	
むなしい	むなしい	×空しい・△虚しい
ムニ	無二　無二の親友	
むね	旨(むね・シ)　その旨、了承されたい	
	胸(むね・むな・キョウ)	
	棟(むね・むな・トウ)　棟上げ式	

ムフンベッ	無分別	
ムボウ	無謀　無謀運転	×無暴
ムホン	謀反	
むやみに	むやみに	△×無暗に・△×無闇に
むら	村(むら・ソン)	
むら	群(むら・むれ・むれる・グン)　群すずめ	
むらがる	群がる	
むらさき	紫(むらさき・シ)	
むらす	蒸らす	
ムリ	無理　無理をするな、無理に…する	
ムリじい	無理強い	
ムリやり	無理やり	△無理矢△理
むれ	群れ	
むれる	群れる	
	蒸れる	
むろ	室(むろ・シツ)	
ムロン	無論	

む

294

め

め	女 め・おんな ジョ・ニョ・ニョウ		メイキ	明記　本文に明記する	
	目 め・ま モク・ボク　目と鼻、 三番目		メイギ	名義	名儀×
	芽 め ガ		メイギか きかえ	※名義書換	
	雌 め・めす シ		メイずる	命ずる	
め (接尾語)	…め　少なめ、長め、 細め、厚め	目△		銘ずる　肝に銘ずる	
めあたら しい	目新しい		メイフク	冥福	
めあて	目当て		メイミャ ク	命脈	
メイ	名 メイ・ミョウ な		メイメイ に	銘々に　銘々に分け る	
	命 メイ・ミョウ いのち		メイモク	名目	
	明 メイ・ミョウ あかるい・あきらか あける・あかり・あからむ あからむ・あく・あくる あかす		メイリョ ウ	明瞭〔明白、明確〕	
	迷 メイ まよう		メイワク	迷惑　ご迷惑をおか けする	
	冥 メイ		めうつり	目移り	
	盟 メイ		メートル	メートル　m	米×
	鳴 メイ なく・なる・ならす		めかくし	目隠し	
	銘 メイ		めがける	目掛ける	
めい	めい　あの娘は私の めいです	姪×	めかた	目方	
メイアン	明暗		めがね	眼鏡	
メイカイ	明快		めぐむ	恵む	
メイがら	銘柄		めぐらす	巡らす	
メイキ	銘記　心に銘記する				

めぐり	巡り　島巡り	廻り・回り	めでたい	めでたい	△△×目出度い
めくる	めくる　ページをめくる	×捲る	めど	めど　めどがたたない〔目途〕	×目処
めぐる	巡る		めばえ	芽生え	
	めぐる　我が国をめぐる	△巡る	めばり	目張り　窓に目張りをする	
めさき	目先		めべり	目減り	
めざす	目指す		めぼしい	めぼしい	
めざとい	目ざとい	×目敏い	めまい	めまい　めまいがする	××眩暈
めざましい	目覚ましい		めまぐるしい	目まぐるしい	
めざめる	目覚める		めめしい	女々しい	
めざわり	目障り		めもり	目盛り　寒暖計の目盛り	
めし	飯 めし ハン		めやす	目安　…を一応の目安にする	
めしあがる	召し上がる		メン	面 メン おも・おもて・つら	
めじるし	目印			綿 メン わた	
めす	雌 めす・め シ			免 メン まぬかれる　職を免ずる	
	召す			麺 メン	
めずらしい	珍しい		メンエキ	免疫	
めだつ	目立つ　一際目立つ		メンキョ	免許	
メツ	滅 メツ ほろびる・ほろぼす		メンくらう	面くらう	×面食らう・面×喰らう
めっき	めっき	××鍍金			
メッタに	めったに　めったに…しない	××滅多に	メンシキ	面識	

メンする	面する　通りに面する		メンボク（メンモク）	面目
メンずる	免ずる		メンミツ	綿密
メンセキ	免責　債務の免責			
メンセツ	面接			
メンドウ	面倒　面倒な手続、御面倒をおかけします			

も

モ	茂 しげる		もうしあわせジコウ	※申合せ事項
	模 モ・ボ		もうしあわせる	申し合わせる
も	喪 も／ソウ		もうしいれ	※申入れ
	藻 も／ソウ		もうしいれる	申し入れる
モウ	毛 モウ／け		もうしおくり	申し送り
	妄 モウ・ボウ　妄想		もうしおくる	申し送る
	望 モウ・ボウ／のぞむ		もうしこみ	※申込み
	盲 モウ			※申込 （（書））
	耗 モウ・<u>コウ</u>		<u>もうしこみずみ</u>	<u>申込済み</u>
	猛 モウ		もうしこむ	申し込む
	網 モウ／あみ		もうしたて	※申立て
<u>モウ</u>	亡 <u>モウ</u>・ボウ／ない			
もうける	設ける			
	もうける　金もうけ	×儲ける		
もうしあげる	申し上げる			
もうしあわせ	※申合せ			

もうしたてニン	※申立人		モクテキ	目的
もうしたてる	申し立てる		モクト	目途　年末完成を目途とする
もうしで	※申出		モクモクと	黙々と
もうしでる	申し出る		もぐり	潜り
もうしブン	申し分		もぐりこむ	潜り込む
もうしわけ	申し訳　申し訳ない		もぐる	潜る
もうしわたす	申し渡す		もくろみ	もくろみ　△目△論△見
もうす	申す		モケイ	模型
もうでる	詣でる		モサク	模索　暗中模索　×摸索
モウテン	盲点		もし	もし　もしも　×若し
モウラ	網羅　有名人を網羅する		もしくは（接続詞）	若しくは（a若しくはb）又はc
モウレツ	猛烈		もす	燃す
もえあがる	燃え上がる		モゾウ	模造
もえる	燃える		もだえる	もだえる　×悶える
もがく	もがく　もがき苦しむ		もたげる	もたげる　頭をもたげる　×擡げる
モギ	模擬		もたらす	もたらす　×齎す
もぎとる	もぎ取る		もたれる	もたれる　壁にもたれる　×凭れる
モク	木 モク・ボク き・こ		もち	餅 もち・ヘイ
	目 モク・ボク め・ま		もちあげる	持ち上げる
	黙 モク だまる		もちあじ	持ち味
モクサン	目算　目算が外れる		もちあるき	持ち歩き

も

もちあわせ	持ち合わせ		もったいない	もったいない	×勿△体無い
もちあわせる	持ち合わせる		もって	もって　…をもって	以って
			もっとも	最も　最も大切だ	
もちいえ	※持家			もっとも　もっともな御意見です、もっとも、…	×尤も
もちいる	用いる				
もちかぶ	持ち株				
もちこし	持ち越し		もっぱら	専ら　専ら仕事に力を入れる	
もちこみ	※持込み				
もちこみキンシ	※持込禁止		もつれる	もつれる	×縺れる
もちこむ	持ち込む		もてあそぶ	弄ぶ	
もちだし	持ち出し		もてあます	持て余す	
もちだす	持ち出す				
もちぬし	持ち主		もてなす	もてなす	
もちブン	※持分		もと	下 もと・した・しも・さげる・さがる・くだる・くだす・くださる・おろす・おりる　カ・ゲ	
もちまわり	持ち回り　持ち回り閣議			法の下に平等、連絡の下に	
もちもどる	持ち戻る		元 もと　ガン・ゲン　火の元、出版元、元が掛かる、元大臣だった	
もちもどり	持ち戻り				
もちもの	持ち物				
もちよる	持ち寄る		本 もと　ホン　本を正す	
もちろん	もちろん	×勿△論	基 もと・もとい　キ　資料を基にする	
モツ	物 モツ・ブツ　もの			もと　ケーキのもと	
もつ	持つ				
モッカ	目下　目下のところ		もとい	基 もとい・もと　キ	

もとうけ	※元請			ものおぼえ	物覚え	
もとうりギョウシャ	※元売業者			ものおもい	物思い　物思いにふける	
もどしいれ	※戻入れ			ものがたり	※物語	
もどしいれる	戻し入れる			ものがたる	物語る	
もとじめ	※元締			ものごし	物腰	
もどす	戻す　払い戻す			ものごと	物事	
もとづく	基づく			ものさし	物差し　物差しで測る	
もとどおり	元どおり	×元通り			物指し	
もとめる	求める			ものしり	物知り	
もとより	もとより　…はもとより	×固より・×素より		ものずき	物好き	
もとる	もとる　人道にもとる	×悖る		ものすごい	ものすごい	△×物凄い
もどる	戻る			ものたりない	物足りない	
もの	者 もの/シャ　18歳未満の者			ものほし	物干し	
	物 もの/ブツ・モツ　物を大切に扱う			ものほしダイ	※物干台	
	…もの　正しいものと認める	△物		ものものしい	物々しい	
ものいい	物言い			ものわかり	物分かり　物分かりのよい人	
ものいり	物入り　入り続く			ものわかれ	物分かれ	
ものうり	物売り			ものわらい	物笑い	
ものおき	※物置					
ものおと	物音					

もはや	もはや　もはや…ではない	^{×△}最早	もり	もり　魚をもりで突く	
モハン	模範		もりあがり	盛り上がり	
モホウ	模倣		もりかえす	盛り返す	
もみけす	もみ消す	[×]揉み消す	もりつち	※盛土	
もむ	もむ　肩をもむ	[×]揉む	もりばな	盛り花	
もめる	もめる　気がもめる	[×]揉める	もる	盛る	[×]洩る
もめん	木綿			漏る　雨が漏る	
もも	桃 ^{もも}_{トウ}　桃の木		もれなく	漏れなく　漏れなく通知せよ	
	もも　太もも	[×]腿・[×]股			
もやす	燃やす		もれる	漏れる　選に漏れる	[×]洩れる
モヨウ	模様		もろい	もろい	[×]脆い
もよおし	催し		もろもろの	もろもろの	[×]諸々の
もよおしもの	※催物		モン	文 ^{モン・ブン}_{ふみ}	
もよおす	催す			門 ^{モン}_{かど}	
もより	最寄り　最寄りの駅		問 ^{モン}_{とう・とい・とん}		
もらう	もらう　賞品をもらう、…してもらう	[×]貰う	聞 ^{モン・ブン}_{きく・きこえる}　聴聞		
			紋 ^{モン}		
もらす	漏らす	[×]洩らす・[×]泄らす	モンがまえ	門構え	
もり	森 ^{もり}_{シン}		モンダイ	問題	
	守 ^{もり・まもる}_{シュ・<u>ス</u>}　お守り、子守、灯台守		モンつき	紋付き	
	盛り　飯の盛りがよい		もんめ	匁 ^{もんめ}	

や

ヤ	冶（ヤ）		ヤク	役（ヤク・エキ）	
	夜（ヤ・よる・よ）			約（ヤク）	
	野（ヤ・の）			訳（ヤク・わけ）	
や	家（や・いえ・カ・ケ）			薬（ヤク・くすり）	
	屋（や・オク）			躍（ヤク・おどる）	
	矢（や・シ）			厄（ヤク）	
やおちょう	八百長		<u>ヤク</u>	益（ヤク・エキ）	
やおや	八百屋			疫（ヤク・エキ）	
やかた	館		やく	焼く	
やがて	やがて	×軈て	やく	焼く　世話をやく	△焼く
やかましい	やかましい	×喧しい	ヤクザイ	薬剤	
やき	※《《備前》》焼		ヤクジョ	躍如　面目躍如	
やきざかな	焼き魚		ヤクジョウ	約定	
やきつけ	※焼付け		ヤクシン	躍進	
やきつける	焼き付ける		ヤクす	訳す　英語に訳す	
やきなおし	焼き直し		ヤクする	約する　再会を約する	
やきニク	焼き肉		ヤクセキ	薬石　薬石効なく…	
やきはらう	焼き払う		ヤクソク	約束	
やきまし	焼き増し		ヤクだつ	役立つ	
やきもの	焼き物		ヤクづき	役付き	
			ヤクドウ	躍動	
			ヤクどし	厄年	

読み	用例	備考		読み	用例	備考
ヤクめ	役目			やすもの	安物	
ヤクわり	※役割			やすやすと	やすやすと	易々と
やけ	やけ　やけになる	自棄		やすらか	安らか	
やけあと	焼け跡			やすんずる	安んずる	
やけいし	焼け石　焼け石に水			やせる	痩せる	瘠せる
やける	焼ける			やたら	やたら　やたらにのどが渇く	矢鱈
やさがし	家捜し			やつ	八つ	
やさしい	易しい　易しい問題				やつ	奴
	優しい　優しい心遣い			やつあたり	八つ当たり	
ヤジ	やじ　やじを飛ばす	野次・弥次・邪		ヤッカイ	厄介	
				ヤッカン	約款	
やしき	※屋敷			ヤッキ	躍起　躍起になる	
やしなう	養う			やつぎばや	矢継ぎ早	
やしろ	社 やしろ シャ			やつれる	やつれる	窶れる
やすあがり	安上がり			やど	宿 やど・やどる・やどす シュク	
やすい	安い　値段が安い	廉い・易い		やとい	雇い	
	やすい　…しやすい、読みやすい			やといいれ	※雇入れ	
やすうけあい	安請け合い			やといいれケイヤク	※雇入契約	
やすうり	安売り			やといいれる	雇い入れる	
やすまる	休まる			やといぬし	※雇主	
やすみ	休み					
やすむ	休む					
やすめる	休める					

や

やとう	雇う		やみつき	病み付き	
やどす	宿す		やむ	病む　気に病む	
やどる	宿る		やむ	病む　雨がやむ	止む
やなぎ	柳 やなぎ リュウ				
やなみ	家並み		やむをえ ない	やむを得ない	已むを 得ない
やにわに	やにわに	矢庭に	やめる	辞める　会社を辞める	罷める
やぬし	家主		やめる	辞める　途中でやめる	止める
やはり (副詞)	やはり　やはり無理 だった	矢張り	やや	やや　ややそれに近 い	稍
ヤバン	野蛮		ややもす れば	ややもすれば	動もす れば
ヤヒ	野卑	野鄙	やよい	弥生	
やぶる	破る		やりこめ る	やり込める	遣り込 める
やぶれる	破れる　紙が破れる		やりすご す	やり過ごす	遣り過 ごす
	敗れる　勝負に敗れ る		やりとげ る	やり遂げる	遣り遂 げる
やま	山 やま サン		やまい	病 やまい・やむ ビョウ・ヘイ	やりとり	やり取り	
やましい	やましい	疚しい	やりなお す	やり直す	遣り直 す
やまづみ	山積み		やる	やる　やり方、使い をやる、読 んでやる	遣る
やまのぼ り	山登り				
やまば	山場　いよいよ山場 を迎えた		やるせな い	やるせない	遣る瀬 ない
やまびら き	山開き		やわらか い	柔らかい　柔らかい 毛布、 物柔ら かい態 度	
やまもり	山盛り				
やまわけ	山分け				
やみ	闇				

や

| やわらかい | 軟らかい　表情が軟らかい、軟らかな土 | | やわらげる | 和らげる |
| やわらぐ | 和らぐ　気持ちが和らぐ | | | |

ゆ

ユ	由 $\frac{ユ \cdot ユウ \cdot ユイ}{よし}$		ユウ	勇 $\frac{ユウ}{いさむ}$
	油 $\frac{ユ}{あぶら}$			遊 $\frac{ユウ \cdot ユ}{あそぶ}$
	輸 ^{ユ}			郵 ^{ユウ}
	愉 ^{ユ}			幽 ^{ユウ}
	諭 $\frac{ユ}{さとす}$			悠 ^{ユウ}
	癒 ^{ユ}			雄 $\frac{ユウ}{おす \cdot お}$
<u>ユ</u>	遊 $\frac{ユ \cdot ユウ}{あそぶ}$			裕 ^{ユウ}
ゆ	湯 $\frac{ユウ}{トウ}$			猶 ^{ユウ}
ゆあがり	湯上がり			誘 $\frac{ユウ}{さそう}$
ユイ	唯 ユイ・<u>イ</u>			優 $\frac{ユウ}{やさしい \cdot すぐれる}$
<u>ユイ</u>	由 $\frac{ユイ \cdot ユ \cdot ユウ}{よし}$			融 ^{ユウ}
	遺 <u>ユイ</u>・イ			憂 $\frac{ユウ}{うれい \cdot うれえる \cdot うい}$
ユイゴン	遺言		ゆう	夕 $\frac{ゆう}{セキ}$
ユイショ	由緒			結う
ゆいノウ	結納		ユウイ	有為　前途有為の青年
ユウ	友 $\frac{ユウ}{とも}$		ユウウツ	憂鬱
	右 $\frac{ユウ \cdot ウ}{みぎ}$		ユウエキ	有益
	由 $\frac{ユウ \cdot ユ \cdot ユイ}{よし}$		ユウエッカン	優越感
	有 $\frac{ユウ \cdot ウ}{ある}$			

読み	用例	（参考）
ユウガ	優雅	
ユウキ	勇気	
ユウギ	遊技　パチンコ遊技場	
	遊戯　室内遊戯	
	友ぎ〔友好〕	友誼
ユウグウ	優遇	
ゆうぐれ	夕暮れ	
ユウシ	融資	
ユウジュウフダン	優柔不断	
ユウシュツ	湧出	
ユウする	有する　権利を有する	
ユウゼイ	遊説	
ユウタイ	優待	
	郵袋	
ゆうだち	※夕立　夕立が降る	
ユウチ	誘致	
ユウドウ	誘導　誘導尋問	
ユウに	優に　優に1メートルはある	
ユウビン	郵便	
ユウフク	裕福	
ゆうべ	夕べ　夏の夕べ	
	ゆうべ　ゆうべの客	昨夜

読み	用例	（参考）
ゆうやけ	夕焼け	
ゆうやけぐも	夕焼け雲	
ユウユウと	悠々と	
ユウヨ	猶予	
ユウリ	遊離	
ユウリョ	憂慮	
ユウワ	融和	宥和
ゆえ	故 故なく…、故あって…	
	…ゆえ　…のゆえに…	故に
ゆえに（接続詞）	ゆえに　ゆえに、…	
ゆえん	ゆえん〔訳、理由、方法〕	所以
ゆか	床	
ユカイ	愉快	
ゆかしい	ゆかしい	床しい
ゆかた	浴衣	
ゆがむ	ゆがむ	歪む
ゆかり	ゆかり　ゆかりがある	所縁
ゆき	雪	
ゆきあたり	行き当たり　行き当たりばったり	
ゆきがかり	行き掛かり	

ゆ

ゆきかた	行き方	
ゆきさき	行き先	
ゆきすぎ	行き過ぎ	
ゆきだおれ	行き倒れ	
ゆきちがい	行き違い	
ゆきづまる	行き詰まる	
ゆきどけ	雪解け	雪融け
ゆきとどく	行き届く	
ゆきどまり	行き止まり	
ゆきなやみ	行き悩み	
ゆきわたる	行き渡る	
ゆく	行く	
	逝く　○○氏逝く	
ゆくえ	行方　行方不明	
ゆくて	行く手	
ゆゲ	湯気	
ゆさぶる	揺さぶる	
ゆすぐ	ゆすぐ	濯ぐ
ゆすぶる	揺すぶる	
ゆすり	ゆすり	強請
ゆずりうけ	※譲受け	

ゆずりうけニン	※譲受人	
ゆずりうける	譲り受ける	
ゆずりわたし	※譲渡し	
ゆずりわたす	譲り渡す	
ゆする	揺する　ぶらんこを揺する	
	ゆする　金をゆする	
ゆずる	譲る	
ゆたか	豊か	
ゆだねる	委ねる〔任せる〕	
ユダン	油断	
ユチャク	癒着	
ゆっくり	ゆっくり　ゆっくり進む	
ゆでる	ゆでる	茹でる
ゆのみ	湯飲み	
ゆび	指 ゆび・さす / シ	
ゆびおり	指折り	
ゆびさす	指さす	
ゆみ	弓 ゆみ / キュウ	
ゆめ	夢 ゆめ / ム	
ユユしい	ゆゆしい　それはゆゆしい問題だ	由由しい
ユライ	由来	

ゆ

ゆらぐ	揺らぐ		ゆるむ	緩む　気が緩む	※弛む
ゆるい	緩い		ゆるめる	緩める	
ゆるがせ	ゆるがせ　ゆるがせ にしな い	※忽せ	ゆるやか	緩やか	
			ゆれる	揺れる	
ゆるぎない	揺るぎない		ゆわえる	結わえる	
ゆるしがたい	許し難い		ゆわかし	湯沸かし	
ゆるす	許す		ゆわかしキ	※湯沸器	

よ

ヨ	予 ヨ		よい	酔い	
	余 ヨ あまる・あます		ヨイン	余韻	
	預 ヨ あずける・あずかる		ヨウ	用 ヨウ もちいる	
	与 ヨ あたえる			洋 ヨウ	
	誉 ヨ ほまれ			要 ヨウ いる	
よ	代 よ・かわる・かえる・しろ ダイ・タイ			容 ヨウ	
	世 よ セ・セイ			葉 ヨウ	
	夜 よ・よる ヤ			陽 ヨウ	
よあかし	夜明かし			様 ヨウ　様式 さま	
よあけ	夜明け			養 ヨウ やしなう	
よい	宵 よい ショウ			曜 ヨウ	
	良い　品質が良い、 良い成績			羊 ヨウ ひつじ	
	善い　善い行い			妖 ヨウ あやしい	
	…(て)　連絡してよ よい　　い			幼 ヨウ おさない	
				庸 ヨウ　中庸、凡庸	

ヨウ	揚 ヨウ あげる・あがる		ヨウス	様子	
	溶 ヨウ とける・とかす・とく	熔・鎔	ヨウする	擁する	
	腰 ヨウ こし			要する　急を要する　仕事	
	瘍 ヨウ　腫瘍		ヨウセイ	要請　出動を要請する	
	揺 ヨウ ゆれる・ゆする・ゆる・ゆらぐ・ゆるぐ・ゆさぶる・ゆすぶる			養成	
	窯 ヨウ かま		ヨウセツ	溶接	×熔接
	踊 ヨウ おどる・おどり		ヨウセン	用せん〔用紙、便せん〕	用箋
	謡 ヨウ うたい・うたう		ヨウソウ	様相　険悪な様相を呈する	
	擁 ヨウ				
よう	八 ヨウ や・やつ・やっつ		ヨウだ	ようだ　…のようだ	△様だ
よう	酔う		ヨウだてる	用立てる	
ヨウイ	用意		ヨウチ	幼稚	
ヨウイに	容易に		ヨウテン	要点	
ヨウイン	要員　作業要員		ヨウに	ように　火のように熱い	△様に
ヨウカイ	溶解	×熔解・×鎔解 △×容解	ようやく	ようやく　ようやく認められた	△漸く
	ようかい〔干渉〕				
ヨウガン	溶岩	×熔岩	ヨウリョウ	要領	
ヨウギ	容疑		ヨウレイ	用例	
ヨウキュウ	要求		ヨギなく	余儀なく	
ヨウゴ	擁護		ヨク	浴 ヨク あびる・あびせる	
ヨウシ	要旨			欲 ヨク ほっする・ほしい	
	用紙			抑 ヨク おさえる	
ヨウシャ	容赦			沃 ヨク　肥沃	

よ

309

ヨク	翌 ヨク		よこどり	横取り	
	翼 ヨク つばさ		よこながし	横流し	
よく（副詞）	よく　話はよく分かった		よこなぐり	横殴り　横殴りの雨	
ヨクアツ	抑圧		よこばい	横ばい	横這い
ヨクする	浴する　恩恵に浴する		よごれる	汚れる	
ヨクセイ	抑制		ヨサン	予算	
ヨクトク	欲得　欲得ではできない		よし	由 ユ・ユウ・ユイ　知る由もない	
ヨクばり	欲張り		よしみ	よしみ　友人のよしみで…	誼
ヨクヨウ	抑揚		ヨジョウ	余剰	
ヨクリュウ	抑留		よしんば	よしんば　よしんばそれが…でも	縦んば
ヨケイに	余計に　費用が余計に掛かる		よす	よす　よしなさい	止す・廃す
よける	よける　風をよける	避ける			
よこ	横 よこ おう		よせあつめ	寄せ集め	
よこがき	横書き　左横書き		ヨセイ	余生　余生を楽しむ	
よこぎる	横切る			余勢　余勢を駆って	
よこす	よこす　手紙をよこす	寄越す	よせがき	寄せ書き	
よごす	汚す		よせる	寄せる	
よこすべり	横滑り		よそ	よそ　よそへ行く	他所・余所
よこたわる	横たわる		よそおい	装い	
よこづけ	横付け　自動車を横付けにする		よそおう	装う	
			ヨタク	預託	

よ

よって	よって　…によって、よって…する	依って・仍って
よどむ	よどむ　川の水がよどむ	淀む・澱む
よびかける	呼び掛ける	
よびごえ	呼び声	
よびだし	※呼出し	
よびだしフゴウ	※呼出符号	
よびだす	呼び出す	
よびつける	呼び付ける	
よびもの	呼び物	
よびよせる	呼び寄せる	
よびリン	呼び鈴	
よぶ	呼ぶ	
よふかし	夜更かし	
よふけ	夜更け	
ヨボウ	予防	
ヨほど（副詞）	よほど	余程
よまわり	夜回り	
よみあげる	読み上げる	
よみあわせ	読み合わせ	
よみかえ	※読替え	

よみかえキテイ	※読替規定	
よみかえる	読み替える	
よみがえる	よみがえる	蘇る・甦る
よみかき	読み書き	
よみかた	読み方	
よみごたえ	読み応え	
よみもの	読み物	
よむ	読む	
	詠む　和歌を詠む	
よめ	嫁　よめ・とつぐ	
よもやま	よもやま　よもやまの話	四方山
ヨユウ	余裕	
より	より　甲は乙より大きい（「より」は比較のときだけに使う。）	自
よりあい	寄り合い	
よりいと	より糸	撚糸・縒糸
よりかかる	寄り掛かる	
よりごのみ	より好み	選り好み
よりどころ	よりどころ	拠所

よ

よりどり	より取り	選り取り	よろこぶ	喜ぶ	
よりぬき	より抜き	選り抜き	よろしい	よろしい	宜しい
よりみち	寄り道		よろしく	よろしく	宜しく・宜敷
よりわける	より分ける	選り分け	よろめく	よろめく	蹌踉く
よる	夜 よる・よ／ヤ		よロン	世論 世論調査	輿論
	寄る		よわい	弱い	
	事情によっては…	因る・依る		よわい よわいを重ねる	齢
	基準による	拠る・由る	よわごし	弱腰	
	こよりをよる	縒る	よわたり	世渡り	
	良い品をよる	選る	よわね	弱音	
よろこばしい	喜ばしい		よわまる	弱まる	
よろこび	喜び	歓び・悦び・慶び	よわみ	弱み	
			よわよわしい	弱々しい	
			よわる	弱る	
			よんどころなく	よんどころなく	拠所なく

ら

ラ	拉 ラ		ライ	礼 ライ・レイ	
	裸 ラ／はだか			雷 ライ／かみなり	
	羅 ラ			頼 ライ／たのむ・たよる・たのもしい	
ら（接尾語）	…ら これら、何ら、我ら	等	ライサン	礼賛	礼讃
ライ	来 ライ／くる・きたる・きたす		ライネン	来年	

ら

ライハイ	礼拝		ラレツ	羅列〔列挙〕	
ライヒン	来賓		ラン	卵 ラン たまご	
ライラク	らいらく〔豪放〕	×磊△落		乱 ラン みだれる・みだす	
ラク	落 ラク おちる・おとす			濫 ラン	
	楽 ラク・ガク たのしい・たのしむ			藍 ラン あい	
	絡 ラク からむ・からまる			欄 ラン	
	酪 ラク			覧 ラン	
ラクがき	落書き		ランカク	濫獲	×乱獲
ラクゴ	落ご〔脱落〕	×落伍	ランカン	欄干	
ラクサツ	落札		ランクツ	濫掘	×乱掘
ラクセイ	落成		ランザツ	乱雑	
ラクダイ	落第		ランジュク	らん熟〔成熟〕	×爛熟
ラクタン	落胆		ランショウ	らんしょう〔始まり、起源〕	×濫×觴
ラクチャク	落着　事件が落着する		ランゾウ	濫造　粗製濫造	×乱造
ラクチョウ	落丁　この本には落丁がある		ランチョウ	乱丁　乱丁と落丁	
ラクに	楽に		ラントウ	乱闘	
ラクノウ	酪農		ランドク	濫読	×乱読
ラクバン	落盤		ランパツ	濫発　手形を濫発する	×乱発
ラクラクと	楽々と		ランピ	濫費	×乱費
らち	らち　らちが明かない	×埒	ランピツ	乱筆　乱筆で失礼しました	
ラチ	拉致		ランブ	乱舞	
ラッカン	楽観		ランボウ	乱暴	
ラツワン	らつ腕〔敏腕、腕利き〕	×辣腕			

ら

ランマ	乱麻　快刀乱麻を断つ		ランミャク	乱脈　乱脈な経理	
ランま	欄間		ランヨウ	濫用	̈乱用
ランマン	らんまん　天真らんまん	̈△爛漫	ランリツ	濫立	̈乱立

り

リ	利 ᴿ き く		リクツ	理屈	̈理窟
	里 ᴿ さ と		リコウ	利口	̈悧巧
	理 ᴿ			履行　債務を履行する	
	吏 ᴿ		リサイ	り災〔被災〕	̈罹災
	痢 ᴿ		リサン	離散	
	履 ᴿ は く		リジュン	利潤	
	璃 ᴿ		リショク	利殖	
	離 ᴿ はなれる・はなす		りする	利する　長身を利して	
	裏 ᴿ う ら		リダツ	離脱	
リエキ	利益		<u>リチ</u>	律 <u>リチ</u>・リツ	
リカイ	理解		リチ	理知	̈理智
リガイ	利害　利害得失		リチギ	律儀	
リカン	り患	̈罹患	リツ	立 リツ・リュウ た つ・た て る	
リキ	力 リキ・リョク ち か ら			律 リツ・<u>リチ</u>	
リキむ	力む			率 リツ・ソツ ひ き い る	
リク	陸 ᴿ			慄 リツ　戦慄	
リクあげ	陸揚げ		りつき	利付き	
リクあげチ	※陸揚地		りつきサイケン	※利付債券	
りぐい	利食い				

リッキャク	立脚		リュウ	粒 リュウ/つぶ	
リッする	律する　一事をもって万事を律する			隆 リュウ	
				硫 リュウ	
リツゼンとする	慄然とす〔ぞっとする〕	×慄	リュウ	立 リュウ・リツ/たつ・たてる	
リッパな	立派な		リュウイ	留意	
リづめ	理詰め		リュウキ	隆起	
リトク	利得　不当利得		リュウギ	流儀	
リネン	理念		リュウゲンヒゴ	流言飛語	流言×蜚語
リハン	離反		リュウセイ	隆盛	
リビョウ	り病〔病気にかかる、発病〕	×罹病	リュウチョウ	りゅうちょう〔すらすらと、よどみなく〕	△流×暢
リフジン	理不尽　理不尽なことを言うな		リュウドウ	流動	
リまわり	利回り		リュウホ	留保	
リャク	略 リャク		リュウリュウシンク	粒々辛苦	
リャクショウ	略称		リョ	侶 リョ	
リャクする	略する			旅 リョ/たび	
リャクダツ	略奪	×掠奪		虜 リョ	
リユウ	理由			慮 リョ	
リュウ	流 リュウ・ル/ながれる・ながす		リョウ	両 リョウ	
	留 リュウ・ル/とめる・とまる			良 リョウ/よい	奈良県 なら
	竜 リュウ/たつ　竜頭蛇尾			料 リョウ	
	柳 リュウ/やなぎ			量 リョウ/はかる	
				領 リョウ	

り

315

リョウ	漁 リョウ・ギョ	
	了 リョウ	
	涼 リョウ すずしい・すずむ	
	猟 リョウ	
	陵 リョウ みささぎ	
	僚 リョウ	
	寮 リョウ	
	療 リョウ	
	糧 リョウ・ロウ かて	
	霊 リョウ・レイ たま	
リョウイキ	領域	
リョウエン	りょう遠〔程遠い〕	×遼遠
リョウガ	りょうが〔しのぐ〕	×凌×駕
リョウカイ	了解	×諒解
リョウがえ	※両替	
リョウぎり	両切り　両切りたばこ	
リョウキン	料金	
リョウケン	りょうけん　悪いりょうけんを起こす	△料×簡・△△了見
リョウコウ	良好	
リョウシ	漁師、猟師　魚をとる漁師、熊を捕る猟師	
リョウジ	療治　荒療治	
リョウショウ	了承	×諒承
リョウゼン	りょう然〔明らか、歴然〕	×瞭然
リョウだて	両建て	
リョウチ	了知　了知されたい	
リョウヨウ	療養	
リョウリツ	両立	
リョカク	旅客	
リョク	力 リョク・リキ ちから	
	緑 リョク・ロク みどり	
リョクイン	緑陰	
リョケン	旅券	
リロセイゼン	理路整然	
リン	林 リン はやし	
	輪 リン わ	
	臨 リン のぞむ	
	厘 リン	
	倫 リン	
	隣 リン となり・となる	

り

リン	鈴 リン・レイ すず			リンジュウ	臨終
リンカク	輪郭	輪廓[×]		リンセツ	隣接
リンキオウヘン	臨機応変			リンリツ	林立　煙突が林立する
リンケン	臨検				
リンジ	臨時				

る

ル	留 ル・リュウ とめる・とまる		ルイシン	累進　累進税率
	瑠 ル		ルイスイ	類推　類推解釈
	流 ル・リュウ ながれる・ながす		ルイする	類する　児戯に類する
ルイ	類 ルイ		ルイセキ	累積
	涙 ルイ なみだ		ルイラン	累卵　累卵の危機
	累 ルイ		ルイレイ	類例　類例がない
	塁 ルイ		ルス	留守
ルイケイ	類型		ルテン	流転
	累計		ルフ	流布
ルイジ	類似		ルロウ	流浪
ルイショウ	類焼			

れ

レイ	令 レイ		レイ	励 レイ はげむ・はげます
	礼 レイ・ライ			戻 レイ もどす・もどる
	冷 レイ ひえる・つめたい・さめる・ひや・ひやす・ひやかす・さます			零 レイ
	例 レイ たとえる			鈴 レイ・リン すず
				霊 レイ・リョウ たま

レイ	隷レイ			レッキョ	列挙	
	齢レイ			レッする	列する　台閣に列する	
	麗レイ うるわしい			レッセイ	劣勢	
レイガイ	例外			レッセキ	列席	
レイキャク	冷却			レン	連レン つらなる・つらねる・つれる	
レイケイ	令けい〔奥様、令夫人〕	令閨			練レン ねる	
レイゲン	冷厳　冷厳な事実				恋レン こい・こう・こいしい	
レイコウ	励行				廉レン	
レイジ	例示				錬レン	
レイニュウ	戻入〔戻入れ〕			レンカ	廉価	
レイハイ	礼拝			レンガ	れんが　れんが造り、赤れんが	煉瓦
レイボウ	冷房			レンケイ	連係　連係を保つ	連繋
レイメイ	れい明〔夜明け、暁〕	黎明			連携　連携して事に当たる	
レイレイしく	麗々しく			レンケツ	連結	
レキ	歴レキ			レンゴウ	連合	聯合
	暦レキ こよみ			レンサハンノウ	連鎖反応	
レキゼン	歴然			レンザ	連座	連坐
レキニン	歴任			レンソウ	連想	聯想
レキホウ	歴訪			レンタイ	連帯	
レツ	列レツ			レンタツ	練達　練達の士	
	劣レツ おとる			レンビン	れんびん〔哀れみ〕	憐憫
	烈レツ			レンマ	錬磨　身心の錬磨	
	裂レツ さく・さける			レンラク	連絡	聯絡

れ

ろ

ロ	路 ロ・じ		ロウニャクナンニョ	老若男女	
	炉 ロ		ロウバイ	ろうばい〔慌てる、うろたえる〕	狼狽
	露 ロ・ロウ・つゆ				
ロウ	老 ロウ・おいる・ふける		ロウヒ	浪費	
	労 ロウ		ロウレイ	老齢	
	浪 ロウ		ロウレン	老練	
	朗 ロウ・ほがらか		ロウロウと	朗々と	
	郎 ロウ		ロク	六 ロク・む・むっ・むっつ・むい	
	廊 ロウ			録 ロク	
	楼 ロウ			麓 ロク・ふもと	
	漏 ロウ・もる・もれる・もらす				
	籠 ロウ・かご		ロク	緑 ロク・リョク・みどり	
ロウ	糧 ロウ・リョウ・かて		ロクオン	録音	
	露 ロウ・ロ・つゆ		ろくに	ろくに　ろくに見もしないで	碌に
ロウエイ	漏えい〔漏れる〕	漏洩	ロコツ	露骨	
ロウキュウ	老朽		ロジ	路地　路地裏	
ロウコウ	老巧		ロテイ	路程　一回の路程	
ロウシュウ	ろう習〔因習・悪習〕	陋習		露呈　欠陥を露呈する	
ロウする	労する　労することなく		ロトウ	路頭　路頭に迷う	
	弄する　策を弄する		ロボウ	路傍	
ロウドク	朗読		ロン	論 ロン	
			ロンコウ	論功　論功行賞	

ろ

| ロンシ | 論旨 | | ロンリ | 論理 | |
| ロンズル | 論ずる | | | | |

わ

ワ	和 ワ・オ やわらぐ・やわらげる・なごむ・なごやか		わかれみち	分かれ道	
	話 ワ はなす・はなし		わかれる	分かれ　意見が分かれる	
わ	我 わ・われ ガ			別れる　家族と別れて住む	
	輪 わ リン		わかわかしい	若々しい	
ワイ	賄 ワイ まかなう		わき	脇　脇腹、話を脇にそらす	
ワイキョク	わい曲〔ゆがめる、曲げる〕	×歪曲	わきあがる	沸き上がる	
ワイロ	賄賂		わきかえる	沸き返る	
わが	我が　我が国、我が家	×吾が	わきたつ	沸き立つ	
わかい	若い		わきまえる	わきまえる	×弁える
わかがえり	若返り		ワク	惑 ワク まどう	
わかす	沸かす		わく	枠 わく　窓枠	
わかちがき	分かち書き			沸く	
わかつ	分かつ　喜びを分かつ			湧く　水が湧き出る	×涌く
わがまま	わがまま	×我×儘	わくぐみ	枠組み	
わかる	分かる　よく分かる	×判る・×解る	わくナイ	枠内	
わかれ	別れ	×訣れ	わけ	訳 わけ　訳がある ヤク	
わかれみち	別れ道				

わけ	…わけ　賛成するわけにはいかない	△訳	わだかまり	わだかまり　わだかまりを捨てる	×蟠り
わけへだて	分け隔て		わたくし	私わたくし　私(代名詞)	
わけまえ	分け前		わたくしごと	私事	
わける	分ける		わたしぶね	渡し船	
わこうど	若人		わたす	渡す	
わざ	技わざ　柔道の技		わだち	わだち	×轍り
	業わざ　至難の業		わたって	わたって　三代にわたって	×亘って
わざと	わざと　わざと…する	×態と	わたり	渡り　渡りをつける	
わざわい	災い	×禍い		わたり　長時間にわたり…	×亘り
わざわざ	わざわざ	×態々	わたる	渡る	
わずか	僅か　僅かの差		わな	わな	×罠
わずらい	煩い		わびしい	わびしい	×侘しい
	患い		わびずまい	わび住まい	×侘住まい
わずらう	煩う　思い煩う		わびる	わびる　過ちをわびる	×詫びる
	患う　胸を患う		ワボク	和ぼく〔仲直り、和解〕	和睦
わずらわしい	煩わしい		わめく	わめく　大声でわめく	×喚く
わずらわす	煩わす　手数を煩わす		わらいがお	笑い顔	
わすれもの	忘れ物		わらう	笑う	
わすれる	忘れる		わらべ	童わらべドゥ	
わた	綿わたメン				
ワダイ	話題				

321

わ

			わりやす	※割安	
わり	割 わり・わる・われる・さく カツ 2割、割がいい		わる	割る	
			わるい	悪い	
わりあい	※割合　週に1回の 割合、割 合に速い		わるさ	悪さ	
			わるヂエ	悪知恵	悪智慧
わりあて	※割当て		われ	我 われ・わ が　我々、我ら	吾
わりあて ガク	※割当額		われもの	割れ物	
わりあて る	割り当てる		われる	割れる	
わりイン	割り印		われわれ	我々	吾々
わりきる	割り切る		ワン	腕 ワンうで	
わりこむ	割り込む			湾 ワン	
わりザン	割り算		ワンキョ ク	湾曲	彎曲
わりだか	※割高		ワンショ ウ	腕章	
わりつけ	割り付け　原稿の割 り付け				
わりに	割に　割に容易だ				
わりびき	※割引				
わりびく	割り引く				
わりふり	割り振り				
わりまし	※割増し				
わりまし キン	※割増金				
わりもど し	※割戻し				
わりもど しキン	※割戻金				
わりもど す	割り戻す				

付　表

※以下に挙げられている語を構成要素の一部とする熟語に用いてもかまわない。

　　　例「河岸（かし）」→「魚河岸（うおがし）」
　　　　「居士（こじ）」→「一言居士（いちげんこじ）」

あす	明日	おまわりさん		くろうと	玄人
あずき	小豆		お巡りさん	けさ	今朝
あま	海女 海士	おみき	お神酒	けしき	景色
		おもや	母屋 母家	ここち	心地
いおう	硫黄			こじ	居士
いくじ	意気地	かあさん	母さん	ことし	今年
いなか	田舎	かぐら	神楽	さおとめ	早乙女
いぶき	息吹	かし	河岸	ざこ	雑魚
うなばら	海原	かじ	鍛冶	さじき	桟敷
うば	乳母	かぜ	風邪	さしつかえる	
うわき	浮気	かたず	固唾		差し支える
うわつく	浮つく	かな	仮名	さつきばれ	五月晴れ
えがお	笑顔	かや	蚊帳	さなえ	早苗
おじ	叔父 伯父	かわせ	為替	さみだれ	五月雨
		かわら	河原 川原	しぐれ	時雨
おとな	大人			しっぽ	尻尾
おとめ	乙女	きのう	昨日	しない	竹刀
おば	叔母 伯母	きょう	今日		
		くだもの	果物		

しにせ	老舗	てつだう	手伝う	ふぶき	吹雪
しばふ	芝生	てんません	伝馬船	へた	下手
しみず	清水	とあみ	投網	へや	部屋
しゃみせん	三味線	とうさん	父さん	まいご	迷子
じゃり	砂利	とえはたえ		まじめ	真面目
じゅず	数珠		十重二十重	まっか	真っ赤
じょうず	上手	どきょう	読経	まっさお	真っ青
しらが	白髪	とけい	時計	みやげ	土産
しろうと	素人	ともだち	友達	むすこ	息子
しわす	師走	なこうど	仲人	めがね	眼鏡
（「しはす」とも言う。）		なごり	名残	もさ	猛者
すきや	数寄屋／数奇屋	なだれ	雪崩	もみじ	紅葉
すもう	相撲	にいさん	兄さん	もめん	木綿
ぞうり	草履	ねえさん	姉さん	もより	最寄り
だし	山車	のら	野良	やおちょう	八百長
たち	太刀	のりと	祝詞	やおや	八百屋
たちのく	立ち退く	はかせ	博士	やまと＝	大和＝（大和絵大和魂等）
たなばた	七夕	はたち	二十／二十歳		
たび	足袋	はつか	二十日	やよい	弥生
ちご	稚児	はとば	波止場	ゆかた	浴衣
ついたち	一日	ひとり	一人	ゆくえ	行方
つきやま	築山	ひより	日和	よせ	寄席
つゆ	梅雨	ふたり	二人	わこうど	若人
でこぼこ	凸凹	ふつか	二日		

第6　公用文における漢字使用等について
（平成22年11月30日内閣訓令第1号）

内閣訓令第1号

　　　　　　　　　　　　　　　　　　　各行政機関

　　　　公用文における漢字使用等について

　政府は、本日、内閣告示第2号をもって、「常用漢字表」を告示した。
　今後、各行政機関が作成する公用文における漢字使用等については、別紙によるものとする。
　なお、昭和56年内閣訓令第1号は、廃止する。
　平成22年11月30日

　　　　　　　　　　　　　　　　　　　内閣総理大臣

別紙

　　　　公用文における漢字使用等について

1　漢字使用について
　⑴　公用文における漢字使用は、「常用漢字表」（平成22年内閣告示第2号）の本表及び付表（表の見方及び使い方を含む。）によるものとする。
　　　なお、字体については通用字体を用いるものとする。
　⑵　「常用漢字表」の本表に掲げる音訓によって語を書き表すに当たっては、次の事項に留意する。

ア　次のような代名詞は、原則として、漢字で書く。

　　例　俺　彼　誰　何　僕　私　我々

イ　次のような副詞及び連体詞は、原則として、漢字で書く。

　　例（副詞）

　　　　余り　至って　大いに　恐らく　概して　必ず　必ずしも
　　　　辛うじて　極めて　殊に　更に　実に　少なくとも　少し
　　　　既に　全て　切に　大して　絶えず　互いに　直ちに
　　　　例えば　次いで　努めて　常に　特に　突然　初めて
　　　　果たして　甚だ　再び　全く　無論　最も　専ら　僅か
　　　　割に

　　　（連体詞）

　　　　明くる　大きな　来る　去る　小さな　我が（国）

　　　ただし、次のような副詞は、原則として、仮名で書く。

　　例　かなり　ふと　やはり　よほど

ウ　次の接頭語は、その接頭語が付く語を漢字で書く場合は、原
　　則として、漢字で書き、その接頭語が付く語を仮名で書く場合
　　は、原則として、仮名で書く。

　　例　御案内（御＋案内）　御挨拶（御＋挨拶）
　　　　ごもっとも（ご＋もっとも）

エ　次のような接尾語は、原則として、仮名で書く。

　　例　げ（惜しげもなく）　ども（私ども）　ぶる（偉ぶる）
　　　　み（弱み）　め（少なめ）

オ　次のような接続詞は、原則として、仮名で書く。

　　例　おって　かつ　したがって　ただし　ついては　ところが
　　　　ところで　また　ゆえに

　　　ただし、次の4語は、原則として、漢字で書く。

　　　　　及び　並びに　又は　若しくは

カ　助動詞及び助詞は、仮名で書く。

　　例　ない（現地には、行かない。）

　　　　ようだ（それ以外に方法がないようだ。）

　　　　ぐらい（二十歳ぐらいの人）

　　　　だけ（調査しただけである。）

　　　　ほど（三日ほど経過した。）

キ　次のような語句を、（　）の中に示した例のように用いるとき
　　は、原則として、仮名で書く。

　　例　ある（その点に問題がある。）

　　　　いる（ここに関係者がいる。）

　　　　こと（許可しないことがある。）

　　　　できる（だれでも利用ができる。）

　　　　とおり（次のとおりである。）

　　　　とき（事故のときは連絡する。）

　　　　ところ（現在のところ差し支えない。）

　　　　とも（説明するとともに意見を聞く。）

　　　　ない（欠点がない。）

　　　　なる（合計すると1万円になる。）

　　　　ほか（そのほか…、特別の場合を除くほか…）

　　　　もの（正しいものと認める。）

　　　　ゆえ（一部の反対のゆえにはかどらない。）

　　　　わけ（賛成するわけにはいかない。）

　　　　……かもしれない（間違いかもしれない。）

　　　……てあげる（図書を貸してあげる。）

　　　……ていく（負担が増えていく。）

　　　……ていただく（報告していただく。）

　　　……ておく（通知しておく。）

　　　……てください（問題点を話してください。）

　　　……てくる（寒くなってくる。）

　　　……てしまう（書いてしまう。）

　　　……てみる（見てみる。）

　　　……てよい（連絡してよい。）

　　　……にすぎない（調査だけにすぎない。）

　　　……について（これについて考慮する。）

2　送り仮名の付け方について

⑴　公用文における送り仮名の付け方は、原則として、「送り仮名
　の付け方」（昭和48年内閣告示第2号）の本文の通則1から通則
　6までの「本則」・「例外」、通則7及び「付表の語」（1のなお書
　きを除く。）によるものとする。

　　ただし、複合の語（「送り仮名の付け方」の本文の通則7を適
　用する語を除く。）のうち、活用のない語であって読み間違える
　おそれのない語については、「送り仮名の付け方」の本文の通則
　6の「許容」を適用して送り仮名を省くものとする。

　　なお、これに該当する語は、次のとおりとする。

　　　　明渡し　預り金　言渡し　入替え　植付け　魚釣用具
　　　　受入れ　受皿　受持ち　受渡し　渦巻　打合せ　打合せ会
　　　　打切り　内払　移替え　埋立て　売上げ　売惜しみ
　　　　売出し　売場　売払い　売渡し　売行き　縁組　追越し

置場 贈物 帯留 折詰 買上げ 買入れ 買受け

買換え 買占め 買取り 買戻し 買物 書換え 格付

掛金 貸切り 貸金 貸越し 貸倒れ 貸出し 貸付け

借入れ 借受け 借換え 刈取り 缶切 期限付 切上げ

切替え 切下げ 切捨て 切土 切取り 切離し 靴下留

組合せ 組入れ 組替え 組立て くみ取便所 繰上げ

繰入れ 繰替え 繰越し 繰下げ 繰延べ 繰戻し

差押え 差止め 差引き 差戻し 砂糖漬 下請 締切り

条件付 仕分 据置き 据付け 捨場 座込み 栓抜

備置き 備付け 染物 田植 立会い 立入り 立替え

立札 月掛 付添い 月払 積卸し 積替え 積込み

積出し 積立て 積付け 釣合い 釣鐘 釣銭 釣針

手続 問合せ 届出 取上げ 取扱い 取卸し 取替え

取決め 取崩し 取消し 取壊し 取下げ 取締り

取調べ 取立て 取次ぎ 取付け 取戻し 投売り

抜取り 飲物 乗換え 乗組み 話合い 払込み 払下げ

払出し 払戻し 払渡し 払渡済み 貼付け 引上げ

引揚げ 引受け 引起し 引換え 引込み 引下げ

引締め 引継ぎ 引取り 引渡し 日雇 歩留り 船着場

不払 賦払 振出し 前払 巻付け 巻取り 見合せ

見積り 見習 未払 申合せ 申合せ事項 申入れ

申込み 申立て 申出 持家 持込み 持分 元請

戻入れ 催物 盛土 焼付け 雇入れ 雇主 譲受け

譲渡し 呼出し 読替え 割当て 割増し 割戻し

(2) (1)にかかわらず、必要と認める場合は、「送り仮名の付け方」

　の本文の通則２、通則４及び通則６（(1)のただし書の適用がある
　場合を除く。）の「許容」並びに「付表の語」の１のなお書きを
　適用して差し支えない。

３　その他

　(1)　１及び２は、固有名詞を対象とするものではない。

　(2)　専門用語又は特殊用語を書き表す場合など、特別な漢字使用等
　　を必要とする場合には、１及び２によらなくてもよい。

　(3)　専門用語等で読みにくいと思われるような場合は、必要に応じ
　　て、振り仮名を用いるなど、適切な配慮をするものとする。

４　法令における取扱い

　　法令における漢字使用等については、別途、内閣法制局からの通
　知による。

第7　法令における漢字使用等について

（平成22年11月30日内閣法制局長官決定）

　平成22年11月30日付け内閣告示第2号をもって「常用漢字表」が告示され、同日付け内閣訓令第1号「公用文における漢字使用等について」が定められたことに伴い、法令における漢字使用等について、次のように定める。

　平成22年11月30日

内閣法制局長官

法令における漢字使用等について

1　漢字使用について

⑴　法令における漢字使用は、次の⑵から⑹までにおいて特別の定めをするもののほか、「常用漢字表」（平成22年内閣告示第2号。以下「常用漢字表」という。）の本表及び付表（表の見方及び使い方を含む。）並びに「公用文における漢字使用等について」（平成22年内閣訓令第1号）の別紙の1「漢字使用について」の⑵によるものとする。また、字体については、通用字体を用いるものとする。

　なお、常用漢字表により漢字で表記することとなったものとしては、次のようなものがある。

　　挨拶　宛先　椅子　咽喉　隠蔽　鍵　覚醒　崖　玩具

　　毀損　亀裂　禁錮　骸　拳銃　勾留　柵　失踪　焼酎

　　処方箋　腎臓　進捗　整頓　脊柱　遡及　堆積　貼付

賭博　剝奪　破綻　汎用　氾濫　膝　肘　払拭　閉塞　捕
捉　補塡　哺乳類　蜜蜂　明瞭　湧出　拉致　賄賂　関わ
る　鑑みる　遡る　全て

(2)　次のものは、常用漢字表により、（　）の中の表記ができること
となったが、引き続きそれぞれ下線を付けて示した表記を用いる
ものとする。

　　　壊滅（潰滅）　　壊乱（潰乱）　　決壊（決潰）

　　　広範（広汎）　　全壊（全潰）　　倒壊（倒潰）

　　　破棄（破毀）　　崩壊（崩潰）　　理屈（理窟）

(3)　次のものは、常用漢字表により、下線を付けて示した表記がで
きることとなったので、（　）の中の表記に代えて、それぞれ下線
を付けて示した表記を用いるものとする。

　　　臆説（憶説）　　臆測（憶測）　　肝腎（肝心）

(4)　次のものは、常用漢字表にあるものであっても、仮名で表記す
るものとする。

虞 恐れ	→	おそれ
且つ	→	かつ
従って（接続詞）	→	したがって
但し	→	ただし
但書	→	ただし書
外 他	→	ほか
又	→	また（ただし、「または」は「又は」と表記する。）

　　　因る　　　　　　　　→　よる

(5)　常用漢字表にない漢字で表記する言葉及び常用漢字表にない漢
　　字を構成要素として表記する言葉並びに常用漢字表にない音訓を
　　用いる言葉の使用については、次によるものとする。

　ア　専門用語等であって、他に言い換える言葉がなく、しかも仮
　　　名で表記すると理解することが困難であると認められるような
　　　ものについては、その漢字をそのまま用いてこれに振り仮名を
　　　付ける。

　　【例】

　　　　暗渠　按分　蛾　瑕疵　管渠　涵養　強姦　砒素　埠頭

　イ　次のものは、仮名で表記する。

　　　　拘わらず　　　　→　かかわらず
　　　　此　　　　　　　→　この
　　　　之　　　　　　　→　これ
　　　　其　　　　　　　→　その
　　　　煙草　　　　　　→　たばこ
　　　　為　　　　　　　→　ため
　　　　以て　　　　　　→　もって
　　　　等（ら）　　　　→　ら
　　　　猥褻　　　　　　→　わいせつ

　ウ　仮名書きにする際、単語の一部だけを仮名に改める方法は、
　　　できるだけ避ける。

　　【例】

　　　　斡旋　　　　　　→　あっせん（「あっ旋」は用いない。）
　　　　煉瓦　　　　　　→　れんが（「れん瓦」は用いない。）

　　ただし、次の例のように一部に漢字を用いた方が分かりやす
　　い場合は、この限りでない。

【例】

　　　あへん煙　えん堤　救じゅつ　橋りょう　し尿　出えん
　　　じん肺　ため池　ちんでん池　でん粉　てん末　と畜
　　　ばい煙　排せつ　封かん　へき地　らく印　漏えい

　エ　常用漢字表にない漢字又は音訓を仮名書きにする場合には、
　　仮名の部分に傍点を付けることはしない。

(6)　次のものは、（　）の中に示すように取り扱うものとする。

　　　匕　首（用いない。「あいくち」を用いる。）

　　　委　棄（用いない。）

　　　慰藉料（用いない。「慰謝料」を用いる。）

　　　溢　水（用いない。）

　　　違　背（用いない。「違反」を用いる。）

　　　印　顆（用いない。）

　　　湮　滅（用いない。「隠滅」を用いる。）

　　　苑　地（用いない。「園地」を用いる。）

　　　汚　穢（用いない。）

　　　解　止（用いない。）

　　　戒　示（用いない。）

　　　灰　燼（用いない。）

　　　改　訂・改　定（「改訂」は書物などの内容に手を加えて正
　　　すことという意味についてのみ用いる。それ以外の場合は
　　　「改定」を用いる。）

　　　開　披（用いない。）

牙　保（用いない。）

勧　解（用いない。）

監　守（用いない。）

管　守（用いない。「保管」を用いる。）

陥　穽（用いない。）

干　与・干　預（用いない。「関与」を用いる。）

義　捐（用いない。）

汽　鑵（用いない。「ボイラー」を用いる。）

技　監（特別な理由がある場合以外は用いない。）

規　正・規　整・規　制（「規正」はある事柄を規律して公正な姿に当てはめることという意味についてのみ、「規整」はある事柄を規律して一定の枠に納め整えることという意味についてのみ、それぞれ用いる。それ以外の場合は「規制」を用いる。）

覊　束（用いない。）

吃　水（用いない。「喫水」を用いる。）

規　程（法令の名称としては、原則として用いない。「規則」を用いる。）

欺　瞞（用いない。）

欺　罔（用いない。）

狭　隘（用いない。）

饗　応（用いない。「供応」を用いる。）

驚　愕（用いない。）

魚　艙（用いない。「魚倉」を用いる。）

紀　律（特別な理由がある場合以外は用いない。「規律」を

用いる。)

空気槽 (用いない。「空気タンク」を用いる。)

具 有 (用いない。)

繫 船 (用いない。「係船」を用いる。)

繫 属 (用いない。「係属」を用いる。)

計 理 (用いない。「経理」を用いる。)

繫 留 (用いない。「係留」を用いる。)

懈 怠 (用いない。)

牽 連 (用いない。「関連」を用いる。)

溝 渠 (特別な理由がある場合以外は用いない。)

交叉点 (用いない。「交差点」を用いる。)

更 代 (用いない。「交代」を用いる。)

弘 報 (用いない。「広報」を用いる。)

骨 牌 (用いない。「かるた類」を用いる。)

戸 扉 (用いない。)

誤 謬 (用いない。)

詐 偽 (用いない。「偽り」を用いる。)

鑿 井 (用いない。)

作 製・作 成 (「作製」は製作 (物品を作ること) という
意味についてのみ用いる。それ以外の場合は「作成」を用
いる。)

左 の (「次の」という意味では用いない。)

鎖 鑰 (用いない。)

撒水管 (用いない。「散水管」を用いる。)

旨 趣 (用いない。「趣旨」を用いる。)

枝　条 (用いない。)

首　魁 (用いない。「首謀者」を用いる。)

酒　精 (用いない。「アルコール」を用いる。)

鬚　髯 (用いない。)

醇　化 (用いない。「純化」を用いる。)

竣　功 (特別な理由がある場合以外は用いない。「完成」を用いる。)

傷　痍 (用いない。)

焼　燬 (用いない。)

銷　却 (用いない。「消却」を用いる。)

情　況 (特別な理由がある場合以外は用いない。「状況」を用いる。)

檣　頭 (用いない。「マストトップ」を用いる。)

証　標 (用いない。)

証　憑・憑　拠 (用いない。「証拠」を用いる。)

牆　壁 (用いない。)

塵　埃 (用いない。)

塵　芥 (用いない。)

侵　蝕 (用いない。「侵食」を用いる。)

成　規 (用いない。)

窃　用 (用いない。「盗用」を用いる。)

船　渠 (用いない。「ドック」を用いる。)

洗　滌 (用いない。「洗浄」を用いる。)

僣　窃 (用いない。)

総　轄 (用いない。「総括」を用いる。)

齟 齬（用いない。）

疏 明（用いない。「疎明」を用いる。）

稠 密（用いない。）

通 事（用いない。「通訳人」を用いる。）

定繋港（用いない。「定係港」を用いる。）

呈 示（用いない。「提示」を用いる。）

停 年（用いない。「定年」を用いる。）

捺 印（用いない。「押印」を用いる。）

売 淫（用いない。「売春」を用いる。）

配 付・配 布（「配付」は交付税及び譲与税配付金特別会
計のような特別な場合についてのみ用いる。それ以外の場
合は「配布」を用いる。）

蕃 殖（用いない。「繁殖」を用いる。）

版 図（用いない。）

彼 此（用いない。）

標 示（特別な理由がある場合以外は用いない。「表示」を
用いる。）

紊 乱（用いない。）

編 綴（用いない。）

房 室（用いない。）

膨 脹（用いない。「膨張」を用いる。）

法 例（用いない。）

輔 助（用いない。「補助」を用いる。）

満限に達する（特別な理由がある場合以外は用いない。「満
了する」を用いる。）

　　宥　恕（用いない。）

　　輸　贏（用いない。）

　　蹂　越（用いない。）

　　油　槽（用いない。「油タンク」を用いる。）

　　落　磐（用いない。「落盤」を用いる。）

　　臨　検・立入検査（「臨検」は犯則事件の調査の場合につい
　　　てのみ用いる。それ以外の場合は「立入検査」を用いる。）

　　鄰　佑（用いない。）

　　狼　狽（用いない。）

　　和　諧（用いない。「和解」を用いる。）

2　送り仮名の付け方について（※編注 参考：25頁）

(1)　単独の語

　　ア　活用のある語は、「送り仮名の付け方」（昭和48年内閣告示第2
　　　号の「送り仮名の付け方」をいう。以下同じ。）の本文の通則1
　　　の「本則」・「例外」及び通則2の「本則」の送り仮名の付け方
　　　による。

　　イ　活用のない語は、「送り仮名の付け方」の本文の通則3から通
　　　則5までの「本則」・「例外」の送り仮名の付け方による。

　　［備考］　表に記入したり記号的に用いたりする場合には、次の
　　　　　　例に示すように、原則として、（　）の中の送り仮名を省く。

　【例】

　　　　晴（れ）　　曇（り）　　問（い）　　答（え）

　　　　終（わり）　生（まれ）

(2)　複合の語

　　ア　イに該当する語を除き、原則として、「送り仮名の付け方」の

本文の通則6の「本則」の送り仮名の付け方による。ただし、活用のない語で読み間違えるおそれのない語については、「送り仮名の付け方」の本文の通則6の「許容」の送り仮名の付け方により、次の例に示すように送り仮名を省く。

【例】

明渡し　預り金　言渡し　入替え　植付け　魚釣用具

受入れ　受皿　受持ち　受渡し　渦巻　打合せ　打合せ会

打切り　内払　移替え　埋立て　売上げ　売惜しみ

売出し　売場　売払い　売渡し　売行き　縁組　追越し

置場　贈物　帯留　折詰　買上げ　買入れ　買受け

買換え　買占め　買取り　買戻し　買物　書換え　格付

掛金　貸切り　貸金　貸越し　貸倒れ　貸出し　貸付け

借入れ　借受け　借換え　刈取り　缶切　期限付　切上げ

切替え　切下げ　切捨て　切土　切取り　切離し　靴下留

組合せ　組入れ　組替え　組立て　くみ取便所　繰上げ

繰入れ　繰替え　繰越し　繰下げ　繰延べ　繰戻し

差押え　差止め　差引き　差戻し　砂糖漬　下請　締切り

条件付　仕分　据置き　据付け　捨場　座込み　栓抜

備置き　備付け　染物　田植　立会い　立入り　立替え

立札　月掛　付添い　月払　積卸し　積替え　積込み

積出し　積立て　積付け　釣合い　釣鐘　釣銭　釣針

手続　問合せ　届出　取上げ　取扱い　取卸し　取替え

取決め　取崩し　取消し　取壊し　取下げ　取締り

取調べ　取立て　取次ぎ　取付け　取戻し　投売り

抜取り　飲物　乗換え　乗組み　話合い　払込み　払下げ

払出し 払戻し 払渡し 払渡済み 貼付け 引上げ
引揚げ 引受け 引起し 引換え 引込み 引下げ
引締め 引継ぎ 引取り 引渡し 日雇 歩留り 船着場
不払 賦払 振出し 前払 巻付け 巻取り 見合せ
見積り 見習 未払 申合せ 申合せ事項 申入れ
申込み 申立て 申出 持家 持込み 持分 元請
戻入れ 催物 盛土 焼付け 雇入れ 雇主 譲受け
譲渡し 呼出し 読替え 割当て 割増し 割戻し

イ 活用のない語で慣用が固定していると認められる次の例に示
  すような語については、「送り仮名の付け方」の本文の通則7に
  より、送り仮名を付けない。

【例】

合図 合服 合間 預入金 編上靴 植木 （進退）伺
浮袋 浮世絵 受入額 受入先 受入年月日 請負 受付
受付係 受取 受取人 受払金 打切補償 埋立区域
埋立事業 埋立地 裏書 売上（高） 売掛金 売出発行
売手 売主 売値 売渡価格 売渡先 絵巻物 襟巻
沖合 置物 奥書 奥付 押売 押出機 覚書
（博多）織 折返線 織元 織物 卸売 買上品 買受人
買掛金 外貨建債権 概算払 買手 買主 買値 書付
書留 過誤払 貸方 貸越金 貸室 貸席 貸倒引当金
貸出金 貸出票 貸付（金） 貸主 貸船 貸本 貸間
貸家 箇条書 貸渡業 肩書 借入（金） 借受人 借方
借越金 刈取機 借主 仮渡金 缶詰 気付 切手 切符
切替組合員 切替日 くじ引 組合 組入金 組立工

倉敷料 繰上償還 繰入金 繰入限度額 繰入率 繰替金
繰越 (金) 繰延資産 消印 月賦払 現金払 小売
小売 (商) 小切手 木立 小包 子守 献立 先取特権
作付面積 挿絵 差押 (命令) 座敷 指図 差出人
差引勘定 差引簿 刺身 試合 仕上機械 仕上工
仕入価格 仕掛花火 仕掛品 敷網 敷居 敷石 敷金
敷地 敷布 敷物 軸受 下請工事 仕出屋 仕立券
仕立物 仕立屋 質入証券 支払 支払元受高 字引
仕向地 事務取扱 事務引継 締切日 所得割 新株買付
契約書 据置 (期間) (支出) 済 (額) 関取 備品
(型絵) 染 ただし書 立会演説 立会人 立入検査
立場 竜巻 立替金 立替払 建具 建坪 建値 建前
建物 棚卸資産 (条件) 付 (採用) 月掛貯金 付添人
漬物 積卸施設 積出地 積立 (金) 積荷 詰所 釣堀
手当 出入口 出来高払 手付金 手引 手引書 手回品
手持品 灯台守 頭取 (欠席) 届 留置電報
取扱 (所) 取扱 (注意) 取入口 取替品 取組
取消処分 (麻薬) 取締法 取締役 取立金 取立訴訟
取次 (店) 取付工事 取引 取引 (所) 取戻請求権
問屋 仲買 仲立業 投売品 並木 縄張 荷扱場
荷受人 荷造機 荷造費 (春慶) 塗 (休暇) 願
乗合船 乗合旅客 乗換 (駅) 乗組 (員) 場合 羽織
履物 葉巻 払込 (金) 払下品 払出金 払戻金
払戻証書 払渡金 払渡郵便局 番組 番付 控室
引当金 引受 (時刻) 引受 (人) 引換 (券)

　　　(代金) <u>引換</u>　<u>引継</u>事業　<u>引継</u>調書　<u>引取</u>経費　<u>引取</u>税

　　　<u>引渡</u> (人)　<u>日付</u>　<u>引込</u>線　瓶詰　<u>歩合</u>　封切館

　　　福引 (券)　船積貨物　踏切　振替　<u>振込</u>金　<u>振出</u> (人)

　　　不渡手形　<u>分割払</u>　(鎌倉) 彫　掘抜井戸　前受金

　　　前貸金　巻上機　<u>巻紙</u>　巻尺　巻物　待合 (室)

　　　見返物資　見込額　見込数量　見込納付　水張検査　<u>水引</u>

　　　<u>見積</u> (書)　見取図　見習工　未払勘定　未払年金

　　　見舞品　名義書換　<u>申込</u> (書)　申立人　持込禁止

　　　元売業者　<u>物置</u>　物語　物干場　(備前) 焼　役割　屋敷

　　　雇入契約　雇止手当　<u>夕立</u>　譲受人　湯沸器　呼出符号

　　　読替規定　陸揚地　陸揚量　<u>両替</u>　<u>割合</u>　割当額　割高

　　　<u>割引</u>　割増金　割戻金　割安

　［備考1］　　下線を付けた語は、「送り仮名の付け方」の本文の
　　　　　　　通則7において例示された語である。

　［備考2］　　「売上 (高)」、「(博多) 織」などのようにして掲げ
　　　　　　　たものは、( ) の中を他の漢字で置き換えた場合にも、
　　　　　　　「送り仮名の付け方」の本文の通則7を適用する。

⑶　付表の語

　　　「送り仮名の付け方」の本文の付表の語（1のなお書きを除く。）
　　の送り仮名の付け方による。

3　その他

⑴　1及び2は、固有名詞を対象とするものではない。

⑵　1及び2については、これらを専門用語及び特殊用語に適用す
　　るに当たって、必要と認める場合は、特別の考慮を加える余地が
　　あるものとする。

附　則

1　この決定は、平成22年11月30日から施行する。

2　この決定は、法律については次回国会（常会）に提出するものから、政令については平成23年1月1日以後最初の閣議に提出するものから、それぞれ適用する。

3　新たな法律又は政令を起案する場合のほか、既存の法律又は政令の改正について起案する場合（文語体の法律又は勅令を文体を変えないで改正する場合を除く。）にも、この決定を適用する。なお、この決定を適用した結果、改正されない部分に用いられている語の表記と改正される部分に用いられるこれと同一の内容を表す語の表記とが異なることとなっても、差し支えない。

4　署名の閣議に提出される条約については平成23年1月1日以後最初の閣議に提出されるものから、国会に提出される条約（平成23年1月1日以後最初の閣議より前に署名の閣議に提出された条約であって日本語が正文であるものを除く。）については次回国会(常会)に提出するものから、それぞれこの決定を適用する。なお、条約の改正についても、この決定を適用した結果、改正されない部分に用いられている語の表記と改正される部分に用いられるこれと同一の内容を表す語の表記とが異なることとなっても、差し支えない。

参　考
公社文書の書き表し方等について
用語の改善について

公社文書の書き表し方等について

郵総総第3012号の2

平成15年4月1日

社内一般長

　　　　　　　　日本郵政公社総務部門の長

　　公社文書の書き表し方等について

　日本郵政公社文書管理規程第3条第7号、第4条第7項、第5条第4項、第7条第2項及び第16条第2項において、本社総務部門の長が定めると規定されている事項を下記のとおり定める。

　　　　　　　　　記

1　公社文書分類基準表及び公社文書ファイル管理簿の提出の方法等
　　別記1のとおり
2　公社文書の書き表し方等要領
　　別記2のとおり

別記1

　　公社文書分類基準表及び公社文書ファイル管理簿の
　　提出の方法等について

1　大分類、中分類及び小分類の3段階の系図構造総括文書管理責任
　者が、日本郵政公社における総合文書管理システム上に表示する。
2　公社文書分類基準表の標準及び公社文書分類基準表の作成別紙1
　の様式により作成する。
3　公社文書分類基準表の標準及び公社文書分類基準表の作成方法
　　毎年度、5月末日までに電磁的記録（フロッピーディスク）によ
　り総括文書管理責任者(本社総務部文書管理担当)あて提出する。た
　だし、公社文書分類基準表については、簡易保険事業本部長は自事
　業本部及び所管の加入者福祉施設の分を、監査本部長は自本部及び
　所管の地区監査室分を、支社長は自局、所管の事務センター及び郵
　便局並びに管轄区域内に所在する病院（東京逓信病院を除く。）、郵
　政健康管理センター及び職員訓練所（中央郵政研修所及び郵政大学
　校を除く。）分を、沖縄事務所長は自事務所、所管の郵便局及び那
　覇郵政健康管理センター分を取りまとめの上、提出する。
4　公社文書ファイル管理簿の作成方法
　　別紙2の様式により作成する。
　　なお、総合文書管理システム及び文書決裁システム相互間の連携
　機能が整備されている機関にあっては、当該連携機能を活用する。
5　公社文書ファイル管理簿の提出の方法
　　毎年度当初に前年度の公社文書を整理し、公社文書ファイルを作
　成した後、速やかに総合文書管理システム上のデータベースとして
　提出する。

別紙1

公社文書分類基準表（の標準）

大分類	中分類	小分類	標準公社文書ファイル名	保存期間	備　考

注1　大分類、中分類及び小分類は、別記1の1により記載する。

　2　標準公社文書ファイル名は、公社文書ファイル名を類型化した
　　もので、例えば、「○○年度○○ファイル（△△関係）」という公
　　社文書ファイル名の場合、「○○ファイル」が標準公社文書ファ
　　イル名となる。この標準公社文書ファイルの中に各年度の具体的
　　な公社文書ファイルが属することとなる。

　3　保存期間は、「○年」と記載する。ただし、必要と認められる
　　場合には、「作成（又は取得）した日から○年」等と記載しても
　　差し支えない。

別紙2

公社文書ファイル管理簿

文書分類			公社文書ファイル名	作成者	作成（取得）時　期	保存期間	保存期間満了期間
大分類	中分類	小分類					

保存場所	管理担当課・係	保存期間満了時の措置結果	備　考

注1　「公社文書ファイル名」欄は、公社文書の名称等をそのまま記載することにより不開示情報が含まれることとなる場合には、その名称等を一般化する等して、公社文書ファイル管理簿に不開示情報を明示しないよう記載を適宜工夫する。

2　「作成者」欄は、公社文書が社内で作成されたものであるときは、課・係単位で記載し、取得したものである場合は、例えば、「申請者」、「届出者」等と記載する。作成者が多数の場合には、代表的と考えられる者を適宜記載する。

3　「作成（取得）時期」欄は、公社文書ファイルにまとめられた公社文書のうち作成（取得）された時期が最も古いものの作成（取得）時期又は日本郵政公社文書管理規程（以下「管理規程」という。）第9条第1項ただし書に規定する特定の日を記載する。

4　「保存期間」欄は、作成（取得）時期から公社文書ファイルにまとめられた公社文書のうち保存期間の満了する日の最も遅いものの保存期間満了時期までの期間を記載する。

5　「保存期間満了時期」欄は、管理規程第10条後段に規定する保存期間満了時期を記載する。

6　「保存場所」欄は、公社文書の検索の目安となる程度に、事務室、書庫等の別を記載する。

7　「備考」欄は、適宜参考となる事項を記載することとなるが、例えば、公社文書ファイルの統合・分割、媒体の変換の予定時期等、管理及び開示事務への対応を進めていく上で参考となる事項を記載する。

別記2

公社文書の書き表し方等要領

目次

〈参考〉

書式例

第1　用紙等の使い方

1　用紙は、日本標準規格によるA4判（210㎜×297㎜）を使用する。

　　図表などを使用する場合は、A3判（297㎜×420㎜）を使用して良い。ただし、別に規格の定めがある場合及び特に規格の用紙を必要とする場合を除く。

2　原則として、A4判用紙は縦長に、A3判用紙は横長にして使用する。

　　この場合、A3判用紙は二つ折り又は三つ折込みとする。

（例1）　A4判用紙（余白は10mm　とじ代は20mm確保）

(1)　普通の場合　　　　　　　　(2)　図表など特別な場合

（例2）　A3判用紙（余白は10mm　とじ代は20mm確保）

(1)　図表など特別な場合

⑵　袋とじの場合

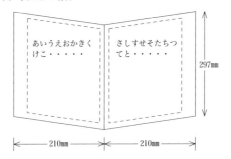

3　用紙のとじ方

⑴　左横書きの用紙のとじ方は、左とじとし、左横書きの用紙と
　　縦書きの用紙をともにとじる場合は、次の例による。

（例1）

　　　左横書き用紙と左に余白
　　があある1枚の縦書き用紙を
　　とじる場合

（例2）

　ア　左横書き用紙と左に余
　　白がない1枚の縦書き用
　　紙をとじる場合

　イ　左横書き用紙と2枚以
　　上の縦書き用紙をとじる
　　場合

　ウ　左横書き用紙と袋とじ
　　の縦書き用紙をとじる場
　　合

　　　以上の場合には、いずれも裏つづり（背中合わせ）とする。

注：左横書き用紙と左に余白がある片面書きの袋式でない2枚以上の
　縦書き用紙をとじる場合は、（例1）によることができる。

　（例3）　縦書き用紙と左横書き用紙をとじ合わせやすくする方
　　　法

（A4判の横書き用紙を横長に使って縦書きとする。）

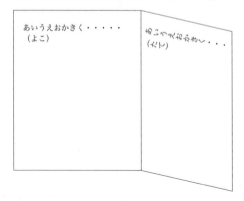

(2)　A4判用紙を横長に、A3判用紙を縦長に用いた場合は、上とじとする。

(3)　縦書き文書のみをとじる場合は、右とじとする。

(4)　とじ代は20mm確保する。

4　封筒の使い方

　　和封筒は、縦長に使い、あて名を縦書きにしてもよい。この場合、差出名などを表面下部の中央に記入（印刷）するときは、左横書きとする。

第2　文書表記の仕方

1　文書類の書き方は、特に縦書きを必要とするものを除き、左横書きとする。

　　注：　次に掲げるものは、縦書きにしてもよい。

　　　(1)　賞状、表彰状、感謝状、祝辞、式辞、弔辞などで筆書が必要なもの

　　　(2)　法令の規定により縦書きと定められたもの及び官公庁から縦書きと指定されたもの

　　　(3)　封筒表面のあて名

　　　(4)　その他特に縦書が必要なもの

2　文書の用語、用字、文体等は次のとおりとする。

(1)　左横書きに使用する数字は、エに掲げる場合を除き、アラビア数字を使い、その書き方は、次の通りとする。

　　ア　数字のけたの区切り方は、3位区切りとし、区切りには「，」（コンマ）を使う。ただし、年号、文書番号、電話番号など特別なものは、区切りを付けない。

イ　小数、分数及び帯分数の書き方は、次の例による。

　（例）

小　　数	0.123
分　　数	$\frac{1}{2}$　　½
帯 分 数	$1\frac{1}{2}$　　1½

ウ　日付、時刻及び時間の書き方は、次の例による。

　（例）

区　分	日　　付	時　　　　刻		時　間
普通の場合	平成3年2月18日	9時30分	18時15分	6時間30分
省略する 場　合	平成3．2．18 平　3．2．18 　　3．2．18	9：30	18：15	
時刻は、24時間制を使うが、午前・午後を使ってよい。				

※　年の表記については、「平成1年」とはせず、「平成元年」
　とする。ただし、数字のみをもって表す場合には、「1.1.8」
　のようにする。

エ　漢（数）字は、次のような場合に使う。

　㋐　固有名詞

　　（例）四国　九州　二重橋　五島列島　三重県

　㋑　概数を示す場合

　　（例）二、三日　四、五名　数十日　五、六十万　七、八百万

　㋒　数量的な意味を失った熟語の場合

　　（例）一般　一部分　四捨五入　一騎当千　四分五裂　七転八起

　　　　　四半期（第3四半期）

㋔　慣用的な語（ひとつ、ふたつ、みっつなどと読む場合）

　　（例）　一つ　一休み　二間（ふたま）続き　三月（みつきと読む場合）

　　　　　　五日（いつか）目

㋕　万以上の数を書き表すときの区切り単位として、使う場合

　　（例）　1,200億　345万　67億890万　1,234億5,678万9,012

　　　　　　3億45万1,678　1万5,000　単位100万

(2)　左横書きの場合の各種記号の使い方は、次のとおりとする。

ア　区切り符号

記　　　号	使　　　い　　　方	例
。（まる）	㋐　一つの文を完全に言い切ったところに必ず使う。（　）の中でも、文の言い切りには、必ず使う。 ㋑　「…すること。」、「…するとき。」を列記するときにも使うが、事物の名称を列記する場合には、使わない。ただし、後にただし書が続く場合には、使う。 ㋒　次のような場合には、使わない。 　A　題目・標語その他簡単な語句を掲げる場合 　B　言い切ったものを（　）を使わずに「と」で受ける場合 　C　疑問・質問の内容を挙げる場合	………の証明書。 ただし、………。
、（てん）	文の中で、言葉の切れ続きを明らかにする必要のあるところに使う。 ㋐　次のような場合には、使う。 　A　主語に続く「は」「が」「も」などの後	

357

	B　対等に並列する語句の間		また、なお、おって、ただし、しかし、したがって、しかも、さて、ついては、そして、すなわち、……
	C　文の初めに置く接続詞及び副詞の後		
	D　叙述に対して限定を加えたり、条件を挙げる語句の後		
	(ｲ)　次のような場合には、使わない。		
	A　用い過ぎると、かえって全体の関係が不明になるとき。		
	B　並列する語句が簡単なとき。		
	C　簡単な語句をつなぐ接続詞の後		
	D　限定・条件の語句が簡単なとき。		
・（なかてん）	(ｱ)　事物の名称を列挙するときに使う。		法律・政令・省令
	(ｲ)　外国語又は外来語の区切りに使う。		トップ・ニュースジョージ・ワシントン
．（ピリオド）	(ｱ)　外国語のアルファベットによる省略又はローマ字による略語に使う。ただし、一般的に使用している場合を除く。		Ｉ．Ｌ．Ｏ又はＩＬＯＮ．Ｈ．Ｋ又はＮＨＫ
	(ｲ)　単位を示す場合、省略符号とする場合などに使う。		1,234.56円0.05平13.1.6
，（コンマ）	数字の区切りに使う。		5,678
（　）かっこ	(ｱ)　語句又は文章の後に注記を加えるとき、見出しの左右を囲む場合などに使う。		
	(ｲ)　（（　））（ふたえかっこ）は、（　）の中に更に注記を加えるときに使うことができる。		
「　」（かぎ）	(ｱ)　語句又は文章を引用する場合、言葉を定義する場合などに使う。		
	(ｲ)　『　』（ふたえかぎ）は、「　」の		

	中に更に語句を引用する場合に使うことができる。	
……………… （点線）	語句の代用などに使う。	………から……… まで、これを行う。
：（コロン）	(ｱ) 次に続く説明文又はその他の語句があることを示す場合などに使う。 (ｲ) 時刻を示す場合の省略符号に使う。	注：………………… 電話：………………… 15:30（15時30分）
〜（なみがた）	…………から…………までを示す場合に使う。	東京〜大阪 第1号〜第10号
─（ダッシュ）	(ｱ) 語句の説明・言い換えなどに使う。 (ｲ) 街区番号・住居番号を省略して書く場合に使う。 　電話局番と番号の間に使ってもよい。 (ｳ) 規定類の目次で……から……までを示す場合に使う。	信号灯 赤─止まれ 　　　　青─進め 霞が関一丁目3─2 （霞が関一丁目3番2号） 電話：3504─4184 第1章　総則 （第1条─第4条）
→（矢じるし）	左のものが右のように変わることを示す場合に使う。	車輛→車両 然し→しかし
〃（のの字かぎ）	表などで同一であることを表すときに使う。	

イ　繰り返し符号

　(ｱ) 同じ漢字が続くときは、「々」を用いる。ただし、続く漢字が異なった意味であるときは、使わない。

　　（例）　徐々に　三々五々　民主主義　事務所所在地　審議会会長

　(ｲ) 「ゝ」及び「く」の記号（仮名の繰り返し符号）は、使わない。

ウ　見出し符号

　　項目を細別するときは、次の順序による。

第1	1	(1)	ア	㋐	A	(A)	a	(a)
第2	2	(2)	イ	㋑	B	(B)	b	(b)
第3	3	(3)	ウ	㋒	C	(C)	c	(c)

注：1　項目が少ないときは、「第1」を省略して「1」から
　　　使用してもよい。

　　　2　イロハニ…………は、使わない。

エ　その他

　㋐　漢字に振り仮名を付ける場合、語句を修正する場合、語
　　　句を挿入する場合及び傍線を使う場合は、振り仮名、修正
　　　又は挿入する語句は語句の上に、傍線は語句の下に使う。
　　　ただし、語句を修正する際の傍線は、語句の上に使う。

　（例）とう　きょう　　あいさつ　　　　記号
　　　　東　京　　　挨　拶　　文書番号
　　　　　　　　　　　　　　　　　　　∧

　　　かん詰　　　　能率的

　㋑　「？」（疑問符）及び「！」（感嘆符）は、使わない。

3　文書本文の表記は次のとおりとする。

　(1)　本文中、行を改めたときは1字空けて2字目から書き出す。

　(2)　「ただし書」は、行を改めない。

　(3)　「なお書き」及び「おって書き」は、行を改める。両方を使
　　　う場合は、「なお書き」を先にする。一の文章において「なお書
　　　き」、「おって書き」とも2回以上使用しない。

　(4)　助詞「の」を三つ以上続けて使用しない（例：〜の〜の〜の）。
　　　「に」、「も」も同様。

　(5)　指示語を多用しない（例：その、この、あの等）。

　(6)　文はできるだけ短くし、一つの文には、一つの事柄だけを入

れる。

⑺　一つの解釈しかできない文にする。

⑻　二重否定の表現はしない。

⑼　主語と述語を明確にする。

⑽　「〜が、〜が」は使わない。

⑾　結語は、「以上」とする（記載位置は、書式例を参照）。

4　見やすく、平易で分かりやすい文書表記は、次のとおりとする。

⑴　文体

　　「です」「ます」体を使用する。

　　なお、規則・規程等は「である」体を使用してよい。

⑵　まわりくどい、あいまいな表現はやめ、読み手に明確に意図
　　が伝わるように書く。

　　　【悪い例】　○○について十分留意をしながら、推進を行っ
　　　　　　　　てまいりたいとこのように考える次第です。

　　　【良い例】　○○について十分注意して進めたいと考えてい
　　　　　　　　ます。

　　　【悪い例】　○○してきているところですが、今般○○する
　　　　　　　　こととしたので、よろしく取り計らい願います。

　　　【良い例】　○○していますが、このたび○○しますので、
　　　　　　　　よろしくお願いします。

　　参照：郵総総3080（H15.3.18）「用語の改善について」

| 本社イントラ | 公社全般 | 本社指示文書データベース | 共通関係 |

http://XXXXXX.XXXX.XXXXX.XX.XX/XXXXXXXX/XXXXXX/XXXXXXXXXXX/index.html

⑶　図表の活用

　　図の方が分かりやすい場合は、フロー図等を使って全体を説

明する。

⑷　用語

ア　カタカナ語、英語には説明をつける。

　　「バス」、「パソコン」、「エレベータ」などのように私たち
の日常生活の中に日本語として定着している言葉は別にして、
むやみにカタカナ語を使わないようにする。やむを得ず使用
する場合は、次のように必ず説明を付ける。

　　また、英語など外国語を使用する際は必要に応じてスペル
を括弧書きで付ける。

　　【説明の付け方の例】

㊤　文章に溶け込ませる方法

　　お客様ロビーでの写真展は、昔風のものを懐かしむレト
ロな写真が多く、御年配のお客様ばかりでなく、若いお客
様にも好評でした。

㊥　括弧書きで加える方法

　　郵便局の窓口には、ドナー（臓器などの提供者）カード
の申込書を置いていることを御存じですか。

　　今回の取扱いについては日本郵政公社としての、説明責
任（アカウンタビリティー）が必要です。

㊦　脚注で説明する方法

　　グリーティング郵便切手は、全国の郵便局で平成15年2
月10日から販売します。

　　【グリーティング郵便切手】　様々な行事・お祝い等のあ
　　　　　　　　　　　　　　　　いさつ状等に御利用いただけ
　　　　　　　　　　　　　　　　るようにデザインした切手。

シール式になっています。

イ　略語、専門用語（法律用語、会計用語、福祉用語、ＩＴ用語など）

　一般的に使用していない用語は、別の言葉で言い換えるか、平易で分かりやすい説明を加える。略語を使用する場合は、括弧書きで中に正式名称を入れる。

ウ　事業用語

　私たちが職場で仕事をする上では便利なものであるが、お客様にとってはなじみのない言葉であるため、お客様に対しては別の言葉で言い換えるか、平易で分かりやすい説明を加えるようにする。

(5)　文字装飾

　報道発表資料、会議資料などの文書を除き、一般の文書では、強調文字・反転文字・極端な拡大文字などはむやみに多用しない。

　なお、使用する場合は、特にポイントとなる部分のみとする。具体的には、文字装飾部分を読むだけで内容が分かるようにする。

第3　指示文書の書き方

1　指示文書等の範囲

(1)　指示文書とは、その内容について何らかの事務処理、職員周知、作業、施策準備等の対応が必要なものをいう。

(2)　郵便局あての指示文書には、必ず文書記号番号が必要である。文書記号番号がない文書による指示は無効であり、郵便局は従う必要はない。

(3)　指示文書以外は情報文書とする。

　　　（例）ア　営業実績表、営業順位表等

　　　　　　イ　事故率表、契約失解率表等

　　　　　　ウ　人事異動表、リーダー名簿等

　　　　　　エ　情報紙等

2　本社から郵便局への直接指示（以下「本社直接指示」という）

(1)　一律に郵便局へ指示できるものは、本社直接指示とする。

　　　また、早急に郵便局へ指示が必要な場合も、本社直接指示とする。

(2)　既に支社から郵便局へ指示されている指示内容を変更する等調整が必要な場合は、事前に本社は支社に対して、本社直接指示文書を送付した上で調整を行う。具体的な方法は次のとおりとする。

　ア　本社直接指示文書に伴い支社指示文書が廃止される場合

　　　支社は電子メール本文等に廃止する指示文書記号番号等を記載し、本社直接指示文書を添付し郵便局へ送付する。

　イ　本社直接指示文書に伴い支社指示文書が改正される場合

　　　(ア)　支社は、本社直接指示文書と併せて、支社の改正指示文書を添付し郵便局へ送付する。

　　　(イ)　支社の指示文書の改正が、本社が支社へ指定した郵便局への指示期限日に間に合わない場合には、支社は本社直接指示文書を郵便局へ送付した後、支社の指示文書を改正する。

　ウ　本社・支社間で十分な事前調整期間が確保できない場合

　　　本社は支社へ情報提供するのと同時に、本社直接指示を郵

便局へ送付する。

(3) 本社直接指示に伴う照会先

　指示文書の内容に関する照会先は、原則支社とし照会先を明記する。

　(例)　電子メールの場合、電子メール本文。郵送の場合、指示文書の前に次の例を参考に記載する。「内容についての照会先：各支社○○部××課」

3　郵便局への指示文書の書き分け

(1) 「無集配特定郵便局」「集配特定郵便局」「普通郵便局」別に書き分ける。

　取扱い内容に応じて、機能別、取扱局別に書き分ける。

(2) 本社が支社を経由して郵便局へ指示する場合についても、上記(1)に準じて書き分けを行う。

4　郵便局への指示文書のページ数制限

(1) 指示文書は5ページ以内（指示文書本体と付属する指示（別紙・別記）を含む。）

　指示文書本体は、3ページまでとする。特に、無集配特定郵便局あての指示文書本体は1ページを基本とする。

(2) 指示文書のページ数制限から除くもの。

　ア　指示文書を補完するための参考資料

　(例)　参考資料としては、次のようなものをいう。

　　(ｱ)　Q＆A等

　　(ｲ)　調査要領、実施要領、取扱要領等

　　(ｳ)　周知資料、配付資料等

　イ　報告様式

　ウ　規則、規程等5ページに収まらないもの等

⑶　制限ページ数を超える場合は、制限ページ数が超える理由を明記する。

　　（例）　電子メールの場合には電子メール本文に、また、郵送の場合には指示文書の前に、それぞれ次の例を参考に記載する。

　　　　「添付した（以下の）指示文書の枚数は7ページ　その他参考資料として3ページ添付。制限ページ数を超えた理由は、貯金と保険の施策を統合したためです。」

⑷　本社が支社を経由して郵便局へ指示する場合についても、上記ページ数制限各項に準ずる。

5　一指示文書につき一案件を基本とする。

　一つの指示文書に複数の案件を盛り込まない。ただし、郵便局の作業を考慮し文書統合した場合の方が効率的である場合は、一つの指示文書に複数の案件を統合することができる。

　　（例）　⑴　報告文書で、統合した方が効率的な場合等

　　　　　⑵　相続の取扱いで、貯金、保険を統合した方が分かりやすい場合等

　　　　　⑶　営業と業務の処理の流れを統合した方が分かりやすい場合等

6　郵便局あての指示文書には、関連文書がないと指示の内容が分からない場合を除き、関連文書記号番号は極力記載しない。

　なお、関連文書を引用する場合は次のとおりとする。

⑴　参照又は引用すべき部分のみを本文に記載する。

⑵　関連内容が多岐にわたる場合は、当該関連文書を指示文書に添付する。

⑶　添付できない場合は、イントラネットに掲示し、リンク先を記載する。

7　職員周知等に関する施策実施準備期間（リードタイム）は次の

とおりとする。

なお、物品の調達、契約等、施策実施に伴う手続が他に定められているものは、その期間を加算する。

⑴　施策実施準備期間の日数

　ア　施策実施準備期間が必要な施策とは、次のようなものをいう。

　　㈎　関係職員への周知徹底、業務研究会の開催が必要な施策等。

　　㈏　端末機操作の一部変更。事務処理手続の変更・改正等。

　　　（例）A　システム改正

　　　　　　B　取扱手続の変更

　　　　　　C　新商品の販売

　イ　上記アの施策については、施策実施準備期間は10営業日（2週間）以上を必ず確保する。

　　　　また、「全職員を対象とする」又は「関係職員が多い」場合は、全員への周知徹底、施策の理解・認識が必要なことから、1か月程度の十分な期間を確保する。

　ウ　簡易な周知であっても、5営業日（1週間）程度の期間は確保する。

　　　（例）㈎　施策実施準備期間が必要な施策の補完作業等

　　　　　　㈏　システム改正等のQ&A　等

⑵　施策実施準備期間の日数は、施策実施機関に到達した翌営業日から起算する。

　ア　電子メールで送信した場合は、送信日と到着日は同一とする。

　　イ　郵送で発送した場合は、発送日に郵送日数を加えた日を到
　　　着日とする。

⑶　「災害・事故・犯罪の発生時対応の指示」は、その性格上施
　策実施準備期間の確保ができないため、適用除外とする。

　　（例）台風対応、災害地域の適用、システム事故の発生、申告による事故防止
　　　　喚起、犯罪発生に伴う緊急点検等。

⑷　施策実施準備期間（適用除外を除く。）が確保できない場合
　には、確保できない理由を明記する。

　　（例）電子メールの場合には電子メール本文に、また、郵送の場合には指示文
　　　　書の前に、それぞれ次の例を参考に記載する。

　　　　「施策実施準備期間が確保できないのは、提携先との合意が遅れたためで
　　　　す。」

8　郵便局あての指示文書で、関係職員への業研・ミーティング等
　での周知が必要な場合は、職員周知用資料を作成して指示文書に
　添付する。この場合の職員周知用資料は極力１ページに収める。

9　指示文書には施策実施日等を、次のとおり記載する。

　　（例）⑴　実施日

　　　　ア　「この指示は平成16年12月13日（月）から実施します。」

　　　　イ　「この指示は平成17年１月末までに実施します。」

　　　⑵　適用日　「平成16年12月13日（月）から適用します。」

10　本社が支社を経由して指示文書を発送する場合は、郵便局への
　指示期限日を記載する。

　　この場合の指示期限日は、支社に到着した翌営業日から起算し、
　５営業日（１週間）以上確保する。

　　（例）指示期限日

⑴　「郵便局へは平成16年12月13日（月）までに指示してください。」

⑵　「郵便局へは遅くとも平成17年1月末までに指示してください。」

11　有効期間のある指示文書には、必ず失効日を記載する。

　（例）　「この指示文書は、平成17年3月31日限りでその効力を失う。」

12　文書の件名を引用する場合の形式例

⑴　文書の件名を引用する場合は、次の表のとおりとする。

文書記号番号により引用する場合	文書件名により引用する場合
郵総総〇〇号（H13. 1. 6）「件名」 なお、省略する場合は次の例による。 ア　郵総総〇〇号（H13. 1. 6） イ　郵総総〇〇号	「件名」（平成13年1月6日郵総総〇〇） なお、同一文書の中で再度引用する場合 に限り、次のとおり省略してよい。 「件名」

⑵　他の規則・規程等を引用する場合

　　単に参照条項や条文を引用するのではなく「どのような内容なのか」説明したい内容が分かるように引用する。

⑶　承認文書において、申込み文書を引用する場合は、上記⑴の形式に準ずるほか、次の例による。

　（例）　平成13年1月6日付け郵総総〇〇で申込みの…

第4　文書の書式

1　社内文書の書式及び各注意事項は、次のとおりとする。

　　表題表記部分は、原則として書き出し部分2行を使用して、次のとおり記載する。

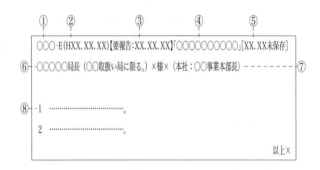

(1)　「①文書記号番号」、「②文書の日付」の注意事項

　　ア　左上の端から文書記号番号を記入し、番号は「第」「号」の
　　　表記を省く。引き続き文書の日付を記載する。

　　イ　同報指示文書番号（親展等除く）には、次のとおりあて先
　　　別に識別符号を付ける。

社内全職員…A	社内一般長…B	郵便局長…C
特定局長　…D	無特局長　…E	集特局長…F
普通局長　…G	無普局長　…H	集普局長… I

　　　なお、個別、親展等の指示文書には識別符号を不要とする。

　　　注：個別指示文書とは、郵便局名を指定したものや、郵便
　　　　　局毎に指示内容の一部が異なる指示文書をいう。親展
　　　　　等文書とは、親展、秘密等イントラネットでの公表に
　　　　　適さない指示文書をいう。

　　ウ　文書の日付は、原則として発送当日の日付とする。ただし、
　　　官報等に掲載する場合は、掲載日の日付とする。

　　エ　元号はアルファベットで略号を付ける。

　　　（例）　郵ネサ3003（H16.8.9）

(2)　「③報告期日」

　ア　報告を求める指示文書は、報告期日を記載する。

　イ　複数日の報告期日がある場合は「指示のとおり」と記載する。

　　　(例)　【要報告：16.12.13】【要報告：指示のとおり】

(3)　「④件名」の注意事項

　ア　文書の日付から1字空け、かぎ括弧で件名を囲む。

　　　報告期日の記載がある場合には、それに引き続きかぎ括弧で件名を囲む。

　イ　件名は、1文書に1件名とする。ただし、内容が異なるときは、件名を別にしてよい。

　ウ　件名で概ね文書内容が分かるようにする。

　エ　「……………に関する件（について）」などの表現を用いず、「……………」の体言止めとする。

　オ　関連文書を表記しなければならない場合は、件名に引き続き（対：郵総総123（S54.8.6））又は（郵総総123（S54.8.6）関連）などのように記載する。

(4)　「⑤保存期限」の注意事項

　　　保存期限は件名に引き続き記載し、大括弧で囲んで記載する。

(5)　「⑥あて先」の注意事項

　ア　文書記号番号の下に左端から記載する。「様」の後ろは1文字程度空ける。

　イ　発信者名に書かれた者との同位者均衡を原則とする。

　ウ　役職にある者にあてた文書のあて先は、原則として役職だけを記載し、その氏名を省略する。

エ　敬称は、原則として次のとおりとする。

　(ｱ)　団体名　御中

　(ｲ)　個人名　様

　(ｳ)　役職名　様

オ　姓と名との間及びあて先と「御中」又は「様」との間は、
　　1字分程度空ける。

カ　次のあて先表記は簡略する。

　(ｱ)　無集配特定郵便局長…無特局長

　(ｲ)　集配特定郵便局長…集特局長

　(ｳ)　普通郵便局長…普通局長

キ　機能別・取扱い別の郵便局を指定した場合は、あて先に続
　　き括弧書きで囲んでその名称を記載する。

(6)　「⑦発信者」の注意事項

ア　あて先の敬称の後に引き続き、山括弧書きで囲んで記載す
　　る。

イ　あて先に書かれた者との同位者均衡を原則とする。

ウ　発信者名は、特に必要のあるときのほかは、役職名を使い
　　個人名は省略する。

エ　発信者名は部門等が分かる範囲で略して記載する。

　(例)　　ア　日本郵政公社郵便事業総本部国際本部マーケティング部長の場

　　　　　　　合は、

　　　　　　　〈本社：郵便　国際　マーケティング部長〉

　　　　　　イ　日本郵政公社金融総本部郵便貯金事業本部長、簡易保険事業本

　　　　　　　部長の連名の場合は、

　　　　　　　〈本社：貯金本部長・保険本部長〉

　　オ　発信者名が連名の場合は、立案元を一番先に記載し、以下
　　　　関係の深い順又は組織順に略して連記する。

(7)　「⑧本文」の注意事項

　　ア　本文は、あて先の下の行から書き出す。

　　イ　本文の書出しに用いる語句（「このことについて」、「上記
　　　　（標記）のことについて」、「標記について」など）は記載せ
　　　　ず、最初から本文を書く。

　　ウ　本文は、できる限り簡素に用件が分かるように書く（書式
　　　　例参照）。お客さまに通知すべき内容、郵便局で実施する内
　　　　容を先に書く。

　　エ　発送文書のあて先が二つ以上ある場合は、なるべく本文の
　　　　末尾（余白欄）に本信（同文書）送付先又は本信写し送付先
　　　　を記載する。

(8)　その他の注意事項

　　　表記は次の方法を推奨する。

　　ア　Ａ４判縦の行数は40〜45行。1行当たりの文字数は40文字。

　　イ　文字の書体は、ＭＳゴシック体。

　　ウ　文字の大きさは、12ポイント。（説明や引用部分のポイン
　　　　トを除く）

　　エ　カラー表示（容量が増えるものに限る）は使用しない。

　　オ　指示文書などのページの表示位置はフッター中央とし、
　　　　表示方法は「現ページ／総ページ−（文書記号番号）」。

2　社外文書の書式及び各注意事項は、次のとおりとする。

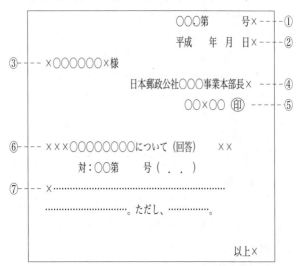

(1)　「①文書記号番号」は右上に記載し、終わりに余白を1字分
　　空ける。

(2)　「②文書の日付」の注意事項

　　ア　原則として元号を使う。ただし、外国あての文書には西暦
　　　を使う。

　　イ　文書の日付は、原則として発送当日の日付とする。ただし、
　　　官報等に掲載する場合は、掲載日の日付とする。

　　ウ　文書記号番号の下に、初めの字を文書記号番号とそろえて
　　　書き、終わりに余白を1字分空ける。ただし、承認書等の場
　　　合は前文又は主文の後に、初めの字の余白を1字分空けて書
　　　く。

⑶　「③あて先」の注意事項

　ア　発信者名に書かれた者との同位者均衡を原則とする。

　イ　役職（官公庁にあっては官職。以下同じ。）にある者にあて
　　た文書のあて先は、原則として、役職だけを記載し、その氏
　　名を省略する。

　ウ　敬称は、原則として次のとおりとする。

　　㈠　官公庁・団体　　御中

　　㈡　個人名　　　　　様

　　㈢　役職名　　　　　様

　エ　姓と名との間及びあて先と「御中」又は「様」との間は1
　　字分程度空ける。

　オ　文書の日付の下に左の方に寄せて記載し、初めの字の前に
　　余白を1字分空ける。ただし、承認書等の場合は文書記号番
　　号の下に1行分程度空けて記載し、終わりに余白を1字分空
　　ける。この場合、住所を記載するときは、住所を団体名又は
　　氏名の上に記載し、終わりに余白を2字分空ける。

　カ　法人その他の団体にあてた文書のあて先は、団体名及びそ
　　の代表者名を記載する。ただし、代表者名を省略してもよい
　　場合は記載しない。

⑷　「④発信者」の注意事項

　ア　あて先に書かれた者との同位者均衡を原則とする。

　イ　発信者名は、役職にある者にあてる場合を除き、役職名と
　　個人名を記載する。

　ウ　姓と名との間は、1字分程度空ける。

　エ　あて名の下に右の方に寄せ、氏名の右に公社印を押すこと

　ができるだけの余白及び公社印を押した後が1字分空く程度
　の余白を残して記載する。ただし、承認書等の場合における
　役職氏名は、前文又は主文の後、文書の日付の右下に記載す
　る。

　オ　発信者の役職氏名は、役職名を上に、氏名を下に、2行に
　　分けて記載する。ただし、必要に応じ、1行に記載してもよ
　　い。

⑸　「⑤公社印」は、役職名又は氏名の最後の1字の半ばにかか
　るように押す。

⑹　「⑥件名」の注意事項

　ア　件名は、1文書に1件名とする。ただし、内容が異なると
　　きは、件名を別にしてもよい。

　イ　件名で概ね文書内容が分かるようにする。

　ウ　件名は、発信者名の下に記載する。この場合、件名の初め
　　の字は、その前に余白を3字分空けて4字目から書き出し、
　　終わりに余白を2字分空ける。2行にまたがるときは、2行
　　目の書き出しは、第1行目にそろえる。

　エ　件名が短いため、全体に著しく左に寄るときは、左右両側
　　に平等に3字分以上の余白を残し、適宜字の間隔を空けて書
　　いてもよい。

　オ　件名は、「………………に関する件」などの表現を使わず、
　　「………………について」とし、その末尾に文書内容を表す
　　語句（指示、照会、回答、報告、依頼、通知、確認、申請な
　　ど）を括弧書きで記載する。

　カ　関連文書があるときは、件名の下部中央に「対：郵総総第

123号（S 54. 8. 6）」又は「郵総総第123号（S 54. 8. 6）関
連」などのように記載する。

　キ　件名は、本文の前に書くことを通例とする。ただし、許可
　　　書・承認書その他これらに準ずる承認書等の件名は、文書記
　　　号番号の下の中央に書く。

⑺　「⑦本文」の注意事項

　ア　本文は、件名の下の行に1字空けて2字目から書き出す。

　イ　本文の書出しに用いる語句は、「このことについて」、「上記
　　　（標記）のことについて」、「標記について」などの表現を用
　　　い、「標記の件に関し」、「上記（標記）に関し」などの表現
　　　は使わない。

　ウ　複雑な内容や日時、場所などは「記」書きで、できる限り
　　　箇条書きにする。

　エ　「下記のとおり」、「案のとおり」、「次の理由（案）により」
　　　などの下に書く「記」・「案」・「理由」は、中央に書く。

　オ　発送文書のあて先が二つ以上ある場合は、なるべく本文の
　　　末尾（余白欄）に本信（同文書）送付先又は本信写し送付先
　　　を記載する。

⑻　その他の注意事項

　　　契印は、決裁文書と発送文書の同一性を証するために使用さ
　　れる割印をいい、決裁文書のあて名と発送文書の中央上端にか
　　けて押すが、公社文書においては使用しない。

3　起案文書

　　起案文書は、案件の処理について権限ある責任者の意思決定を
　求めるための「決定文書」と、単に関係者の閲覧に供することで

足りる「回覧文書」の2種に大別される。それぞれの文書の基本
書式及びその場合の注意事項は次のとおりとする。

(1)　決定文書

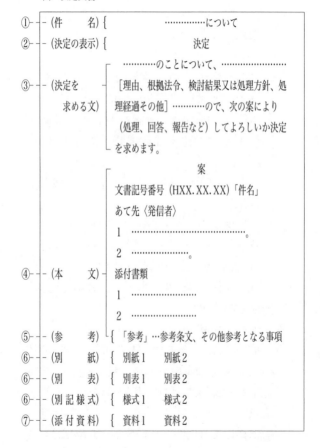

① - -（件　　　名）{　　　　　…………について

② - -（決定の表示）{　　　　　　　決定

③ - -（決定を　　　　…………のことについて、………………
　　　　求める文）　［理由、根拠法令、検討結果又は処理方針、処
　　　　　　　　　　理経過その他］…………ので、次の案により
　　　　　　　　　　（処理、回答、報告など）してよろしいか決定
　　　　　　　　　　を求めます。

　　　　　　　　　　　　　　　　　案
　　　　　　　　　文書記号番号（HXX. XX. XX）「件名」
　　　　　　　　　あて先〈発信者〉
　　　　　　　　　1　……………………………。
　　　　　　　　　2　……………………。
④ - -（本　　　文）　添付書類
　　　　　　　　　1　………………………
　　　　　　　　　2　………………………
⑤ - -（参　　　考）{「参考」…参考条文、その他参考となる事項
⑥ - -（別　　　紙）{　別紙1　　別紙2
⑥ - -（別　　　表）{　別表1　　別表2
⑥ - -（別 記 様 式）{　様式1　　様式2
⑦ - -（添 付 資 料）{　資料1　　資料2

No.	項　目	注　意　点　等
①	件名	1　必ず「件名」を表示する。 2　1文書1件名とする。 3　起案文書の表面の所定の欄に、「簡明に」かつ「具体的に」表現する。
②	決定の表示	中央部分に表示する。ただし、あらかじめ起案用紙に「決定」「回覧」などの語句が印刷されている場合は、該当しない方の文字を＝線で消す。 　注意　「決定」及び「回覧」の両方の要素を持っていて、その区別が判然としないときは、その主たる内容に従い、いずれか一方を表示する。
③	決定を求める文	1　次の事項を要素としてまとめ、案件の内容により、必要な要素だけ書く。 　⑴　意思決定を求める事項 　⑵　起案の理由 　⑶　根拠法令 　⑷　検討結果又は処理方針 　⑸　処理経過 　⑹　その他参考となる事項 2　複雑な内容のため長文にわたるような場合は、上司の判断を容易にするために、まず何を決定するのかを記載し、経過とか根拠などは、後に付記する。 3　起案用紙の表面に「意思決定を求める事項」欄が設けられている場合は、当該欄に箇条書きで必要な要素を書けばよい。
④	本文	1　本文の書式は、おおむね、社内・社外文書に準ずる。 2　あて先 　　共通のあて先を書き表す場合は、「(各通)」を用いないで、例えば、「本社内各部門の長」などの表現を用い、あて名を連記する場合は、関係の深い順又は組織順に記入する。 3　「案の1」、「案の2」同一事項を対象として、「内容」、「あて先」などの異なる発送文書を「一の文書」により起案する場合は、「案の1」、「案の2」……のように別案とする。 4　「内容の複雑なもの」は、「箇条書」若しくは「図表」の形

		式をとり、又は、適宜「項目」に分けて整理する。
		5　長い文章は、くどくなり、文意がぼやけるので、適当に「文節」を区切って短くするとか、「行」を改める。
		6　内容の最も重要な事柄は「主文」に、付随的、従属的な事柄は「改行」して「なお書き」、「おって書き」とする。
		7　図表、様式、簿冊類
		「別表」、「別冊」、「別紙」などとする。
⑤	参考	「案件処理について参考となる事項」は、「参考」として本文の後に書く。
⑥	別紙、別表、別記様式	本文の後にとじられるが、本文と一体をなすもの。
⑦	添付資料	添付物が多いときは、次により処理する。
		1　見出しを付ける。
		2　添付物の前に目次を付ける。
		3　一般に、添付が必要なものは、次のとおり。
		⑴　照会文書…照会に対する回答文書
		⑵　参照条文又は新旧対照条文…法令の制定改廃に関する文書
		⑶　条文の抜粋…法令の条項を引用する語句のある文書
		⑷　関係文書の写し…他の文書の内容を引用する語句のある文書

(2)　回覧文書

①-- (件　　　名) {　　　　　……………について

②-- (回覧の表示) {　　　　　　　　回覧

③-- (回　覧　文) 　……………について…………、(……………
　　　　　　　　　から別紙のとおり文書の送付があった) ので、
　　　　　　　　　回覧します。

④-- (回　覧　要　旨)
　　　　　　　要旨
　　　　　　　………………………………………………………
　　　　　　　…………………………。

⑤-- (処　理　意　見)
　　　　　　　処理意見等
　　　　　　　………………………………………………………
　　　　　　　…………………………。

⑥-- (回覧する文書) {　(添付) 回覧する文書資料等

No.	項　目	注　意　点　等
①	件名	「決定文書」の書き方に同じ。
②	回覧の表示	「決定文書」の書き方に同じ。
③	回覧文	上記例のように書く。
④ ⑤	回覧要旨 処理意見等	「長文のもの」、「説明が必要なもの」などについては、必要に応じて「要旨」、「処理意見」などを書く。
⑥	回覧する文書	1　文書が多いときは、見出し、目次などを付ける。 2　電報文、外国語などについては、訳文を付ける。

第5　文書の発送

1　指示文書の発送は、電子メール又は郵送で行う。

2　冊子、マニュアル、手続、規程、規則、約款等文書量の多いものは、本社 (または支社) で印刷し郵送する。

　(1)　文書量の多いものとは、枚数が10ページ以上 (又は1MB以上) で、かつ電子メールでの送信が適当でない場合とする。

　(2)　本社、支社のどちらで印刷するかは施策により決定する。

3　発送文書予定目録

　郵便局での事前準備のために、次の方法で指示文書の発送予定内容を周知することを推奨する。

　(1)　発送予定目録を事前にイントラネット等に掲載する。

　(2)　この場合は、少なくとも1週間に一度程度の内容更新を行う。

　(3)　掲載内容は、翌週発出分の予定日、概要等 (件名、概要、あて先等) とする。

4　発送済み文書目録

　郵便局での文書管理のために、次の方法で指示文書の発送済み内容を周知することを推奨する。

　(1)　発送済み指示文書の目録をイントラネット等に掲載する。

　(2)　この場合は、少なくとも1か月分をまとめて内容更新を行う。

　(3)　目録内容は、あて先、発出元、日付、発出文書枚数、記号番号、概要等とする。

第6　電子媒体による指示文書の使い方

1　電子メールを使用して指示文書を送付する場合は、次のとおりとする。

　(1)　基本的には、指示文書をファイルとして添付するが、保存期

　間が1年未満で軽微な指示文書は電子メールの本文に記載する。

⑵　電子メールの件名の表示方法

　ア　本社からの指示文書は、件名の先頭に「本社」と記載する。

　イ　報告を求める指示文書は、先頭に「報」と記載する。

　ウ　指示文書には、各事業別に次の4区分に分けて記載する。

　　　郵便関係…　郵　郵便貯金関係…　貯

　　　簡易保険関係…　保　共通関係…　共

　　　表示の例

　　・「チルドゆうパックサービスの品質管理の徹底」郵郵業第
　　　3085号（H16.8. 23）

　　　　　　↓

　　　［本社／郵／チルドゆうパックサービスの品質管理の徹底
　　　　／郵郵業3085（H16.8.23）］

　　・「フレックスタイム制の試行拡大」郵保営第3076号（H
　　　16.9.27）

　　　　　　↓

　　　［本社／報／保／フレックスタイム制の試行拡大／郵保営
　　　　3076（H16.9.27）］

⑶　添付ファイルの形式等は、次のとおりとする。

　ア　郵便局あての添付ファイルとして使用できるソフトは、ワ
　　　ード、エクセル、ドキュワークスとする。

　イ　一つの指示文書に添付することができる郵便局あての総ファ
　　　ァイル容量は、1MB未満とする。

　ウ　一つの指示文書に添付することができる郵便局あてのファ
　　　イル数は、2個を上限とする。3個以上のファイルとなる場

　　合は、ドキュワークスを使用して1個にまとめる。

エ　同一ソフトは1個のファイルにまとめる。

オ　添付ファイルが異なることから、指示文書のページ構成が
　　崩れる場合は、ドキュワークスを使用してページ順にまとめ
　　る。

カ　報告様式等、全郵便局で使用するファイルをドキュワーク
　　スを使用して加工した場合は、オリジナルファイルを添付す
　　る。

キ　エクセルファイルを添付する場合は、使用していないシー
　　トを削除しておくこと。

ク　印刷は次のとおり設定しておく。

　⑺　郵便局へA3判の資料を添付する場合は、印刷指定をA
　　　4とする。この場合、電子メール本文に「A3原稿を添付
　　　している」「印刷指定はA4としている」等の記載を行う。

　⑻　エクセルは、表に合わせた印刷設定をしておくこと。ま
　　　た、複数のシートを使用している場合は、印刷指定ですべ
　　　てのシートを選択した上で、適正に印刷できることを確認
　　　し添付する。

　⑼　ワードは、空印字を防ぐために最終ページに無用な改行
　　　マークを残さない。

⑷　添付ファイル名は、文書記号番号とする。

　（例）　本郵郵業3085-D（H16.12.23）

　　　　本郵郵業3085-D（H16.12.23）様式

　　　　↑「本」は本社を示す。

⑸　郵便局あての指示文書に関する照会先は、電子メールの本文

に記載する。

⑹　指示文書の訂正を電子メールで送信する場合は、次による。

　ア　電子メール本文に「訂正・差替」の概要を記載する。

　イ　訂正する添付ファイルは訂正に該当するものだけを添付するものか、又は指示文書全体を差替えるものか、を記載する。

　ウ　施策内容に影響のない誤字・脱字等の訂正は、文書量削減の観点から送信しない。

2　電子媒体の使い分け

⑴　電子掲示板の活用

　ア　同報指示文書を電子メールで送る場合は掲示板を使用し、自動転送とする。

　イ　情報文書を電子掲示板に掲載する場合は、自動転送しない。

⑵　イントラネット等の活用の注意事項

　ア　イントラネットは情報提供の媒体として活用し、指示文書の送信媒体として使用できない。

　イ　ウェブサイト（Web site）を使用して報告等を求める場合は、報告の指示を電子メールで行う。

　ウ　本社・支社で発出する指示文書はイントラネットに保管する。

　　㈠　指示文書をイントラネットに保管する場合は、指示文書を郵便局で引用して使用できるようにするため、オリジナルファイルとする。

　　㈡　既に電子掲示板で保管している場合は、順次イントラに移動する。

　　㈢　現行の指示文書も順次イントラネットに掲載する。

エ　指示文書で［イントラネット参照］としている場合は、指示文書本文に必ずリンク先を記載する。

(ア)　ドキュワークス加工しても、リンクを設定できるので、アノテーション機能を使用してリンクボタンを設定する。

(イ)　添付した指示文書にリンク先が記載できない場合は、電子メールの本文に記載し、説明書きを加える。

オ　イントラネットを参照する場合の表記は、次のとおりとする。

(例)　本社イントラネットの場合

本社イントラ─公社全般─文書改善の取組─お知らせ・周知事項

http://XXXXX.XXXX.XXXXX.XX.XX/XXXXX/XXXXX.htm　←　リンク先を記載する。

支社イントラネットの場合

支社イントラ─業務関係─貯金─マニュアル

http://XXXXXXXX.XXXX.XXXXX.XX.XX/index.htm　←　リンク先を記載する。

(3)　業務・営業情報WEB

ア　業務・営業情報WEBは情報提供の媒体として活用し、指示文書の送信媒体として使用できない。

イ　指示文書の参照先には［業務・営業情報WEB参照］と指定することはできない。

〈参考〉書式例

1　社内文書

　⑴　指示

　⑵　　〃　（改正）

2　社外文書

　⑴　通知

　⑵　案内

　⑶　報告・連絡

　⑷　回答

　　注：各例中、×印は空白になる字数を示す。

1　社内文書

(1)　指示

```
(記号)(番号)－E(HXX.XX.XX)「件　　　名」[XX.XX未保存]

無特局長　様〈本社：○○事業本部長〉

1 ×……………………………………………。

　(1)　…………………………………………。

　(2)　…………………………………………。

2 ×……………………………………………。

3 ×指示文書の効力

××この指示文書は、平成○年○月○日限りでその効力を失う。

　　　　　　　　　　　　　　　　　　　　　　　　　　　以上×
```

注：ア　文書記号番号に「第」、「号」は付けない。
　　イ　文書記号番号の後に識別符号を記載する。

(2) 指示（改正）

(記号)(番号)－E(HXX.XX.XX)「件　　　名」[XX.XX未保存]

無特局長　様〈本社：○○事業本部長〉

1　改正内容

　　別添「新旧対照表」のとおり、旧欄を新欄に改める。

2　実施日

　　平成○○年○○月○○日

3　その他

　　……………………………………………………………。

以上×

旧欄	新欄
（略）	（略）
第7条 …………………………。	第7条 ……………………○○○○。
第8条 …………………………。	第8条 　（同左）
（略）	（略）

注　改正済み溶け込み版の作成の際は、下線及び説明の括弧書きは残さない。
　　改正済みの本規定を差し替え用として併せて送付する。

2　社外文書

(1)　通知

○○○第　　号×

平成　年　月　日×

×○○○○○○×様

○○×○○　印　×

×××○○○○○○○○○○○○○○○について（通知）

拝啓　時下ますます御清栄のこととお喜び申し上げます。

×さて、……………………について検討を重ねてまいりましたが、このほど下記のとおり改善させていただくことが決定いたしましたので、ここにお知らせ申し上げます。　　　　　　　　　　　　　敬具×

記

1×……………………………………………。

2×……………………………………………。

×(1)×………………………………………。

×(2)×………………………………………。

3×……………………………………………。

以上×

⑵　案内の文書

```
                                    ○○○第　　号×

                                    平成　年　月　日×

×○○×○○×様


                          日本郵政公社○○支社長

                            ○○×○○　印 ┆×
                                        └────┘



×××○○○○○○○○○○○記念式典について（案内）


×○○○○○○○○○○○記念式典を下記のとおり開催いたしたいと
存じますので、御出席賜りますよう御案内申し上げます。
                          記

1 ×………………………………………………………………………
2 ×………………………………………………………………………
3 ×………………………………………………………………………
                                        以上×
```

(3)　報告・連絡

〇〇〇第　　号×

平成　年　月　日×

×〇〇株式会社

×代表取締役社長×〇〇×〇〇×様

日本郵政公社総裁

〇〇×〇〇　印　×

×××〇〇〇〇〇〇〇〇〇〇〇〇〇〇〇〇〇〇について (報告)

×標記の件について、下記のとおり報告します。

記

1 ×………………………………………。

2 ×………………………………………。

3 ×………………………………………。

×(1)×………………………………………。

×(2)×………………………………………。

以上×

⑷　回答

〇〇〇第　　号×

平成　年　月　日×

×〇〇〇会長

××〇〇×〇〇×様

日本郵政公社総裁

〇〇×〇〇　印　×

×××〇〇〇〇に対する後援名義の使用について（回答）

×平成　　年　　月　　日付け〇〇〇第　　　号でお申込みのあった標
記の件については、お申込みのとおり承認します。

×なお、お申込み時の計画を大幅に変更する場合は事前にその内容及び
理由を、行事終了後は速やかにその実施状況の概要を報告してください。

以上×

用語の改善について

郵総総第3080号
平成15年3月18日

部　内　一　般　長
沖縄総合通信事務所長

郵政事業庁長官

用語の改善について

　現在、私達が仕事で使用している用語や表現には、現代感覚にそわないものや、いわゆるお役所的なもの、あるいは難解なものも少なくなく、職員の事務能率の向上を妨げるばかりかお客様などに対するサービス上も好ましくありません。

　そこで、今年4月1日からの日本郵政公社のスタートを機会に、下記のとおり、用語や表現の改善を行うことにしました。

　文書作成の際には、用語や表現に十分注意して、分かりやすく、簡潔な文章とするよう心掛けてください。

記

1　表1から表4に記載された「気になる用語や表現」を改善対象とします。

　　各表の内容は次のとおりです。

　　　表1：対外的にも、対内的にも改善を行う用語（243語）

　　　表2：主に対外的に改善を行う用語（110語）

　　　表3：あいさつ状などを除き、対外的にも、対内的にも改善を行う用語（19語）

表4：対外的にも、対内的にも改善を行う表現（110語）

2　各表の適用

(1) 各表は、次の文書を除く公社文書に適用します。

① 法令・約款でその用語を使用することが決められている用語を用いる文書

② 約款、法令・約款を引用する文書や解説する文書

③ 契約書、争訟関係の文書、その他権利・義務の明確化のために用語の正確性が求められる文書

④ その他、各表によることができない特別な理由のある文書

(2) 「言い換え例」は、「気になる用語や表現」を改善する場合の例示です。文書の受取人、用語や表現の意味内容、文脈、文書全体の表現ぶりに合わせ、用語改善の趣旨を考慮して、他の用語・表現ぶりを使用してもかまいません。

(3) 平成15年4月1日以降、新しく作成する文書から実施します。既存の文書については、一部改正の際に合わせて改善を行ってください。

3　その他

今回、改善対象としたのは、一般用語的色彩の強い用語です。事業用語的色彩の強い用語についても改善すべきとの意見が多くありますので、時期を改めて改善の検討を行います。

各表の使用上の説明

1　各表は、五十音順に配列しています。

2　各表に用いた記号の意味は、次のとおりです。

〔　〕：用語や表現の意味内容の理解を助けるために簡記したもの

です。

〈　〉：常用漢字表にないもの、常用漢字表にあるが仮名書きする
　　　　もの、又は常用漢字表の音訓にないものですが、参考のため
　　　　漢字表記を示したものです。

［　］：［　］の中の用語に置き換えができるものです。

（　）：カタカナ語で、意味を分かりやすくするため、「カタカナ
　　　　（　）」のようにカタカナと一緒に（　）も表記するものです。

【　】：用語の説明や注意書きです。

表1　対外的にも、対内的にも改善を行う用語

見出し	気になる用語や表現	言い換え例

あ

見出し	気になる用語や表現	言い換え例
あいろ	あいろ〈隘路〉	「障害」、「支障」、「困難」
あつれき	あつれき〈軋轢〉	「摩擦」、「不和」
あらざる	あらざる	「〜でない」、「よけいな」
あらしめる	あらしめる	「〜になる」、「〜にさせる」

い

見出し	気になる用語や表現	言い換え例
いかなる	いかなる〈如何なる〉	「どのような」、「どういう」、「どんな」、「すべての」
いかにすべきか	いかに〈如何に〉すべきか	「どうしたらよいか」、「どうするべきか」
いかんである	遺憾である	「申し訳ございません」、「残念です」、「好ましくない」
いかんともしがたく	いかん〈如何〉ともしがたく	「適切な方法がないので」、「どうにもならないので」
いかんなきよう	遺憾なきよう	「間違いがないよう」、「適切に行うよう」、「適切に処理する」
いかんをとわず	〔理由の〕いかん〈如何〉を問わず	「どのような理由であっても」
いさい	委細【詳しくという意味の場合】	「詳しく」、「詳細」
いささかも	いささかも〈些かも〉	「少しも」
いしゃきん	慰しゃ〈藉〉金	「慰謝料」

いそく	違則	「違反」、「規則（程）違反」、「不適正」
いちじょとする	一助とする	「参考にする」、「役立てる」
いはい	違背	「違反」
いやしくも	いやしく〈苟〉も	「仮にも」
いろうのないよう	遺漏のないよう	「漏れ〔誤り、不備〕のないように」、「適切に」
いんけん	〔幹部〕引見	「対面」、「紹介」、「面会」
いんぺいする	隠ぺい〈蔽〉する	「隠す」

え

えんしん	延伸	「延長」

お

おって	おって〔〜する〕【副詞】	「改めて」、「後日」【接続詞いわゆる「おって書き」の場合は使用できる】
おのおの	各々	「それぞれ」

か

かいちん	開陳	「意見を述べる」
かいひ	開披	「開封」、「封を開けたもの」、「開く」
かいほう	回報	「回答」、「報告」、「連絡」
かいりする	かい〈乖〉離する	「かけ離れる」
かかる（じょうきょうに）	かかる〔状況に〕	「このような〔状況に〕」

398

かくさ	確査	「検査」、「照合」、「点検」
かくたる	確たる	「確かな」
かさだか	かさ高	「かさばる」、「かさ〈嵩〉が多い」
かたい	過怠	「怠り」、「過ち」
かつあい	〔説明を〕割愛	「省略」
かりあげる	借り上げる	「借用する」、「借りる」、「借り入れる」
かわきり	皮切り	「はじめ」、「最初」
かんあんする	勘案する	「十分に考慮する」、「よく考える」、「工夫する」
かんか	看過	「見過ごす」
かんがみ	かんが〈鑑〉み	「考慮して」、「照らして」
かんがみる	かんが〈鑑〉みる	「状況を考える」、「状況を判断する」
かんそん	官損	「損」、「損害」、「損失」
かんよう	かん養	「養成」、「育成」
かんよう	官用	「社用」
かんようである	肝要である	「最も重要である」、「非常に重要である」

き

きかしょくいん	貴下職員	「貴社〔局、部、課〕の職員」
きかん	貴官、貴殿、貴職	「場合により、局長、所長、院長、部長と具体的に記す」、「あなた」
ぎぎ	疑義	「疑問」
ききゅうされる	希求される	「強く求められる」

きけん	貴見	「あなたの意見」、「御意見」
きたんの ない	きたん〈忌憚〉のない	「率直な」、「遠慮のない」
きちゃく	帰着	「帰り着く」、「〜の結論にたどり着く」
きっきん	喫緊	「緊急」、「早急」
きょうあ いな	狭あい〈隘〉な	「狭い」
きょうじ する	教示する	「教える」、「指導する」
きょうす る	〔〜に〕供する	「役立てる」、「〜して」、「〜させて」
きょうゆ う	享有	「持つ」、「身に付ける」
きんかい	きん〈欣〉快	「喜び」、「快い」
きんよう な	緊要な	「非常に大切な」

く

ぐしん	具申	「意見を述べる」
ぐびする	具備する	「備える」

け

けいぞく	係属	【訴訟用語のため、訴訟関係以外では使用しない】
けいねん	経年	「長年」、「長い間」、「経過年数」
けたい	け〈懈〉怠	「怠ける」、「怠る」、「怠慢」
けつりょ う	結了	「終結」、「終了」、「完了」
けんぎ	建議	「意見を述べる」、「意見」

げんしょ から	原初から	「もともと」、「元から」
げんに	厳に	「かたく」、「きつく」、「厳しく」
けんにん	検認	「確認」
げんば	現場【郵便局を指す場合】	「郵便局」

こ

こうがい	梗概	「あらまし」、「あらすじ」
こうずる	講ずる、講じる	「行う」、「実施する」、「実行する」
こうでい	拘泥	「こだわる」
こうてつ	更迭	「解任」、「異動」、「交代」
こうりょ う	衡量	「重さ」、「考慮」
ごようお さめ	御用納め［始め］	「仕事納め［始め］」
これがた め	これが〔ため〕	「この〔ため〕」、「このような〔理由で〕」
こんじす る	懇示する	「丁寧に説明する」、「勧奨する」、「説得する」
こんせい	懇請	「お願い」
こんぱん	今般	「このたび」

さ

さいえん ぼうし	再演防止	「再発防止」、「再び［繰り返し］行わない」
さくしゅ つする	索出する	「取り出す」
ささん	査算	「検算」、「計算」
さすう	査数	「再数をあたる」、「数える」、「数量を検査する」

| ざんじ | 暫時 | 「しばらくの間」 |

し

しかるに	しか〈然〉るに	「ところが」、「それなのに」、「しかし」
しかるべく	しか〈然〉るべく	「適切に」
しする	資する	「役立てる」、「助けとする」、「〜のために」
しそうする	使送する	「持参する」
しっかいちょうさ	悉皆調査	「全数調査」
じっさ	実査	「検査」
しっする	質する	「質問する」
しべん	支弁	「支払う」
じゃっかんのてんについて	若干の点について	「いくつかの点で」
じゆう	事由	「理由」、「原因」
じゅうきるい	じゅうき〈什器〉類	「家具・道具類」、「机・椅子・道具類」
しゅうじゅ	収受	「受付」
じゅうぜんの	従前の	「これまでの」、「今までの」、「従来の」
じゅうらんする	縦覧する	「見る」、御自由に御覧ください」
しゅこう	手交	「手渡し」、「直渡し」、「お届けする」

しゅじゅの	種々の	「いろいろな」
しゅたる	主たる	「主な」
じゅり	受理	「受付」
じゅんきょ	準拠	「～によって」、「～に従って」
しょうかん	召喚	「呼び出し」
しょうじている	〔～の結果が〕生じている	「～の結果になっている」、「～になっている」、「発生している」
じょうしょ	浄書	「清書」
じゅうしょをゆうするもの	住所を有する者	「住んでいる人」
じょうしん	上申	「〔本社、支社などへ〕要求、通知、要望、承認依頼、報告、提案〔をする〕」
しょうする	〔～を〕証する	「〔～を〕証明する」
しょうせい	招請	「招く」、「招待」
じょうたいてき	常態的	「日常的」
じょうちょう	冗長	「長い」、「くどく長い」、「無駄に長い」
じょうひ	冗費	「無駄な費用」
しょうへい	招へい〈聘〉	「招く」、「招待」
しょうようする	しょうよう〈慫慂〉する	「勧誘する」、「勧める」

403

しょうり	掌理	「担当」、「管理」
しょかん	所感	「感想」、「思い」
しょかんする	所管する	「担当する」、「管理する」、「管轄する」
しょしょう	所掌	「担当」
しょそん	書損	「書き損じ」
しりょうする	思料する	「考える」、「思う」、「判断する」
しんしゃく	しんしゃく〈斟酌〉	「考慮に入れる」、「手加減」
しんしょうをえたときは	心証を得たときは	「思われるときは」、「確信できたときは」
じんだい	甚大	「非常に大きい」
しんちょくじょうきょう	進ちょく状況	「進み具合」、「進行状況」

す

すいもん	推問	「問いただす」、「聞いて確認する」、「取調べ」
すうじ	数次	「数回」
すうせい	すう〈趨〉勢	「形勢」、「傾向」、「動き」、「成り行き」
すこぶる	すこぶる	「非常に」、「大層に」

せ

| せいかん | 静観 | 【基本的に使用しない：静かに観ているだけで何もしないの意味もあるため】 |

せいさする	精査する	「詳しく調査する」、「詳細に見る」
せいち	精緻	「綿密」、「細かく」
せめをまぬがれない	責めを免れない	「責任がある」
せんぎ	せん議	「審議」
ぜんじ	漸次	「だんだん」、「次第に」、「順次」
ぜんしょします	善処します	「適切に処理します」
せんぱん	先般	「先日」、「先ごろ」、「先に」

そ

そうちする	送致する	「送る」、「送付する」
そうとうそち	相当措置	「適切に処理」
そうとうはいい	相当配意	「十分な配慮」
そがいする	阻害する	「妨げる」
そきゅうして	そ〈遡〉及して	「さかのぼって」
そくおうした	即応した	「ふさわしい」、「かなった」、「こたえた」
そち	措置	「処理」、「処置」、「取扱い」、「実施」
そのむね	その旨	「そのこと」、「その内容」
そめい	疎明	「いいわけ」、「釈明」【法律用語：多分確かだろうという程度の説明】
そわない	そわない	「合わない」

| そんもう | 損耗 | 「損傷」、「消耗」 |

た

たいさ	対査	「突合」、「突き合わせ」、「照合」
たいしょ する	対処する	「処理する」、「取り組む」、「対応する」
たいそう をしめ る	大宗をしめる	「大部分を占める」
たいぶ	大部	「大量」
たいよう	態様	「状態」、「状況」
だけん	打鍵	「入力」
ただいな	多大な、多大なる	「多くの」、「たくさんの」、「数々の」、「大きな」
たねんに わたり	多年にわたり	「長年にわたり」
たようす る	多用する	「多く使われる」

ち

ちくじ	逐次	「次々に」、「だんだん」、「順次」
ちちとし て	遅々として	「なかなか」
ちゅうし んから	衷心から	「心から」、「強く」
ちょうし ゃ	庁舎	「社屋」、「事務所」
ちょうし ゅう	徴収	「受入れ」、「収納」
ちょうし ゅする	聴取する	「聴く」、「聴き取る」

ちょうした	徴した〔領収書〕	「受け取った〔領収書〕」
ちょうする	〔受領印を〕徴する	「〔受領印を〕もらう」、「〔受領印を〕受ける」
ちょうする	〔意見を〕徴する	「〔意見を〕聴く」、「〔意見を〕求める」
ちょうない	庁内	「社内」、「社屋内」
ちょうふする	ちょう付する	「はる」、「はり付ける」
ちょうもん	聴聞	「聴き取る」
ちんじゅつ	陳述	「述べる」、「言う」

つ

つうぎょう	通暁	「十分な理解」、「精通」
つうこんのきわみ	痛恨の極み	「非常に残念」
つうちょう	通ちょう〈牒〉	「通知」
つかさどる	つかさどる	「担当する」

て

ていじ	呈示	「提示」
ていれんな	低廉な	「安い」
でんわちょうしゅしょ	電話聴取書	「電話受付書」、「電話記録書」、「電話応対記録」

と

とうさい　する	登載する	「掲載する」、「記載する」、「載せる」
とうぶん　のかん	当分の間	「しばらくの間」【できるだけ具体的な期限を示す】
とうむしゃ	当務者	「担当者」
とくだん　の	特段の	「特別」、「特に」
とくれい	督励	「激励」
とみに	とみに	「にわかに」、「急に」

な

なかんずく	なかんずく	「取り分け」
なついん	なつ〈捺〉印	「押印」、「印を押す」

ね

ねまわし	根回し	「意見調整」
ねんとう　において	念頭に置いて	「を考えて」、「を考慮して」、「を考えながら」

の

のっとる	のっと〈則〉る	「従う」

は

はいい	配意	「配慮」
はいか	配架	「配備」
はいそう	排送	「配送」

はっしゅ つする	発出する	「出す」
はなはだ	甚だ	「非常に」、「誠に」、「大層に」、「大変」
ばらせん	ばら銭	「硬貨」、「小銭」
はんさ	煩さ	「煩雑」、「手間がかかる」
はんちょ うか	半長靴	「ブーツ」

ひ

ひいては	ひいては〈延いては〉	「引き続いて」、「その結果」、「それが原因となって」
ひけん	比肩	「肩を並べる」
ひご	庇護	「保護」、「庇う」
ひつよう なる	必要なる	「必要な」
ひとくす る	秘匿する	「隠す」

ふ

ふうひ	封皮	「封筒」、「封筒表面」
ふくする	〔深夜勤に〕服する	「従事する」
ふくそう	ふくそう〈輻輳〉	「集中」、「混み合う」、「重なる」
ふごう	符合［不符合］	「一致［不一致］」
ふす	〔意見を〕付す	「〔意見を〕付ける」
ふたく	付託	「委託」、「依頼」

へ

へいこう	平衡	「つりあい」、「バランス」
べんぎ	便宜	「適当に」、「都合よく」

へんざい	偏在	「かたよって存在する」
へんざい	遍在	「広く行き渡って存在する」
へんてつ する	編てつする	「つづる」
へんぷす る	返付する	「返す」、「返却」
へんれい	返戻	「返す」、「戻す」、「返却」、「返送」

ほ

ほつぎ	発議	「提案」
ほんけん	本件	「この件」、「このこと」
ほんぽう	本邦	「我が国」、「日本国」

ま

まえびろ	前広	「広く」、「できるだけ広く」、「限定せずに」
まわす	〔電話を〕回す	「〔電話を〕つなぐ」、「〔電話を〕転送する」

み

みた	〔一致を〕みた	「〔一致〕した」
みまもる	見守る	【基本的に使用しない：見守るだけで何もしないことの意味があるため】
みりょう	未了	「未完了」

む

むよはく	無余白	「余白がない」、「欄がない」、「余白欄がない」

め

めいてい する	明定する	「定める」

410

めいりょ うな	めいりょうな	「明らかな」

も

もうしつ たえる	申し伝える	「伝える」
もくけん	目検	「検査」、「照合」、「点検」
もちいて	〔〜を〕用いて	「〔〜を〕使って」
もっか	目下	「ただ今」

や

やゆ	やゆ（揶揄）	「からかう」

ゆ

ゆうする	〔〜を〕有する	「〜がある」、「〜をもっている」、「〜している」
ゆえんで ある	〔〜の〕ゆえん〈所以〉で ある	「〔〜の〕理由です」

よ

ようする	要する	「必要である」
ようそう をてい する	様相を呈する	「状況になる」、「ありさまになる」

ら

らくしつ	落失	「落とす」、「失う」、「なくす」
られつ	羅列	「列挙」

り

りっかい	立会	「立ち会い」
りょうち	了知	「了解」、「了承」、「理解」

| りんきょく | 臨局 | 「〔郵便局〕訪問」 |

れ

| れいこうする | 励行する | 「実行する」 |
| れいたつ | 〔定員の〕令達 | 「〔定員の〕通知」 |

ろ

| ろうえいする | 漏えいする | 「漏れる」、「漏らす」 |

表2　主に対外的に改善を行う用語

見出し	気になる用語や表現	言い換え例

あ

あげる	〔情報を〕あげる	「伝える」、「連絡する」
あっせん	あっせん〈斡旋〉	「世話」、「紹介」
あまねく	あまねく〈遍く〉	「広く」、「すべてに」

い

いしょう	〔切手の〕意匠	「デザイン」、「図柄」
いっかんとして	〔～の〕一環として	「一つとして」
いんせんてぃぶ	インセンティブ	「インセンティブ (奨励、報償)」

う

| うりはらい | 売り払い | 「売却」 |
| うりわたし | 売り渡し | 「販売」 |

え

| えいぜん | 営繕 | 「建物の建築・修繕」 |
| えきむ | 役務 | 「サービス」 |

お

| おそん | 汚損 | 「汚れやキズ」 |
| おぴにおんりーだー | オピニオンリーダー | 「オピニオンリーダー (地域の有識者の方々)」 |

おろす		参　考
おろす	〔情報を〕おろす	「伝える」、「連絡する」

か

かいはい	改廃	「改正・廃止」
かし	かし〈瑕疵〉	「誤り」、「間違い」、「欠陥」
かんきする	喚起する	「呼びかける」、「呼び起こす」
かんけいぶしょ	関係部署	担当部［課・係］
かんぷする	還付する	「返す」、「返還する」

き

きせつの	既設の	「既に設置してある」
きていの	規定の	「定められた」
きていの	既定の	「決まった」、「決まっている」
きゅうはいび	休配日【略語】	「配達休止日」
きょうじょきょうえん	共助共援	「相互協力」、「協力し合う」
きょうせいする	矯正する	「直す」、「正しくする」

く

くじょう	苦情	「御意見」、「お申出」、「御提言」
ぐろーばるすたんだーど	グローバルスタンダード	「国際標準」、「グローバルスタンダード (国際標準)」

け

けいしゅつする	掲出する	「はり出す」、「掲示する」
けんち	見地	「観点」、「視点」

こ

ごういにたっして	合意に達して	「意見が一致して」
こうきほじ	綱紀保持	「規律を守る」
こうせい	更正	「訂正」
こうどう	孝動	「考えて行動する」
こんせんさす	コンセンサス	「合意」、「コンセンサス（合意）」
こんぷらいあんす	コンプライアンス	「コンプライアンス（規則・モラルを守ること）」

さ

さえつ	査閲	「検査」、「審査」、「確認」、「検証」
さえつ	〔収受文書の〕査閲	「〔文書の〕確認」、「〔文書の〕検査」
さくご	錯誤	「思い違い」、「間違い」
さくていする	策定する	「つくりあげる」、「決める」、「（計画を）立てる」

し

じたつ	示達	「（予算の）配分」、「（予算の）増額」、「（予算額を）通知する」
じたつ	示達する【通達を出すこと】	「○○〔指示、指導、通知など〕文書を出す」

しっぺい	疾病	「病気」
しゃ	〔～の〕者	「(～の) 方」、「(職員を指す場合：～の) 職員」
しゅうち	周知	「お知らせ」
しゅかんか	主管課	「担当課」
しゅとして	主として	「主に」
しゅむしゃ	主務者	「担当者」
しゅんこう	竣工	「完成」
じゅんしゅする	遵［順］守する	「守る」
じゅんようして	準用して	「適用して」、「当てはめて」、「ならって」
しょていの	所定の	「定められた」、「決められた」
しょようの	所要の	「必要な」
しりょする	思慮する	「考える」、「思う」、「判断する」
しんこく	申告	「お申出」、「異議申出」、「御意見の申出」、「御提言」
しんせい	申請	「お申込み」、「お申出」
しんせいしょ	申請書	「申込書」

す

すきーむ	スキーム	「枠組み」、「スキーム (枠組み)」
すみやかに	速やかに	「早急に」、「できるだけ早く」

せ

せいきて いれい	正規定例	「規則に基づいた取扱い」
せいきと りあつ かい	正規取扱い	「正しい取扱い」
せいごう せいを はかり	整合性を図り	「〔～と〕矛盾しないように」
せいつう	精通	「よく理解する」
せいれい	正例	「正しい取扱い」
せーるす ぱーそ ん	セールスパーソン	「セールスパーソン（営業職員）」
ぜんのう	前納	「前払い」
せんよう	占用	「独占使用」、「単独使用」

そ

そあん	素案	「検討中の案」、「おおまかな案」
そうしつ	喪失	「失う」
そうしゅ つ	創出	「新しく作り出す」
そとまわ り	外回り	「営業」

た

だいたい	代替	「代わりの」
だいたい しせつ	代替施設	「代わりの施設」
たいと	〔日程が〕タイト	「〔日程が〕厳しい」、「時間が少ない」

たいよ	貸与	「貸し出し」、「貸す」
たんむ	担務	「担当業務」

ち

ちたいなく	遅滞なく	「早急に」、「できるだけ早く」
ちょうせい	〔パンフレットを〕調製	「作成する」
ちょうたつ	調達	「工面」、「購入」
ちんじょう	陳情	「要請」、「お願い」

つ

ついにん	追認	「認める」

て

てっかい	撤回	「取り下げ」、「取り消し」
でまけ	デマケ［デマケーション］	「切り分け」「デマケ（切り分け・区分けのこと）」
でんじてききろくぶつ	電磁的記録物［媒体］	「フロッピーディスク・CD・磁気テープ」

と

とう	等	「など」【濫用はしない】
とうがい	当該	「その」、「この」

に

にんか	認可	「認める」、「承諾」

ね

ねがい	┃○○願	┃「○○届」

418

は

| はいざん | 配算 | 「配分」、「配布」、「予算の通知」 |

ひ

| ひげんこう | 非現行 | 「古い規定のまま」、「古い制度のまま」、「内容が古い」、「今は使用していない」 |

ふ

ふき	付記	「追記」、「書き添え」
ふくしん	副申	「参考書き」
ふくめい	復命	「報告」、「出張報告」
ふたいじむ	附帯事務	「関係する事務」、「関連する事務」
ふてい	付定	「付ける」
ふふくがある	不服がある	「納得できない」、「不満がある」
ふよ	付与	「与える」
ぶんしょう	分掌	「担当」、「分担」

へ

| へんどう | 変動 | 「動き」、「変化」 |

ほ

| ほかんして | 補完して、補足して | 「補って」 |

み

| みけつ | 未決 | 「未決裁」、「処理中」 |

| みていこう | 未定稿 | 「確定していない案」、「検討中の案」 |
| みなす | 〔〜と〕みなす | 「〔〜と〕する」 |

も

| もくと | 目途 | 「目標」、「目当て」、「見込み」 |
| もちべー しょん | モチベーション | 「意欲」、「モチベーション（意欲・やる気）」 |

ゆ

| ゆにばー さるさ ーびす | ユニバーサルサービス | 「ユニバーサルサービス（全国均一サービス）」 |

よ

ようせい	要請	「お願い」、「依頼」
ようぼう する	要望する	「お願いする」
ようむ	用務	「用事」、「用件」

り

| りゅうい | 留意 | 「注意」、「配慮」、「考慮」 |
| りゅうい じこう | 留意事項 | 「注意を要する事項」、「注意事項」 |

る

| るいすい する | 類推する | 「同様に考える」、「同様にする」、「推測する」 |

表3　あいさつ状などを除き、対外的にも、対内的にも改善を行う用語

見出し	気になる用語や表現	言い換え例

い

いぎ	威儀	「行い」、「振舞い」

か

かくべつのはいりょをおねがいします	格別の配慮をお願いします	「よろしくお願いします」

き

きぐ	危ぐ〈惧〉	「心配」、「不安」
きょこうする	挙行する	「行う」、「催す」、「開く」、「開催する」

こ

ごきょうじ	御教示	「お教え」、「御指導」
ごこうさつ	御高察	「優れた考え」、「お察し」
ごこうはい	御高配	「御配慮」
ごさしゅう	御査収	「お確かめの上、お受け取りください」
ごさんしゅう	御参集	「お集まり」
ごそくろう	御足労	「お出で」

ごたぼう ちゅう きょう しゅく ですが	御多忙中恐縮ですが	「お忙しいところおそれいりますが」
ごりんせ き	御臨席	「御出席」

し

しょぞん	所存	「考え」、「思い」、「つもり」
しょはん の	諸般の	「いろいろな」、「いろいろの」、「様々な」
しんし	真し〈摯〉	「真剣な」、「真面目でひたむきな」

た

たまわり	〔〜を〕賜り	「〔〜を〕いただき」

な

なにとぞ	何とぞ〈卒〉	「どうか」、「どうぞ」、「ぜひ」

は

はいさつ する	拝察する	「思う」、「お察しする」
ばんしょ うおく りあわ せのう え	万障お繰り合わせの上	「是非とも」

表4　対外的にも、対内的にも改善を行う表現

見出し	気になる用語や表現	言い換え例

い

見出し	気になる用語や表現	言い換え例
いきちがいのないよう	行き違いのないよう	「誤りがないよう」、「誤解がないよう」
いたしたく	〜いたしたく	「したいので」、「したいと思いますので」
いたすべく	〜いたすべく	「〜するように」
いるところですが	〔〜して〕いるところですが	「〔〜して〕いますが」
いをひょうする	意を表する	「気持ちを伝えます」

う

うえに	〔〜の〕上に	「して」、「になって」

お

おいて	〔〜に〕おいて	「〜で」
おいては	〔〜に〕おいては	「〜では」、「〜は」
おける	〔〜に〕おける	「〜での」、「〜の」

か

かいほうねがいます	回報願います	「報告してください」、「回答してください」
かかる	〔〜に〕係る	「〜の」、「〜についての」、「〜に関係がある」、「〜に属する」、「〜による」、「〜に関する」

かきゅう てきすす みやか に	可及的速やかに	「できるだけ早く」、「早急に」
かくはん にわた り	各般にわたり	「いろいろな面から」、「いろいろと」、「それぞれに」
かた	〜方	「〜を」、「〜に」、「〜について」
かにおい ては	〜下においては	「〜のもとでは」、「〜では」

き

きじつげ んしゅ のうえ	期日厳守の上	「期日を守って」、「必ず期日までに」
きたつの とおり	既達〔既報〕のとおり	「〔〇月〇日に〕既に指示したとおり〔お知らせしたとおり〕」

こ

ごきょう じねが いたい	御教示願いたい	「教えてください」
ごじつ	後日	【〇日ごろ、〇月中旬ごろのように具体的に書く】
こと	〔〜の〕こと	「〜する」
ごとく	〔〜の〕ごとく	「〜のように」
こととす る	〔〜をする〕こととする	「〜をする」、「〜をすること」
このかぎ りでは ない	〔〜の場合は、〕この限りではない	「〜の場合は除きます」、「〜の場合は該当しません」
ごはんぼ うのと ころ	御繁忙のところ	「お忙しいところ」

さ

さくとして	〜策として	「〜するために」
さしゅうする	査収する	「確認して［調べて］受け取る」
さだめるところにより	定めるところにより	「定めるとおり」
さまたげない	妨げない	「〜してもよい」、「〜してもかまわない」、「〜することができる」
されたい	〜されたい	「してください」
されたく	〜されたく	「していただきますように」
さんこうまでにつうちします	参考までに通知します	「お知らせ［通知］しますので参考にしてください」、「お知らせ［通知］します」

し

しえない	〜し得ない	「〜できない」
しがたい	〜し難い	「〜できない」、「〜しない」
じぎにてきするものとしりょする	時宜に適するものと思慮する	「ちょうどよい時と思う」
じじょうこんじせつめいねがいます	事情懇示説明願います	「趣旨を十分説明してください」
しだいであります	〔〜する〕次第であります	「したいと思います」、「します」

したく	〜したく	「〜したいので」
したとこ ろです	〜したところです	「〜しました」
してきた ところ である	〜してきたところである	「〜してきた」
してきて いるとこ ろですが	〜してきているところで すが	「〜していますが」
してもさ しつかえない	〜しても差し支えない	「〜してもよい」、「〜してもかまわない」、「〜 することができる」
じてんに あっては	〔〜の〕時点にあっては	「〜の時は」
じゅうぜ んのれ い	従前の例	「これまでと同じ取り扱い」、「前例」、「先例」
しゅうち ってって いしてく ださ い	周知徹底してください	「全員にお知らせください」
じゅくち のうえ	熟知の上	「十分理解して」、「よく考慮して」
しょうち してい る	承知している	「理解している」、「分かっている」
じょうほ うてい きょう する	〔〜を〕情報提供する	「〔〜を〕お知らせする」
しょーと のーてい す	ショートノーティス	「急なお願いで」、「短期間で」

しょぞん であり ます	所存であります	「考えです」、「つもりです」
しょてい のてつ づきに したが い	所定の手続に従い	「決められた手続で」
しんせい してく ださい	申請してください	「お申し込みください」

す

すること とした ので	〜することとしたので	「〜しますので」
すること として いる	〜することとしている	「〜する」
すること とする	〜することとする	「〜する」
すること をさま たげな い	〜することを妨げない	「〜してもよい」、「〜してもかまわない」、「〜 することができる」
するしだ いです	〜する次第です	「〜します」
するべく	〜す（る）べく	「するように」、「するために」
するむね	〜する旨	「〜するので」、「〜するために」
するもの である ときは	〜するものであるときは	「〜するときは」
するもの とする	〜するものとする	「〜する」

427

せ

せいあんがえられしだい	成案が得られ次第	「考えがまとまり次第」
せられたい	〜せられたい	「〜してください」、「〜してほしい」
せられんことを	せられんことを	「されるよう」

て

でありあす	〜であります	「〜です」
であるとみとめられる	〜であると認められる	「〜と認められる」

と

といえども	〜といえども	「であっても」
とうがいかくごうのきていによる	当該各号の規定による	「該当する項目の定める」
とうきょくにおいては	当局においては	「〔私どもの〕郵便局では」
とくだんの〜のないかぎり	特段の〜のない限り	「特に〜しない限り」

428

とりあつかいいたしません	取り扱いいたしません	「ご利用いただけません」
とりはからう	取り計らう	「取り扱う」、「処理する」、「実施する」
とりはこぶ	取り運ぶ	「取り扱う」、「処理する」、「実施する」

な

なきよう	〜なきよう	「〜ないよう」

に

にあたっては	に当たっては	「〜は」、「〜の際には」、「〜の時には」
にあっては	にあっては	「〜は」、「〜の際には」、「〜の時には」
にて	〜にて	「で」、「〜のために」

ね

ねがいます	願います	「してください」、「お願いします」
ねんのためもうしそえます	〔〜なので〕念のため申し添えます	「なお、〜なので、注意してください」

の

のぞんでやみません	〔〜を〕望んでやみません	「〜を希望します」
のとおりでありますから	〜のとおりでありますから	「〜ですから」

| のみなら
ず | 〜のみならず | 「〜だけでなく」 |

は

はかられ たい	〔〜を〕図られたい	「〜するようにしてください」
はかるべ く	〔〜を〕図るべく	「〜するように」
ばんぜん をきす よう	万全を期すよう	「間違いのないよう」

ひ

| ひっちゃ
くのこ
と | 必着のこと | 「〜までに必ず提出してください」 |

ふ

| ふまえて | 〔〜を〕踏まえて | 「〜を考えて」、「〜を参考にして」 |

へ

べく	〔〜する〕べく	「〜するように」
べつだん	別段	「特別の」、「格別の」、「特に」
べってん の	別添の	「別紙の」、「一緒にお渡しする〜の」
べっと	別途	「改めて」、「後日」、「別に」

ほ

| ほうとを
さくし | 方途を策し | 「方法を考え」 |

ま

| まえむき
に | 前向きに | 「実施する方向で」、「積極的に」 |

| まえむき
にけん
とうし
ます | 前向きに検討します | 「実施する方向で考えます」 |
| まったん
まで | 末端まで | 「隅々まで」、「郵便局まで」、「職員一人一人まで」 |

む

| むきは | 〔〜の〕向きは | 「する人は」、「したい人は」、「〜される人は」 |
| むね | 〔〜の〕旨 | 「〜のことの」、「〜のことを」 |

め

| めいによ
り | 命により | 「指示により」 |

も

もって	〔〜し、〕もって〔〜する〕	「〜し、〜する」、「〜して、〜する」
もって	〔〜を〕もって	「〜で」、「〜によって」、「〜により」
もの	〔〜する〕者	「〜する方」、「〜する人」
ものとす る	ものとする	「する」

や

| やみませ
ん | やみません | 「心から〜します」 |

ゆ

| ゆうする
ことか
ら | 〔〜を〕有することから | 「〜があるので」 |

よ

ようずみ ごはい き	用済み後廃棄	「有効期間：○月○日まで、以降廃棄」
よろしく とりは からい ねがい ます	よろしく取り計らい願い ます	「よろしくお願いします」

ら

らいいの とおり	来意のとおり	「〔あなたが〕考えられたとおり」、「〔あなたが〕 考えられたことと同じ」

り

りに	〜裏に	「〜のうちに」
りょうち された い	了知されたい	「理解ください」
りょうち ねがい ます	了知願います	「お知らせします」

れ

れいによ る	例による	「〜のとおりとする」

公文書作成の手引

平成15年12月12日	初　版第１刷発行
平成28年７月15日	改訂版第１刷発行
令和元年５月１日	改訂版第２刷発行
令和５年11月28日	改訂増補版発行

定　　価　（本体2500円＋税）

編集協力　公文書研究会

発　　行　株式会社　郵　研　社 ©

〒106-0041　東京都港区麻布台 3 - 4 - 11
電話 03-3584-0878　ＦＡＸ 03-3584-0797
ホームページ　http://www.yukensha.co.jp

印　　刷　株式会社　上野印刷所